Le droit international
face au trafic illégal de biodiversité sauvage

Le droit aujourd'hui

La collection « Le droit aujourd'hui » regroupe des études juridiques concernant des problèmes d'actualité nationale et internationale, dans divers domaines (éthique, politique, questions de société…).

Déjà parus

Rahma BENTIROU MATHLOUTHI (dir.), *Proportionnalité, droits fondamentaux et juge, Proportionality, fundamental rights and judges*, 2023.

Aécio Filipe COELHO FRAGA DE OLIVEIRA, *L'exécution des mesures à titre provisoire rendues par un tribunal arbitral situé à l'étranger*, 2022.

Naivi CHIKOC BARREDA, *Succession internationale et dispositions spéciales de la lex rei sitae. Contribution à l'étude de l'impérativité internationale en matière successorale*, 2022.

Boris BARRAUD, *Éthique de l'intelligence artificielle*, 2022.

Boris BARRAUD, *Dignité, liberté, égalité*, 2022.

Boris BARRAUD, *Humanisme et intelligence artificielle*, 2022.

Michel BOUDJEMAÏ, *La territorialisation de l'aide sociale légale*, 2022.

Carine VAYSSE, *La théorie générale du contrat administratif*, 2022.

Thomas LARDEUX, *La sécurité juridique et le contentieux international des investissements*, 2021.

Coffi Dieudonné ASSOUVI, *L'influence du droit international des changements climatiques sur le droit de l'environnement de l'Union européenne*, 2021.

Zohra Aziadé ZEMIRLI, *Le statut juridique des non-musulmans en Algérie. L'exemple des évangéliques et des ahmadis*, 2020.

Moustapha KAMARA, Jean Baptiste BERTRAND, avec la collaboration de Samba Thiam et Isabel Falconer, *Le contentieux international du transfert des joueurs, Football et autres sports collectifs, Nouvelle édition revue et augmentée*, 2020.

Meganne NATALI

LE DROIT INTERNATIONAL FACE AU TRAFIC ILLEGAL DE BIODIVERSITE SAUVAGE

Préface de Magali LEHARDY

L'Harmattan

5-7, rue de l'École-Polytechnique ; 75005 Paris
http://www.editions-harmattan.fr
ISBN : 978-2-14-033589-1
EAN : 9782140335891

À W.

REMERCIEMENTS

La réalisation de ce travail, mené sur plusieurs années, m'a procuré une grande satisfaction. Je souhaite donc saisir l'occasion de remercier chacune des personnes ayant concouru à son achèvement.

En premier lieu, je souhaite remercier Madame Lehardy pour l'encadrement de mon travail ainsi que les membres de mon jury de soutenance pour leurs observations constructives.

Je remercie ensuite, du fond de mon cœur, Maxime, pour son soutien sans failles.

Enfin, j'adresse un profond remerciement à mes parents, qui ont toujours veillé à ce que je puisse mener à bien mes projets, ainsi qu'à mon frère et à ma grand-mère, pour leur foi en mon travail.

SOMMAIRE

Introduction générale 11

Partie I : un cadre juridique international transversal applicable au trafic illégal de biodiversité sauvage 49

Titre I : l'encadrement du commerce des espèces sauvages menacées par le dispositif spécifique CITES 51

Chapitre I : la CITES, un cadre réglementaire et institutionnel approfondi 53

Chapitre II : l'Union européenne, un cadre réglementaire régional complémentaire 89

Titre II : un encadrement du commerce des espèces sauvages exploitées par des mécanismes juridiques complémentaires 109

Chapitre I : une multiplicité des mécanismes propres à l'encadrement de l'exploitation et du commerce des espèces marines et forestières 111

Chapitre II : un encadrement juridique de l'exploitation et du commerce des ressources génétiques 167

Partie II : un cadre juridique international à la portée limitée 189

Titre I : des limites normatives liées à un engagement relatif des Etats 191

Chapitre I : un contenu fragile des textes internationaux........ 193

Chapitre II : une innefectivité du cadre international applicable au trafic illégal de biodiversité sauvage 213

Titre II : des limites normatives liées à des obstacles opérationnels 243

Chapitre I : une libéralisation normative du commerce d'espèces menacées inadaptée aux enjeux opérationnels 245

Chapitre II : une appréhension limitée du rôle des communautés locales dans la lutte contre le trafic illégal d'espèces sauvages 279

Conclusion générale 311
Bibliographie indicative 313
Table des matières 337

PRÉFACE

Le présent ouvrage, portant sur la réponse apportée par le droit international au trafic illégal de biodiversité sauvage, combine tout à la fois le sérieux de la recherche juridique menée et la passion de Mlle NATALI pour la thématique de son sujet.

Il est à souligner que, parallèlement à ses recherches académiques, l'auteure œuvre activement et depuis plusieurs années en faveur d'un changement positif et profond de notre approche générale relative à la protection de l'environnement, de la biodiversité et du climat.

Aujourd'hui, force est de constater que la dangerosité et la portée transnationale des divers enjeux sous-tendus par le trafic illégal d'espèces sauvages, ainsi que sa grande actualité, amènent à considérer cet ouvrage comme une contribution importante à l'analyse et aux réponses juridiques existantes ou à développer.

Cette thèse de très bonne qualité, s'appuyant sur une approche souvent pluridisciplinaire, analyse de manière approfondie le cadre réglementaire relatif au commerce de biodiversité sauvage, tout en explorant des solutions socio-économiques susceptibles de diminuer, sinon d'enrayer, le trafic illégal parallèle. Dans une première partie, il est développé la démarche de la Communauté internationale aux fins de lutter contre le trafic illégal de biodiversité sauvage. Dans une seconde partie, l'auteure souligne avec pertinence les failles du dispositif juridique actuel et suggère des améliorations. À ce titre, ce travail ouvre des pistes de réflexion substantielles et variées aux praticiens œuvrant sur ce thème.

Cette thèse s'inscrit dans une approche pluridisciplinaire enrichissant la doctrine juridique francophone en la matière. En effet, il n'existe que peu de littérature à ce jour sur le droit international et le commerce d'espèces sauvages. Au surplus, aucun ouvrage – à notre connaissance – n'aborde de manière globale la problématique du trafic de « biodiversité sauvage », analysant non seulement le commerce illégal d'espèces menacées, mais aussi celui des espèces exploitées, telles que les ressources halieutiques ou forestières, ou encore celui des ressources génétiques issues d'espèces sauvages. En ce sens, le travail de Mlle NATALI apparaît particulièrement novateur et bienvenu.

La démonstration poursuivie par cet ouvrage est le fruit d'une recherche minutieuse, s'appuyant sur des sources et références substantielles, aboutissant à des fondements scientifiques, juridiques et méthodologiques solides et pertinents. Ce travail témoigne d'une bonne technicité propre à la recherche universitaire. Mais au-delà, il témoigne par ses ébauches de propositions d'une problématique qui ne saura laisser indifférent le juriste, tant théoricien que praticien.

En cela, cet ouvrage s'inscrit dans une approche tout à la fois doctrinale et pratique. Il développe une ambition majeure en esquissant un ensemble de solutions normatives, sociales et économiques propres à limiter, sinon enrayer, le trafic illégal de biodiversité sauvage.

Puisse cet excellent ouvrage, couronné du prix de thèse de l'école doctorale de l'Université Côte d'Azur, contribuer au futur professionnel de Mlle NATALI et constituer un précieux outil de réflexion pour les futures discussions et décisions à venir sur le trafic illégal de biodiversité sauvage.

Magali LEHARDY
Maître de conférences HDR
Université Côte d'Azur
Lab. LADIE UPR 7414

INTRODUCTION GÉNÉRALE

Le commerce de biodiversité[1] sauvage[2], aussi appelé « commerce d'espèces sauvages » dans le cadre de cette thèse, remonte aux confins de l'Humanité. Que ce soit pour satisfaire à des besoins physiologiques, tels que la nécessité de se nourrir, ou à des nécessités médicinales, voire spirituelles, le commerce des espèces animales et végétales sauvages existe chez les peuples du monde entier depuis des siècles. Ainsi, la vente des produits issus des activités de chasse et de pêche est pratiquée par l'Homme depuis des temps immémoriaux, de même que le commerce du bois a-t-il toujours servi les communautés humaines.

En outre, le caractère international du commerce de biodiversité sauvage, illustré par des exportations et des importations transnationales d'espèces végétales ou animales, est également particulièrement ancien. Ainsi les Vikings commerçaient à destination de Constantinople des fourrures venant de Russie ou de pays scandinaves[3]. En Égypte Ancienne, peaux de léopards et queues de girafes étaient importées et utilisées pour des raisons religieuses et médicinales[4].

Au fil des siècles, la croissance démographique explosant partout sur Terre, conjuguée au développement de techniques perfectionnées destinées à faciliter l'accès aux

---

[1] Par l'emploi du terme « biodiversité », nous faisons référence, dans une recherche d'exhaustivité et au regard de l'article 2 de la CDB, aux espèces fauniques terrestres et marines, aux espèces floristiques et forestières ainsi qu'aux ressources génétiques issues de spécimens sauvages.

[2] Par l'emploi du terme « sauvage », nous faisons référence aux espèces prélevées dans leur milieu naturel ou « in situ » et faisant l'objet d'un commerce, en opposition aux espèces domestiquées et/ou faisant l'objet d'un élevage (animaux de ferme, animaux domestiques tels que les chats ou les chiens, ou encore espèces marines issues d'élevage piscicole) et/ou d'une collection (ressources génétiques issues d'espèces déjà extraites de leur milieu naturel et placées en banques ou en musées).

[3] LOGAN F. D., « The Vikings in history », Routledge, London, 2013 *cited in* SOLLUND R. A., *The Crimes of Wildlife Trafficking. Issue of Justice, Legality and Morality*, Routledge, 2019, 288 p.

[4] VAN UHM D., *The Illegal Wildlife Trade. Inside the World of Poachers, Smugglers and Traders*, Springer, International Publishing Switzerland, 2016, 328 p.

espèces sauvages et à étoffer leurs utilisations, dont l'emploi de leurs gènes, a permis à l'Homme d'étendre son pouvoir sur les espèces avec lesquelles il cohabite. Aussi les prélèvements d'espèces forestières, floristiques et faunistiques se sont-ils accrus et leur commerce s'en est-il trouvé exacerbé.

De surcroît, l'interconnexion des marchés [1] et l'augmentation exponentielle des demandes d'espèces sauvages de par le monde sont venues ajouter respectivement à la facilité de leur commercialisation internationale et à leur valeur[2].

Toutefois, le commerce international de biodiversité sauvage ne peut répondre aveuglément et donc, entièrement, à l'explosion de la demande en matière d'espèces sauvages. En effet, s'il doit répondre des normes et principes généraux du droit international du commerce mis en avant par l'Accord général sur les tarifs douaniers et le commerce (GATT) et l'Organisation mondiale du commerce (OMC), le commerce international de biodiversité sauvage est lié par des impératifs de durabilité des espèces visées qui impose l'intervention spécifique de normes issues du droit international de l'environnement (DIE) [3].

Ainsi, le commerce international de biodiversité sauvage, parce qu'il s'appuie sur des espèces vivantes prélevées dans la nature, et donc épuisables, sous-tend une double nécessité. D'une part, la nécessité économique de garantir la pérennité des secteurs d'activités et des revenus issus de ce commerce. D'autre part, la nécessité environnementale de préserver les espèces sauvages au regard des pressions qu'elles sont amenées à subir du fait des exploitations et transactions importantes dont elles font l'objet.

En outre, le cas particulier du commerce d'espèces sauvages dont les gènes font l'objet d'une valorisation

---

[1] SHEIKH P., SUN WYLER L., *International Illegal Trade in Wildlife: Threats and US Policy*, Congressional Research Service, Novinka Books Publisher, 2009, p. 38.

[2] WITTERMYER G., et *al.*, « Poaching prices: rising ivory prices threaten elephants », *Nature*, 476, 2011, pp. 282-283.

[3] Sur ce sujet, V. notamment BEURIER J-P., *Droit international de l'environnement*, Édition Pedone, 4e édition, 2010, 588 p.

marchande et qui s'appuie sur des savoirs traditionnels[1], auquel nous ferons référence dans le cadre de cette thèse par l'emploi du terme « commerce de ressources génétiques », soulève quant à lui des questions environnementales, mais aussi et surtout des questions sociales[2].

Aussi, dans le cadre du commerce international de biodiversité sauvage, le droit international du commerce se coordonne nécessairement avec un DIE conduit par l'impératif d'assurer une gestion encadrée du commerce et de l'exploitation des espèces animales et végétales en vue de garantir la continuité des opérations commerciales, la pérennité de l'existence des populations sauvages desdites espèces et la prise en compte des communautés locales.

Ainsi, de nombreux instruments juridiques issus du DIE sont venus réglementer et réguler le commerce des espèces sauvages en fonction de leur caractère menacé[3] (la Convention sur le commerce international des espèces de faune et de flore sauvages menacées (CITES) fait office de référence en ce

---

[1] Les savoirs traditionnels sont définis comme « un ensemble vivant de connaissances transmises d'une génération à l'autre au sein d'une communauté. Ils font souvent partie de l'identité culturelle et spirituelle d'un peuple », Organisation mondiale de la propriété intellectuelle (OMPI). V. également l'article 8 paragraphe j) de la CDB.

[2] Cette thèse traitera du commerce des ressources génétiques issues d'espèces sauvages dans la perspective où celles-ci font l'objet d'un savoir traditionnel. En effet, dans ce contexte particulier, les cas d'appropriation illégale de ces ressources nous ont semblé donner une dimension sociale supplémentaire à notre travail, qui s'ajoute à celle liée à la démonstration quant à la nécessaire intégration des communautés locales au sein de la lutte contre le trafic illégal d'espèces sauvages menacées présentées dans la Partie II, Titre 2, Chapitre 2.

[3] Dans le cadre de cette étude, les espèces dites « menacées » sont les espèces dont le statut biologique justifie une réglementation de leur commerce au regard de la pression que celui-ci est amené à exercer sur leurs populations dans leur milieu naturel. Ces espèces font ainsi l'objet d'une protection via un encadrement spécifique de leur commerce. Ici, le trafic illégal des espèces dites menacées est donc considéré au regard des violations aux dispositions spécifiques à leur commerce.

domaine) ou exploité[1] (la Convention sur le droit de la mer, les textes juridiques de l'Organisation des Nations Unies pour l'alimentation et l'agriculture (FAO) en matière de pêche, les législations régionales et nationales en matière de bois[2] et la Convention sur la diversité biologique (CDB) sont autant d'instruments intervenant de façon sectorielle en la matière).

Or, au regard de cet encadrement du commerce international de biodiversité sauvage et de la demande persistante, voire intensifiée, en espèces sauvages, des flux internationaux illégaux se sont développés en parallèle. Venu répondre à une demande que le commerce légal, contraint par des considérations économiques, sociales et environnementales, ne peut rencontrer, le trafic illégal de biodiversité sauvage approvisionne donc en continu le marché international en violation des règles juridiques en vigueur.

Ainsi, de nombreuses espèces sauvages considérées comme menacées font l'objet d'abondants prélèvements illégaux. Ne serait-ce qu'entre 2010 et 2012, il a été estimé qu'un éléphant était tué toutes les quinze minutes[3]. Le trafic illégal d'espèces sauvages menacées représente ainsi entre 7 et 23

---

[1] Ici, les espèces dites « exploitées » sont les espèces qui font l'objet de prélèvements autorisés (c'est-à-dire non interdit par la CITES du fait de la fragilité de leur statut biologique) plus ou moins intensifs dans le cadre d'industries conduites par des enjeux financiers colossaux. Il s'agit notamment des espèces marines (dans le cadre de la démonstration portant sur la pêche effectuée en violation des dispositions en vigueur, nous utiliserons parfois le terme pêche « INN » pour faire référence aux opérations de pêcheries illégales), forestières ou des espèces dont les gènes peuvent faire l'objet d'une valorisation marchande. Le commerce de ces espèces n'est donc pas en soi illégal, mais la violation des dispositions relatives aux modes d'accès et d'exploitations prédéfinis par les instruments juridiques en vigueur entraîne une mise sur le marché illégale des produits obtenus. En outre, il est à noter que certaines des espèces exploitées peuvent également faire l'objet, bien que trop rarement encore, d'un encadrement spécifique à leur commerce au titre de la réglementation CITES. Auquel cas, le commerce de ces espèces devra s'inscrire dans le respect complémentaire des dispositions relatives à l'encadrement de leur exploitation et à l'encadrement de leur commerce.

[2] Règlement n° 995/2010 du Parlement européen et du Conseil du 20 octobre 2010 établissant les obligations des opérateurs qui mettent du bois et des produits dérivés sur le marché.

[3] « Le trafic d'espèces sauvages au cœur de l'agenda politique international », IFAW, 27 juin 2014.

milliards de dollars[1] et son attrait lucratif conduit les criminels jusqu'à opérer dans les musées pour y répondre. Tel fut par exemple le cas en 2011 lors des vols des cornes du rhinocéros du Musée d'histoire naturelle de Gothenburg, Suède, et du rhinocéros du musée de la Chasse et de la nature de Paris, France[2].

Il est à noter que les populations des États d'Asie du Sud Est[3], connues pour leur appétit quant aux produits issus d'espèces sauvages[4], participent activement à cet essor du trafic des espèces sauvages menacées[5]. Il est notamment estimé qu'entre 1998 et 2007, près de 30 millions d'espèces sauvages ont été victimes d'un trafic illégal pour répondre aux besoins de la région[6]. L'ascension sociale de la classe moyenne asiatique [7] et l'influence croissante de la médecine chinoise[8] de par le monde[9]

---

[1] HENRIKSON R., et *al.*, "The Rise of Environmental Crime – A growing Threat to Natural Resources Peace, Development and Security", *in* NELLEMANN C., (eds.), a UNEP-INTERPOL Rapid Response Assessment, 2016.

[2] ORENSTEIN R., *Ivory, Horn and Blood: Behind the Elephant and Rhinoceros Poaching Crisis*, Firefly Books Ltd., 2013, p.127.

[3] SHEIKH P., SUN WYLER L., *op.cit.*, p. 2.

[4] « Tigers in Crisis », tigersincrisis.com, 2013, <www.tigersincrisis.com/trade_tigers.htm>.

[5] UNDERWOOD F.M., et *al.*, « Dissecting the Illegal Ivory Trade: An Analysis of Ivory Seizures Data », *PLOS Journal*, October 18, 2013.

[6] DAVIES B., *Black Market: Inside the Endangered Species Trade in Asia,* Earth Aware Editions, San Rafael, USA, 2005, 176 p. ; Sur ce sujet, V. aussi ZHANG L., et *al.*, « Wildlife Trade, Consumption and Conservation Awareness in Southwest China », *Biodiversity Conservation,* vol. 17, 2008, pp. 1493–1516.

[7] ANON, « Understanding the motivations: the first step toward influencing China's unsustainable wildlife consumption », TRAFFIC East Asia, Hong Kong, 2010 ; Sur ce sujet, V. aussi NIJMAN V., « An overview of international wildlife trade from Southeast Asia », *Biodiversity Conservation*, vol. 19, Issue 4, 2010, pp. 1101-1114.

[8] MINNAAR A., « The poaching of rhino in South Africa: A conservation, organized and economic crime? », *in* SORVATZIOTI D., et *al.*, (eds.), *Critical views on crime, policy and social control*, University of Nicosia Press, 2014, pp. 196–227.

[9] ELLIS R., *Tiger Bone & Rhino Horn: The destruction of wildlife for traditional Chinese medicine*, Island Press, Washington DC., USA, 2005, 321 p.

expliquent la persistance d'achats de peaux de félins[1] et le développement de l'utilisation d'os de tigre pour guérir des maux de tête[2], de corne de rhinocéros pour guérir du cancer[3] ou encore d'écaille de pangolins pour guérir du psoriasis[4]. Pourtant, de nombreuses études scientifiques sont venues démontrer l'inefficacité de l'usage des produits issus de ces espèces[5].

De surcroît, certains collectionneurs misent sur le déclin des espèces sauvages menacées pour espérer tirer des bénéfices importants issus de la rareté, voire de la disparition, de produits qui en sont issus[6]. L'ivoire africain brut, dont le prix peut atteindre les 188 millions de dollars[7] et issu de populations

[1] DINERSTEIN E., et *al.*, « The fate of wild tigers », *BioScience*, 57, 508-514, 2007.

[2] MILLS J. A., JACKSON P., « Killed for a Cure: A Review of the Worldwide Trade in Tiger Bone », TRAFFIC Report, TRAFFIC, 1994.

[3] LEADER-WILLIMAS N., « Regulation and protection: successes and failures in rhinoceros' conservation », *in* OLDFIELD S., (ed.), « *The Trade in Wildlife. Regulation for Conservation* », Earthscan, London, 2003, pp. 89–99 ; Sur ce sujet, V. aussi « What's Driving the Wildlife Trade? A Review of Expert Opinion on Economic and Social Drives of the Wildlife Trade and Trade Control Efforts in Cambodia, Indonesia, Lao PDR and Vietnam », East Asia and Pacific Region Sustainable Development Discussion Papers. East Asia and Pacific Region Sustainable Development Department, World Bank, Washington, DC, 2008.

[4] DUCKWORTH J.W., et *al.*, « *Manis Javanica. IUCN Red List of Threatened Species* », IUCNredlist.org (online), 2014.

[5] NOWELL K., « Species trade and conservation Rhinoceroses, Assessment of Rhino Horn as a Traditional Medicine », A report prepared for the CITES Secretariat, 2012, <https://cites.org/eng/com/sc/62/E62-47-02-A.pdf> ; Sur ce sujet, V. aussi « The Environmental Crime Crises. Threats to Sustainable Development from Illegal Exploitation and Trade in Wildlife and Forest Resources », a UNEP Rapid Response Assessment. UNEP and GRID-Arendal, Nairobi and Arendal, 2014.

[6] MASON C. F., et *al.*, « Banking on extinction: endangered species and speculation », *Oxford Review of Economic Policy*, 2012.

[7] GALLAND E., « Animaux : Tous condamnés ? Biodiversité et crimes environnementaux », *Carto Magasine*, n° 54, Juillet-Aout 2019.

d'éléphants extrêmement fragilisées, est considéré en ce sens comme un investissement relativement sûr[1].

De la même façon, s'agissant des espèces sauvages exploitées, il est aujourd'hui estimé qu'un poisson sur cinq consommés dans le monde est issu d'une source illégale[2], et que l'exploitation forestière illégale compte par exemple pour 35 à 72% du bois exploité en Amazonie brésilienne et pour 40 à 61% du bois exploité en Indonésie[3]. D'une façon générale, on estime ces dernières années que le trafic illégal d'espèces marines sauvages représente entre 10 et 23,5 milliards de dollars annuels[4], de même que le commerce illégal[5] des produits issus des forêts représente entre 51 et 152 milliards de dollars US[6]. Le commerce illégal des ressources génétiques entraîne quant à lui de graves pertes économiques pour les communautés locales qui voient leur savoir traditionnel utilisé pour développer des produits à grande valeur commerciale sans recevoir de contrepartie.

Le trafic illégal de biodiversité sauvage présente donc des avantages pratiques, puisque non tenu par le respect des mesures juridiques en place, et des avantages financiers, au regard des sommes exorbitantes engendrées. Il s'agit d'un

---

[1] HSIANG S., SEKAR N., « Does legalization reduce black market activity? Evidence from global ivory experiment and elephant poaching data », National Bureau of Economic Research Working Paper n°. 22314, 2016, cited *In* ARYAL A., McLEAN I., MORLEY C., « Conserving elephants depend on a total ban of ivory trade globally », *Biodiversity and Conservation*, February 2018.

[2] URBINA I., « Palau vs. The Poachers », *New York Times Magazine*, 17 February 2016.

[3] LAWSON S., MacFAUL L., « Illegal logging and related trade », The Royal Institute of International Affairs, Chatam House, London, UK, 2010, cited *in* ITUARTE-LIMA C., et *al.*, « Incorporating international biodiversity law principles and rights perspective into the European Union Timber Regulation », *International Environmental Agreements: Politics, Law and Economics*, vol. 19, Issue 3, June 2019.

[4] AGNEW D.J., et *al.*, « Estimating the worldwide extent of illegal fishing », *PLoS ONE*, February 2009 ; Sur ce sujet, V. aussi « Les pays sévissent contre la pêche illégale, non déclarée et non réglementée : Feu vert du Comité des pêches aux Directives volontaires pour la conduite de l'État du pavillon », FAO, Rome, 11 juin 2014.

[5] Dans le cadre de cette thèse, nous emploierons le terme de « commerce illégal » comme synonyme à l'emploi du terme « trafic illégal ».

[6] HENRIKSON R., et *al.*, *op. cit.*

phénomène complexe et de grande ampleur[1], relevant en majeure partie de la criminalité transnationale organisée[2], dont il est aussi nécessaire que déterminant de saisir les divers enjeux qu'il sous-tend (I) et d'établir la pertinence de l'intervention du droit international en la matière (II).

I. ENJEUX DU TRAFIC ILLÉGAL DE BIODIVERSITÉ SAUVAGE

La notion de trafic illégal de biodiversité sauvage est souvent réduite aux seuls enjeux écologiques. Ainsi, si les images d'éléphants retrouvés sans vie et délestés de leurs défenses illustrent effectivement bien tristement ce phénomène, celui-ci est toutefois un schéma complexe dont les implications dépassent le cadre écologique. Aussi, le trafic de biodiversité sauvage ne doit pas uniquement être envisagé sous l'angle d'une atteinte à la faune et à la flore (A), mais au regard d'un grand nombre d'enjeux, de conséquences parallèles.

Notamment, c'est en matière de sécurité économique qu'il faut penser la menace engendrée par le trafic illégal de la biodiversité sauvage (B), au regard de ses effets terribles sur les activités légales qui lui sont parallèles ainsi que sur le droit au développement des communautés locales.

---

[1] Une grande diversité d'acteurs intervient. À la racine de ce schéma complexe, il y a bien souvent des individus issus de communautés locales pauvres, contraints par la nécessité ou la force de s'engager dans des opérations de chasse, de pêche ou de coupe de bois illégales. Certaines de ces opérations peuvent toutefois être effectuées par des groupes armés ou des entreprises peu scrupuleuses. Par la suite, les produits obtenus sont mis sur le marché national, régional ou international par des négociants, d'ordinaire contactés par des intermédiaires dans le ou les pays de transit et *in fine* dans le ou les pays consommateurs. Sur ce sujet, V. « Lutte contre le trafic illégal d'espèces sauvages : Consultation avec les gouvernements », WWF International/Dalberg, Gland, Suisse, 2012 ; BRACK D., HAYMAN G., « International Environmental Crime: The Nature and Control of Environmental Black Market », Royal Institute of International Affairs, London, UK, 2002.

[2] L'envergure internationale du trafic illégal de biodiversité sauvage est venue justifier la reconnaissance par les Nations Unies du phénomène en tant que « criminalité transnationale organisée ».

De surcroît, l'aspect de santé publique ne doit pas être écarté lorsque l'on pense à une introduction non contrôlée d'espèces sauvages sur territoire donné (C).

En outre, le commerce illégal de la biodiversité, lorsqu'il concerne en particulier les ressources génétiques issues d'espèces végétales sauvages, nuit à l'équilibre et la pérennité des traditions de communautés locales (D).

Enfin, le trafic illégal de la biodiversité sauvage induit également un phénomène, nouvellement abordé dans les études scientifiques : celui de la menace sur la sécurité internationale et sur la stabilité politique (E).

A. Enjeux écologiques

Il est désormais considéré par certains scientifiques que nous vivons actuellement une sixième extinction de masse, avec un taux de disparition des espèces cent fois plus rapide que le taux d'extinction naturel moyen [1]. En 2019, la Plateforme intergouvernementale sur la biodiversité et les services écosystémiques (IPBES) a estimé à un million le nombre d'espèces animales et végétales menacées d'extinction[2].

Or, le commerce international illégal de biodiversité sauvage n'est pas étranger à ce déclin écosystémique, et notamment lorsqu'il est opéré en dehors des cadres juridiques de gestion et de contrôle prévu en la matière. En effet, aujourd'hui considéré comme la deuxième cause de disparition des espèces après la perte des habitats[3], le commerce illégal des espèces sauvages constitue l'une des menaces les plus oppressantes sur

---

[1] LOREAU M., « Enjeux de la science et de la gouvernance de la biodiversité », *Les ateliers de l'éthique*, vol. 4, n° 1, 2009. Les espèces vivantes n'ont donc «*jamais été autant menacé (...), avec un taux d'extinction 100 à 1.000 fois supérieur au rythme naturel »,* REID W. V., et *al.*, « Rapport de synthèse de l'Évaluation des Écosystèmes pour le Millénaire », Millennium Ecosystem Assessment, 2005.

[2] « Un million d'espèces sont menacées d'extinction, alerte un groupe d'experts », ONU info, 6 mai 2019, <https://news.un.org/fr/story/2019/05/1042791>.

[3] RAMADE F., « *Dictionnaire encyclopédique de l'écologie et des sciences de l'environnement* », Éditeur Dunod, septembre 2002, p. 252 et s.

la pérennité de la biodiversité globale et nuit ainsi au mandat de la CDB, particulièrement à ses alinéas 8 et 10[1].

Le commerce illégal d'espèces menacées est notamment considéré aujourd'hui comme le quatrième trafic commercial du monde derrière le trafic « des stupéfiants, de la traite des êtres humains et des produits contrefaits [2] ». Quelques chiffres illustrent l'ampleur de la recherche du gain par des criminels s'adonnant à des massacres ainsi que le massif déclin incident des espèces menacées.

En 2012, 668 rhinocéros ont été braconnés en Afrique du Sud[3]. Deux ans plus tard, 1215 individus y ont été massacrés[4]. Il est aujourd'hui estimé que trois rhinocéros meurent chaque jour à cause du trafic illégal d'espèces sauvages[5]. En 2013, vingt mille éléphants ont été braconnés sur le continent africain[6]. En 2016, il était estimé que les populations d'éléphants d'Afrique avaient connu leur chute la plus importante depuis vingt-cinq ans[7]. S'agissant des grands félins, les populations mondiales de tigres ont connu un déclin de 97% et des extinctions locales ont fait jour dans diverses régions du monde[8].

Ces braconnages massifs d'espèces sauvages menacées entraînent non seulement un grave appauvrissement des

---

[1] L'alinéa 8 de la CDB énonce ainsi « *qu'il importe au plus haut point d'anticiper et de prévenir les causes de la réduction ou de la perte sensible de la diversité biologique à la source* » et l'alinéa 10 complète « *la conservation de la diversité biologique exige essentiellement la conservation in situ des écosystèmes et des habitats (...)* ».

[2] GARRIC A., « Le braconnage d'espèces sauvages, 4e marché illégal au monde », *Le Monde*, 14 décembre 2012.

[3] « Criminal Nature: The Global Security Implications of the Illegal Wildlife Trade », IFAW, 2016.

[4] GALLAND E., *op. cit.*

[5] GARRIC A., « Le trafic d'espèces menacées en 10 chiffres (effrayants) », Le Monde Blog, 11 déc. 2014.

[6] « Les chiffres du braconnage des éléphants et de la contrebande d'ivoire publiés aujourd'hui », Secrétariat de CITES, Genève, 13 juin 2014.

[7] « La population des éléphants d'Afrique enregistre sa pire chute en 25 ans », *Le Nouvel Observateur*, 26 septembre 2016.

[8] TENSEN L., « Under what circumstances can wildlife farming benefit species conservation? », *Global Ecology and Conservation*, vol. 6, April 2016, pp. 286-298.

populations de celles-ci, mais menacent également leur futur de façon substantielle. Cela est notamment le cas lorsque lors d'opérations de braconnage, des individus en âge de procréer ou un grand nombre de femelles gestantes sont abattus[1].

De surcroît, la raréfaction d'individus au sein d'une même espèce entraîne des cas de consanguinité qui amène les nouveau-nés à souffrir dans le futur d'une grande diminution de leurs capacités à survivre[2].

Le déclin de grands prédateurs, tels que les léopards ou les requins, suite à leur commerce illégal, entraîne également des conséquences irréversibles sur leur écosystème où ils jouent une fonction de régulation capitale[3]. En outre, après avoir épuisé les populations d'espèces à haute valeur dans le commerce international, le trafic illégal se concentre sur des spécimens plus ou moins ressemblants, afin de continuer d'alimenter l'offre. Les lions sont ainsi aujourd'hui piégés en masse pour remplacer la vente des os de tigres, devenus plus rares dans la nature, sur le marché chinois[4].

Outre le commerce illégal des espèces menacées, la stabilité des écosystèmes est aussi ébranlée par le trafic illégal des espèces exploitées. Ainsi, il est considéré que près de 33,1% des espèces marines sont surexploitées[5], nuisant ainsi à la viabilité des écosystèmes marins. En outre, les coupes illégales d'espèces forestières sauvages jouent un rôle non négligeable dans le dépérissement de la biodiversité, ainsi que dans

---

[1] « In March 2013, poachers in Chad slaughtered 89 elephants, including 35 pregnant females », *in* « Poachers in Chad slaughter 89 elephants », Aljazeera, 20 March 2013.

[2] COURCHAMP F., et *al.*, « Rarity value and species extinction: The anthropogenic allee effect », *PLoS Biology*, 4 (12), 2006 ; Sur ce sujet, V. aussi KENNEY H., et *al.*, « The long-term effects of tiger poaching on population viability », *Conservation Biology*, vol. 9, n° 5, pp. 1127-1133, oct. 1995.

[3] TERBORGH J., *Requiem for Nature*, Island Press, Washington, DC, 1999, 234 p.

[4] DOUGLAS L. R., ALIE K., « High-value natural resources: Linking wildlife conservation to international conflict, insecurity, and development concerns », *Biological Conservation*, vol. 171, March 2014, pp. 270–277.

[5] « La situation mondiale des pêches et de l'aquaculture. Atteindre les objectifs de développement durable », FAO, Rome, Italie, 2018.

l'ouverture d'un accès plus aisé à des espèces animales ou floristiques[1].

De surcroît, ce dépérissement biologique général entraîne également l'extinction d'espèces dont la découverte et l'analyse du potentiel génétique auraient permis le développement scientifique et la découverte de futurs remèdes[2].

Enfin, l'introduction de nouveaux spécimens sur un territoire donné peut être à l'origine d'une grave menace pour l'équilibre des écosystèmes et des espèces endémiques d'un territoire[3]. Le commerce multilatéral des grenouilles xénope lisse a par exemple répandu la maladie infectieuse chytridiomycose, aujourd'hui reconnu comme cause majeure de l'extinction de 30% des espèces d'amphibiens dans le monde[4].

Ainsi, les conséquences dévastatrices du trafic illégal de biodiversité sauvage sur l'environnement à l'échelle planétaire doivent soulever des prises de conscience urgentes. L'épidémie mondiale de SARS-CoV-2 qui a fait son apparition à la fin de l'année 2019 est en outre venue accentuer cette nécessité. En effet, cette crise sanitaire a illustré de manière frappante l'interconnexion existante entre la perte de diversité biologique et la facilitation de transmission d'agents pathogènes entre animaux et humains ainsi que de leur circulation à l'échelle mondiale[5].

La richesse de la Terre participe donc d'un cadre global cohérent où chaque espèce tient un rôle prépondérant pour assurer l'équilibre écosystémique de son environnement. En

---

[1] BOWEN-JONES E., « Bushmeat: Traditional regulation or adaptation to market forces? », *in* OLDFIELD S., (ed.), *The trade in wildlife, regulation for conservation*, Earthscan, London, UK, 2003, p.132.

[2] VAN UHM D., *op. cit.*

[3] MOONEY H. A., HOBBS R. J., *Invasive species in a changing world*, Island Press, 2000, 384 p.

[4] STUART S. N., et *al.*, « Status and trends of amphibian declines and extinctions worldwide. », *Science*, vol. 306, n° 5702, December 2004, p. 1783-1786.

[5] « COVID-19 et son lien avec la biodiversité, le trafic illégal d'espèces sauvages et la bioculturalité », UNESCO.fr, mai 2020 ; Sur ce sujet, V. aussi « Preventing the next pandemic. Zoonotic diseases and how to break the chain of transmission », UNEP and International Livestock Research Institute, Nairobi, Kenya, 2020.

outre, plus qu'une dimension écologique déjà particulièrement préoccupante, le commerce illégal d'espèces sauvages revêt également une dimension économique, sanitaire, sociale et sécuritaire, déterminante.

B. Enjeux économiques

Le trafic illégal d'espèces sauvages a cela de pervers qu'il vient non seulement créer des flux commerciaux illégaux parallèles aux activités loyales (1), mais aussi menacer les outils de développement économique des communautés locales (2).

1. Une menace pour la stabilité économique nationale

Le trafic illégal d'espèces sauvages représente une lourde perte pour les finances publiques des États. Non déclaré, ce trafic échappe ainsi à leur fiscalité[1]. De surcroît, il perturbe l'équilibre du commerce national et transnational en nuisant aux efforts des commerçants honnêtes qui souffrent d'une concurrence clandestine déloyale qui mine la pérennité des ressources dont dépendent leurs activités et entraîne une dommageable baisse des coûts.

En effet, concrètement, les commerçants malhonnêtes pratiquent souvent des prix plus attractifs sur le marché et/ou bénéficient de moins de charges comparativement à ceux qui respectent les règles en vigueur et qui sont soumis au respect de certaines pratiques durables. Ce *dumping* menace ainsi la stabilité économique du secteur de la pêche tout entier ainsi que la pérennité des activités des commerçants honnêtes.

Or le secteur de la pêche, qui supporte de façon directe et indirecte la subsistance de près de 12% de la population mondiale[2], est particulièrement sujet aux fluctuations du marché

---

[1] GONCALVES M.P., et *al.*, « Justice for Forests. Improving criminal justice efforts to combat illegal logging », The World Bank Washington DC, 2012.

[2] CHEUNG W., et *al.*, « Modelling Future Oceans: The Present and Emerging Future OF Fish Stocks and Fisheries», *in* CADDELL R., MOLENAAR E. J., (eds.), *Strengthening International Fisheries Law in an Era of Changing Oceans,* HART Publishing, 2019, 512 p.

et aux pertes économiques découlant de la pêche illégale. Pour exemple, les captures illégales opérées au large des côtes du Sénégal ont entraîné une chute de l'ordre de 2% de son PIB en 2012[1]. Ainsi, il est estimé que la pêche illégale, qui représente aujourd'hui 15,5 à 36,4 milliards de dollars[2], « concurrence [le marché légal] au détriment des pêcheurs honnêtes et affaiblit les communautés côtières, notamment dans les pays en développement »[3].

Il en va de même pour le commerce illégal d'espèces forestières, qui représente quant à lui une valeur de 52 à 157 milliards de dollars[4].

D'une manière générale, le trafic illégal d'espèces sauvages détourne donc « l'argent d'entreprises légitimes et, à la place, met l'argent entre les mains de criminels, ce qui freine la croissance économique »[5]. En outre, ce trafic nuit également au développement économique des communautés locales.

2. Une menace pour le développement des communautés locales

Le trafic illégal de biodiversité sauvage nuit gravement au potentiel économique des États en développement [6], compromettant ainsi les dispositions de la Déclaration des Nations Unies sur le droit au développement qui reconnaît en son article 1 le droit au développement économique comme un droit inaliénable de l'Homme.

---

1 GALLAND E., *op. cit.*

2 WWF, « Break the chain. Comment le secteur français de la logistique et du transport peut lutter contre le commerce illégal d'espèces sauvages », mars 2020.

3 « Illegal Fishing (IUU) », Commission européenne, ec.europa.eu, <https://ec.europa.eu/fisheries/cfp/illegal_fishing_en>.

4 WWF, « Break the chain. Comment le secteur français de la logistique et du transport peut lutter contre le commerce illégal d'espèces sauvages », *op. cit.*

5 "*Illegal trade diverts money away from legitimate businesses and instead puts cash in the hands of criminals, stunting economic growth*", CORWIN J., « Trafficking in Tragedy: The Toll of Illegal Wildlife Trade », eJournal USA, vol. 17, n° 2, 2012.

6 ROSEN G. E., SMITH K. F., « Summarizing the Evidence on the International Trade in Illegal Wildlife », *EcoHealth*, 2010, p. 25.

Ainsi, le trafic illégal d'espèces sauvages menacées réduit à néant les efforts étatiques de promotion du tourisme, et notamment du tourisme lié à l'observation d'espèces sauvages. Or la riche biodiversité dont jouissent ces États est leur atout numéro un dans le développement de stratégie de développement économique et social.

La perte d'opportunités liées à l'expansion raisonnée de l'industrie d'un tourisme, intégrant espèces sauvages et communautés locales, ainsi que des bénéfices tant économiques que sociaux, s'avère aujourd'hui très redoutable pour les États en développement. La Chine a notamment reconnu cette dimension économique des espèces sauvages dans sa lutte contre leur trafic illégal en prévoyant des peines pouvant aller jusqu'à la perpétuité, voire la peine de mort, notamment en cas de braconnage de pandas, espèce hautement symbolique du territoire[1].

En outre, le trafic illégal de ressources génétiques constitue un véritable frein au développement économique des communautés locales dont le savoir traditionnel a permis l'utilisation commerciale de l'espèce sauvage en cause.

Ainsi, en 1985, la recette des ventes de médicaments à base de plantes préalablement utilisées par les communautés locales depuis de nombreuses années a été estimée à 43 milliards de dollars[2]. Or, une infime partie de cette somme a pu atteindre les peuples autochtones à l'origine des connaissances associées au développement de ces produits[3]. Une contrepartie équitable aurait pourtant pu aider ces communautés à assurer leur développement économique et à reconnaître leur rôle substantiel dans les avancées scientifiques mondiales.

Le trafic illégal de biodiversité sauvage apparaît donc comme une menace à la stabilité économique et représente une

---

[1] VASQUEZ J.C., « Compliance and Enforcement Mechanisms of CITES », *in* OLDFIELD S. (ed.), *The Trade in Wildlife. Regulation for Conservation*, Earthscan, London, 2003, p. 68.

[2] POSEY D. A., DUTFIELD G., « Le Marché de la propriété intellectuelle. Droits des communautés traditionnelles et indigènes », Centre de recherches pour le développement international/WWF (Suisse) — Fonds Mondial pour la Nature, 1997, p. 38.

[3] *Idem.*

grave fracture dans le potentiel de développement des États. Il nuit non seulement aux commerçants soucieux de respecter les réglementations en vigueur, mais aussi au potentiel financier des communautés locales des États en développement.

Par ailleurs, ce commerce souterrain pose également des problèmes sanitaires dont les effets ravageurs illustrent l'importance de réglementations et de contrôles approfondis.

C. Enjeux sanitaires

Outre les enjeux écologiques et économiques, le trafic illégal d'espèces sauvages pose également une menace sérieuse à portée internationale en matière de santé publique[1]. En effet, l'importation de spécimens sauvages est souvent un vecteur d'entrée de maladies infectieuses humaines et animales[2] qui peuvent se propager à l'échelle globale. On estime ainsi que 70% des maladies humaines émergentes sont d'origines zoonotiques[3], et entraînent la mort de millions de personnes chaque année[4].

Par exemple, le commerce international, légal ou illégal, des chauves-souris a propagé le SRARS-CoV, ou Syndrome respiratoire aigu sévère, causant la mort de centaines d'individus à travers le monde[5]. De surcroît, c'est l'entrée illégale de deux

---

[1] Statement of the Honorable McMURRAY C. A., Assistant Secretary for Oceans, Environmental and Science, U.S Department of State, *in* « Poaching American Security: Impacts of Illegal Wildlife Trade », U.S. House Committee on Natural Resources, 110th Cong., 2nd sess., 5 March 2008 ; Sur ce sujet, V. aussi KARESH W. B., et *al.*, "Wildlife Trade and Global Disease Emergence", *Emerging Infectious Diseases*, 11 (7), July 2005, p. 1000-1002.

[2] SMITH K. F., et *al.*, « Reducing the risks of the wildlife trade », *Science,* vol. 324, issue 5927, 2009 ; Sur ce sujet, V. aussi BRACK D., HAYMAN G., *op. cit. ;* Sur ce sujet, V. aussi SHEIKH P., SUN WYLER L., *op. cit.*, p.11-13.

[3] EMRE CAN O., et *al.*, « Dealing in deadly pathogens: Taking stock of the legal trade in live wildlife and potential risks to human health », *Global Ecology and Conservation*, vol. 17, January 2019.

[4] *Ibid.*

[5] WILSON-WILDE L., « Wildlife crime: a global problem », *Forensic Science, Medicine, and Pathology,* vol. 6, 2010, pp. 221–222; V. aussi BELL D., et *al.*, « Animal origins of SARS coronavirus: Possible links with the international trade in small carnivores », *Philosophical Transactions of the Royal Society of London*, Series B, 359, 2004, pp. 1107-1114.

aigles montagnards [1] et de passereaux en provenance de Thaïlande sur le territoire de la Grande-Bretagne[2] qui a entraîné la dissémination du virus H5N1, coûtant la vie à des centaines de personnes[3].

L'agriculture et le bétail sont également menacés par ces propagations de virus. Aussi le virus de la grippe aviaire a entraîné l'abatage de 140 millions de poulets [4], causant d'importantes pertes économiques aux États concernés. De manière générale, le traitement et l'éradication des virus à l'échelle mondiale coûtent des centaines de millions d'euros, voire de milliards de dollars[5], ce qui ajoute à cette menace liée à une introduction illégale d'espèces sauvages sur le territoire d'un État une dimension économique majeure.

En outre, l'utilisation de puces par les Japonais dans les années 1930 pour introduire la peste en Chine illustre une menace sanitaire aux dimensions sécuritaires[6]. L'introduction illégale de spécimens de biodiversité sauvage au sein d'un territoire constitue en ce sens une véritable arme bioterroriste[7].

L'urgence à faire face à ce nouveau défi sanitaire a notamment été reconnue en 2008 par Claudia McMurray, alors

---

1 « Avian influenza—Belgium ex Thailand: Smuggled birds », World Organization for Animal Health, 2004, <http://www.promedmail.org>.

2 DUDLEY J. P., « Bird flu outbreak in United Kingdom reveals global vulnerabilities », *Bioscience*, vol. 56, 2006, pp. 182-183.

3 BROOKS-MOIZER F., et *al.*, « Avian influenza h5n1 and the wild bird trade in Hanoi », *Vietnam. Ecology and Society*, 14 (1), 2008; Sur ce sujet, V. aussi « Avian influenza: assessing the pandemic threat », World Health Organization, 2005, <https://apps.who.int/iris/handle/10665/68985>.

4« Unis contre la grippe aviaire. Rapports d'une campagne mondiale », FAO, 2006.

5 En France, l'indemnisation de la filière palmipède suite au virus H5N1 a coûté au gouvernement 20 millions d'euros, « Mise en œuvre des dispositifs d'aides concernant l'indemnisation des éleveurs et des entreprises touchés en 2017 par l'épisode H5N8 de grippe aviaire », Site du ministère de l'Agriculture et de l'Alimentation, 2018. De son côté, la crise de l'émergence du SARS-CoV en Chine a coûté au gouvernement 25,3 milliards de dollars, EMRE CAN O., et *al.*, « Dealing in dealy pathogens: Taking stock of the legal trade in live wildlife and potential risks to human health », *Global Ecology and Conservation*, vol. 17, January 2019.

6 SHEIKH P., SUN WYLER L., *op. cit.*, p.13.

7 *Ibid*; V. aussi SHEA D. A., et *al.*, « Monkeypox: Technical Background and Outbreak Implications for Bioterrorism Preparedness », CRS Report.

Secrétaire d'État adjointe des États-Unis pour les océans et les affaires environnementales et scientifiques internationales. Celle-ci déclarait notamment: « wildlife trafficking poses health threats because some diseases, such as avian influenza, SARS, the Ebola virus and tuberculosis, can jump from animals to humans, especially when those animals are removed from the wild and move in commerce »[1].

Cet aspect sanitaire du trafic illégal d'espèces sauvages démontre toute l'étendue et la portée de ce phénomène en ce qu'il a de plus terrible : la perte de vies humaines. Il participe également aux difficultés économiques en ce qu'il y ajoute des pertes financières posées par les mesures de santé publique imposées aux États lorsqu'ils font face aux éventuels effets négatifs d'une entrée illégale d'espèces sauvages sur leur territoire.

En outre, le trafic illégal de biodiversité sauvage soulève également des enjeux sociaux, notamment lorsqu'il se manifeste par l'appropriation illégale d'une espèce sauvage faisant l'objet d'un savoir traditionnel et dont les gènes sont utilisés commercialement.

D. Enjeux sociaux

Depuis des siècles, des communautés locales[2] de tous horizons ont découvert et développé des savoirs traditionnels liés à leur territoire et à leurs besoins. En parallèle, le développement récent de grandes entreprises étrangères a amené les scientifiques et prospecteurs à chercher des solutions aux maux des sociétés contemporaines plus loin que leurs propres frontières. Or, ce besoin initial d'amélioration des vies quotidiennes, combiné à celui de la recherche du profit, a conduit de nombreuses compagnies à opérer des actions de bioprospection dans des coins

---

[1] Statement of the Honorable McMURRAY C. A., *op. cit.*

[2] Les « communautés locales » sont « *des groupes traditionnels possédant des coutumes (...), des croyances* », GUIGNIER A., *Le rôle des peuples autochtones et des communautés locales dans le développement durable : figurants ou acteurs ?*, Presses Universitaires de Limoges et du Limousin, 2004, 166 p.

reculés, et à s'intéresser aux peuples autochtones [1] qui s'y trouvaient, s'enrichissant de leurs connaissances.

Ainsi, ces connaissances ancestrales ont revêtu une importance capitale dans le contexte du commerce des ressources génétiques issues d'espèces sauvages au regard de leur apport substantiel au sein du progrès scientifique, et notamment pharmacologique, mondial. Près d'un quart des médicaments vendus à travers le monde sont originaires d'espèces végétales utilisées initialement par des peuples autochtones[2].

Sans ces connaissances, il est peu probable que nous aurions pu jouir de la présence d'autant de médicaments dans nos pharmacopées. En effet, les peuples autochtones opèrent des sélections de plantes dont l'efficacité est cinq mille fois plus efficace que des prélèvements aléatoires[3].

Toutefois, l'accès et la valorisation marchande des gènes d'espèces sauvages, fruit de la rencontre entre entreprises et communautés locales, n'ont pas toujours servi les intérêts de ces dernières[4]. Cela peut par exemple être illustré par de nombreuses affaires. En 2008 par exemple, l'entreprise pharmaceutique Schwabe a tenté de déposer un brevet sur l'utilisation du pélargonium, niant ainsi toute primauté d'usage de cette plante par les communautés locales des régions sud-africaines de l'Eastern Cape et du Lesotho qui employaient originellement

---

[1] Dans le cadre de cette thèse, le terme de « peuple autochtone » sera utilisé comme faisant écho à notre utilisation de la notion de communauté locale. Pour une définition de la notion de « peuples autochtones » mondialement retenue, voir celle donné par Martinez Cobo *in* « Study of the Problem of Discrimination against Indigenous Populations », UN Doc. E/CN.4/Sub.2/1986/7 Add. 4, UN Sales No. E.86.XIV.3.3.

[2] "*Over one-quarter of modern drugs prescribed all over the world are directly derived from plant life forms, and most of them are products of the much denigrated "ethnic" and "primitive" traditional knowledge of the use of plants*", MGBEOJI I., *Biopiracy. Patents, Plants, and Indigenous Knowledge*, UBCPress, 2006, 334 p.

[3] "*The function of local and traditional knowledge as a filter for ordinary guesswork is generally estimated to be five thousand times more effective than random collection*", MGBEOJI I., *op. cit.*

[4] BEURIER J-P., « Le droit de la biodiversité », *Revue Juridique de l'Environnement*, n° 1-2, 1996, pp. 5-28.

cette plante pour soigner les affectations des bronches[1]. Aussi, « le bureau européen des brevets a [par la suite] révoqué ce brevet pour défaut d'inventivité[2] ».

L'entreprise américaine WR Grace s'est également livrée en 1995 à un acte similaire lorsqu'elle a breveté le composé antifongique du neem, plante utilisée en Inde par des communautés rurales depuis des millénaires pour ces mêmes vertus[3]. Ni nouveaux ni inventifs[4], ces brevets ont été finalement annulés dix ans plus tard à la suite d'une longue bataille juridique[5].

Pour ce genre de comportement industriel, la notion de biopiraterie a été créée et un prix spécial a été inventé. The Coalition Against Biopiracy a en effet élaboré une remise de prix intitulé « Prix du Capitaine Crochet » destiné à mettre en lumière sur la scène publique les agissements illégaux des multinationales dans le domaine de bioprospection[6].

En effet, il est compréhensible que le fait de ne pouvoir être associé aux gains ultérieurs d'une mise sur le marché d'un produit dont les vertus étaient connues bien avant un développement pharmaceutique ou agricole revête pour les communautés locales un caractère véritablement injuste. Outre les aspects économiques de cette appropriation indue considérés précédemment, c'est également un lien plus profond qui est ici menacé.

En quelques années, la demande accrue de produits aux attributs divers issus de l'exploitation de ressources génétiques a

---

[1] CHAUVEAU L., « En direct de Nagoya : Deux cas de biopiraterie », *Sciences et Avenir*, octobre 2010.

[2] *Ibid.*

[3] AUBERTIN C., MORETTI C., « La biopiraterie, entre illégalité et illégitimité », *in* AUBTERTIN C., et *al.*, (eds), *Les marchés de la biodiversité,* Édition IRD, 2007, p. 94.

[4] Ces deux critères figurent parmi les conditions essentielles définies par l'Organisation Mondiale de la Propriété Intellectuelle à l'obtention d'un brevet.

[5] Décision de la chambre de recours de l'Office Européen des Brevets, 8 mars 2005, N° T 0416/01 - 3.3.2 ; Sur ce sujet, V. aussi AUBERTIN C., MORETTI C., *op. cit.*

[6] Le prix du « Capitaine Crochet » est décerné par The Coalition Against Biopiracy aux entreprises s'étant illustré dans des cas de biopiraterie.

entraîné une exploitation intensive, voire une surexploitation des espèces dont ils sont issus.

Ainsi, la pérennité même des rituels culturels et moyens de subsistance de peuples utilisant rationnellement ces mêmes espèces depuis des temps immémoriaux s'en est ainsi trouvée gravement menacée. Par exemple, le Hoodia, originaire du Kalahari et doté de propriétés coupe-faim, a fait l'objet d'une collecte tellement intense que son statut biologique a par la suite justifié une protection sous-tendue par un contrôle strict de son commerce[1].

De la même façon, la collecte de la racine sud asiatique Kwao Krua, aux propriétés médicinales diverses, a nécessité l'élaboration ultérieure par les autorités thaïlandaises d'une loi spécifique à sa protection à l'état sauvage[2]. De son côté, le Cambodge considère aujourd'hui comme de priorité de conservation nationale près de 80 espèces de plantes fréquemment utilisées en médecine traditionnelle[3].

Enfin, l'appropriation d'espèces sauvages dans l'irrespect des croyances traditionnelles entraîne également un profond sentiment de gêne chez les peuples autochtones[4].

Ce type de trafic de ressources biologiques obstrue donc, non seulement par la raréfaction des spécimens utilisés que par la dévaluation des traditions qui leur sont associées, la pérennité des cultures autochtones. Ce commerce illégal s'effectue donc notamment en violation des articles 11 et 12 de la Déclaration des Nations Unies sur les droits des peuples autochtones, de l'article 1 du Pacte international relatif aux droits économiques, sociaux et culturels et de l'alinéa 12 et article 10 de la CDB.

Le défi social qui entoure la question du commerce de ressources génétiques issues d'espèces sauvages est ainsi primordial. Le trafic illégal de ces ressources met en effet en péril non seulement l'appréciation de l'expérience et du savoir des peuples autochtones, mais également la continuité même de leurs activités. En outre, le commerce illégal de biodiversité sauvage

---

[1] ROBINSON D. F., *Confronting Biopiracy. Challenges, Cases and International Debates*, Earthscan from Routledge, 2010, 208 p.

[2] *Ibid.*

[3] *Ibid.*

[4] *Ibid.*

conduit à analyser dans quelle mesure ce phénomène menace les populations des États.

E. Enjeux sécuritaires

Le cœur du trafic illégal d'espèces sauvages réside dans la volonté de tirer un maximum de profit. Un « nerf de la guerre » qui porte plutôt bien son nom, au regard des instabilités sécuritaires et politiques dont il est à la source. Le directeur du programme mondial des espèces au WWF, Carlos Drews, pointait ainsi du doigt en 2015 que « le trafic d'espèces sauvages est devenu une menace immédiate non seulement pour des animaux emblématiques, mais aussi pour la sécurité régionale, l'État de droit, le développement durable et la prospérité des communautés locales » [1].

En effet, le commerce illégal de biodiversité sauvage représente aujourd'hui une véritable menace qui dépasse de loin les seules préoccupations environnementales auxquelles on le relègue souvent. Ainsi, ce trafic participe non seulement à la création d'un climat de violence (1), mais aussi à une déstabilisation de l'état de droit (2).

1. L'exacerbation d'un climat de violence

Le trafic illégal d'espèces sauvages constitue un vrai danger pour le respect de la vie humaine. D'une part, les gardes forestiers chargés de surveiller les espaces où sont protégées les espèces sauvages sont régulièrement attaqués, voire meurent dans de terribles circonstances.

En Inde, des rangers ont ainsi été enterrés vivants par des trafiquants de bois illégal [2]. En dix ans, en République Démocratique du Congo, 183 gardes forestiers ont été abattus par

---

[1] « Le trafic d'espèces protégées : menace pour la biodiversité et pour les États », *Le Point*, 24 mars 2015.

[2] SMITH D., « Fighting the poachers on Africa's thin green line », *The Guardian*, June 15, 2013.

des braconniers[1]. Sous un angle plus général, ce sont près de 700 rangers qui ont payé de leur vie la protection de la biodiversité sauvage entre 2003 et 2013[2]. Ces chiffres alarmants illustrent l'ampleur de la lutte physique menée dans le combat contre le trafic illégal de biodiversité sauvage.

Par ailleurs, de nombreux individus issus de communautés locales d'États en développement se sont engagés dans des opérations de braconnage suite à des pressions et menaces exercées par des groupes armés[3]. De surcroît, en matière de pêche illégale, des travailleurs aux origines sociales modestes sont engagés au sein de navires pirates sur lesquels ils subissent des sévices et vivent dans des conditions s'apparentant à l'esclavage[4].

D'autre part, ce climat de violence est d'autant plus entretenu que ce commerce souterrain met directement en péril la sécurité et la paix au sein du territoire des États. Notamment, il a été démontré que ce commerce souterrain sert de levier direct à un financement de réseaux criminels, tels que des milices et autres groupes armés rebelles[5].

Il a été notamment démontré que des membres de triades chinoises tels que les Wo Whing Wo ou les 14K sont impliqués dans le trafic d'espèces sauvages[6], tel que le trafic de l'ormeau[7]. De même, la mafia russe est impliquée dans des opérations de commerce illégal de caviar béluga en mer Caspienne[8].

---

[1] The Thin Green Line Foundation, <www.thingreenline.org.au/>.; Sur ce sujet, V. aussi BEYERS R.L., et *al.*, « Resource Wars and Conflict Ivory : The Impact of Civil Conflict on Elephants in the Democratic Republic of Congo - The Case of the Okapi Reserve », *PLoS ONE,* 6, 2011, <http://journals.plos.org/plosone/article?id=10.1371/journal.pone.0027129>.
[2] ORENSTEIN R., *op.cit.*, p. 188.
[3] BROUSSARD P., VIDALLE A., *op. cit.*
[4] CHANTAVANICH S., et *al.*, « Under the shadow: Forced labour among sea fishers in Thailand », *Marine Policy*, vol. 68, June 2016, pp. 1-7.
[5] SHEIKH P., SUN WYLER L., *op. cit.,* p.15 ; Sur ce sujet, V. aussi SHAW M., « Transnational organized crime in Africa », *in* ALBANESE J.S., REICHEL P.L., (eds.), *Transnational Organized Crime: An Overview from Six Continents*, Sage Publications, 2014, pp. 93-115.
[6] VAN UHM D., *op. cit.*
[7] SHEIKH P., SUN WYLER L., *op. cit.,* p.15.
[8] *Ibid.*

Par la réalisation d'opérations de braconnage et la vente incidente des produits issus de ces activités, les syndicats et groupes rebelles assurent la continuité de leurs actions et financent l'achat de leurs armes[1]. Par exemple, le commerce illégal de bois finance de nombreux syndicats criminels asiatiques[2]. En 1990, le cas des Khmers rouges du Cambodge, financés en grande partie grâce au trafic souterrain de produits forestiers, témoigne de l'importance des ressources forestières pour assurer la perpétuité des opérations rebelles[3].

Par ailleurs, l'armée de libération populaire du Soudan durant ses années de guerre avec le nord du pays s'est engagée dans des opérations de braconnage d'éléphants à grande échelle[4]. Il en fut de même lors de la guerre civile qui éclata en République Démocratique du Congo entre 1994 et 2004[5]. Au Népal, ce sont les rebelles maoïstes qui se sont rendus coupables de tels

[1] « La guerre de l'ivoire, menace sur la paix et la sécurité en Afrique », WWF France, <http://www.wwf.fr/nos_priorites/especes_menacees/identifier_les_especes_prioritaires/elephants/guerre_ivoire.cfm> ; Sur ce sujet, V. aussi BROUSSARD P., VIDALLE A., « Mafias, comment elles détruisent la planète », *L'Express*, 15 juillet 2015.

[2] LENNAERTS T., « European Union Timber Regulation's effort to stop illegal timber import & how the Timber Trade Portal supports it: a study on the influences of the EUTR on European timber trade and how the Timber Trade Portal website reduces illegal logging and related trade », *Hogeschool Van Hall Larenstein: Bosen Natuurbeheer*, 2017, p. 2.

[3] OLDFIELD S., (ed.), *The Trade in Wildlife. Regulation for Conservation*, *op. cit.*, p.121 ; Sur ce sujet, V. aussi LE BILLON P., *Fuelling War: Natural Resources and Armed Conflict*, Routledge, 2006, p. 33.

[4] « Ivory and Insecurity: The Global Implications of Poaching in Africa », Committee on Foreign Relations United States Senate, Hearing May 24, 2012, p.18.

[5] HART T., MWINYIHALI R., « Armed Conflict and Biodiversity in Sub-Saharan Africa: The Case of the Democratic Republic of Congo (DRC) », Biodiversity Support Program, 2001.

agissements[1]. Boko Haram est également en partie financé par la vente d'ivoire illégal[2].

Aussi, d'une façon générale, ce sont les groupes criminels affiliés à Al-Qaida qui illustrent le mieux le lien existant entre trafic d'espèces sauvages et subvention de conflits armés[3] . Ainsi, en Inde, la vente de peaux de tigres, de cornes de rhinocéros et d'ivoire finance les entreprises des groupes terroristes islamiques Jama'atul Mujahideen Bangladesh et Harkat-ul-Jihad-al-Islami, affiliés à Al-Qaida.

Des cas similaires ont été enregistrés au Népal et en Thaïlande[4]. En Afrique, les réseaux de l'Armée de résistance du Seigneur en Somalie[5], des Janjawids au Darfour[6], des Mai-Mai[7] et des Shabab[8] entretiennent un climat délétère sur une partie du

---

[1] GUERETTE E., « Les stratégies de conservation de la biodiversité et le processus de priorisation des actions dans les zones de conflit armé en Afrique Centrale », essai présenté au Département de Biologie et au Centre Universitaire de formation en Environnement en vue de l'obtention des grades de Maitre en écologie internationale et de Maitre en environnement, sous la direction de madame CALMÉ S., et de monsieur DELISLE D., Sherbrooke, Québec, Canada, juin 2014.

[2] VIRA V., ERWING T., « Ivory's Curse. The Militarization & Professionalization of Poaching in Africa », BORN FREE and C4ADS organizations, April 2014.

[3] Statement of CARDAMONE T., Managing Director, Global Financial Integrity, Washington DC, *In « Ivory and Insecurity: The Global Implications of Poaching in Africa »*, Committee on Foreign Relations United States Senate, Hearing May 24, 2012, p.17-18.

[4] Statement of CARDAMONE T., *op. cit.*

[5] GETTLEMAN J., « Elephants Dying in Epic Frenzy as Ivory Fuels Wars and Profits », *New York Times*, 3 September 2012; Sur ce sujet, V. aussi CHRISTY B., « A la poursuite des trafiquants d'ivoire », *National Geographic*, septembre 2015, pp. 56-85.

[6] GETTLEMAN J., *op. cit.* ; Sur ce sujet, V. aussi Statement of DOUGLAS-HAMILTON I., founder and CEO, Save the Elephants, *in « Ivory and Insecurity: The Global Implications of Poaching in Africa »*, Committee on Foreign Relations United States Senate, Hearing May 24, 2012.

[7] SISSLER-BIENVENU C., « Braconnage et trafic d'animaux sauvages : une criminalité organisée », *Revue Semestrielle de Droit Animalier — RSDA,* 2/2017, p. 205-206.

[8] LE BELZIC S., « Les Chabab, pivot du trafic d'ivoire en Afrique », *Le Monde*, décembre 2015 ; Sur ce sujet, V. aussi CROSTA A., SUTHERLAND K., « Africa's white gold of jihad: al-Shabaab and conflict ivory », Elephant League Organization, 2016.

continent grâce aux bénéfices issus du braconnage et de la vente illégale d'espèces sauvages.

Ces derniers, les Shababs, illustrent un autre aspect de la participation des groupes rebelles au trafic illégal de biodiversité sauvage. Ainsi, outre la participation aux activités de braconnage, les réseaux criminels peuvent également jouer un rôle d'intermédiaires entre braconniers et acheteurs finaux[1].

Par ailleurs, le trafic illégal de biodiversité sauvage participe à l'exacerbation d'une violence propre à d'autres types de trafic, tels que le commerce illégal de la drogue[2]. Par exemple, des individus impliqués dans des cartels de drogue de haut niveau dans des pays tels que la Colombie ou le Mexique ont également été impliqués dans des activités liées à des transactions illégales d'espèces sauvages[3]. De surcroît, le trafic de biodiversité sauvage peut servir de vecteur au trafic de drogue, comme l'illustre l'utilisation de serpents remplis de préservatifs contenant de la cocaïne[4].

En 2012, l'ancienne Secrétaire d'État des États-Unis Hilary Clinton est venue reconnaître l'importance de considérer le trafic illégal d'espèces sauvages au regard de ses impacts sur la sécurité des États[5]. Un an plus tard, l'ancien Secrétaire général des Nations Unies Ban Ki Moon confortait ces propos en reconnaissant que le braconnage et ses liens avec des activités terroristes constituent une grave menace pour une paix durable en Afrique[6]. Enfin, en 2015 l'Assemblée Générale des Nations

---

[1] CROSTA A., SUTHERLAND K., *op. cit.*

[2] Sur ce sujet, V. notamment « Ivory and Insecurity: The Global Implications of Poaching in Africa », Committee on Foreign Relations United States Senate, Hearing May 24, 2012, p.18.

[3] Statement of CARDAMONE T., *op. cit.*, p. 17 ; Sur ce sujet, V. aussi « OCTA EU organized crime threat assessment », Europol, 2011.

[4] SOUTH N., WYATT T., « Comparing Illicit Trades in Wildlife and Drugs: an exploratory study », *Deviant Behavior*, vol. 32, issue 6, 2011.

[5] « Hillary Clinton speaks out on wildlife trafficking », TRAFFIC organization, 8th November 2012.

[6] LEDERER E. M., « UN: Poaching Threatens Central Africa Peace », Associated Press, May 21, 2013.

Unies a également reconnu le trafic illégal de biodiversité sauvage comme une menace pour la sécurité des États[1].

L'ensemble de ces déclarations dans différentes parties du monde tend à démontrer une prise de conscience relativement générale des enjeux sécuritaires du trafic illégal de biodiversité sauvage. Plus encore, il s'agit là de la reconnaissance d'un lien d'interdépendance profond entre tous les États du monde. En effet, si la présence de groupes armés au sein de territoires donnés déstabilise l'équilibre des États en question, c'est toute la scène internationale qui se trouve menacée par la prolifération et le renforcement de leurs moyens.

Cette grande menace d'ordre sécuritaire est d'autant plus problématique qu'elle est soutenue par un phénomène rampant de corruption dans les États où la gouvernance est déjà affaiblie, venant ainsi créer une instabilité politique supplémentaire.

2. Une déstabilisation des institutions étatiques

La sécurité d'un État dépend non seulement de l'absence de conflits au sein de son territoire, mais aussi de l'efficacité de ses institutions et de sa capacité à faire respecter ses réglementations juridiques.

Or, dans un grand nombre d'États, la corruption de simples agents publics, de « rangers », voire de hauts fonctionnaires, nuit à la stabilité politique du pays en confortant la présence d'institutions poreuses sur le territoire. Il a par exemple été estimé qu'en Tanzanie, des élites politiques corrompues ont soutenu le déclin massif de majeure partie de la population d'éléphants d'Afrique de l'Est[2]. La chute de près de 60% de ses éléphants entre 2009 et 2014[3] n'est ainsi sans doute pas étrangère au phénomène de corruption sévissant sur son territoire.

---

[1] « Surveillance du trafic des espèces sauvages », Résolution des Nations Unies A/69/L.80, 2015.

[2] VIRA V., ERWING T., *op. cit.*, p.3.

[3] MATHIESEN L., « Tanzania elephant population declined by 60% in five years, census reveals », *The Guardian*, 2015.

Le même constat est observé au Kenya[1], en Colombie[2], et de façon générale dans un grand nombre d'États en développement. En matière de pêche, les pots-de-vin destinés à encourager la falsification des documentations liées aux captures ont régulièrement cours[3].

Les États en développement sont donc substantiellement affaiblis par le développement du trafic illégal de biodiversité sauvage, tant de par l'existence de conflits armés en leur sein que par la chaîne de corruption nuisant à l'efficacité de leurs institutions.

Toutefois ce problème sécuritaire et politique n'est pas propre aux seuls États en développement, et ne concerne pas qu'eux. La porosité des institutions politiques et la croissance de situations conflictuelles entre rebelles et instances étatiques menacent l'ensemble de la Communauté internationale.

Une démarche globale pour enrayer le trafic illégal de biodiversité sauvage est ainsi apparue nécessaire, en ce que ce phénomène nuit à des intérêts communs à tous les États du monde. L'action contre le trafic illégal d'espèces sauvages est donc un enjeu global, où se mêlent des intérêts convergents.

II. LE DROIT INTERNATIONAL FACE À UN PHÉNOMÈNE GLOBAL DESTRUCTEUR

La diversité et la transnationalité des enjeux sous-tendus par le trafic illégal d'espèces sauvages sont venues justifier l'intervention de la Communauté internationale en la matière[4]. Deux catégories de recours au droit international peuvent être identifiées dans ce contexte, selon la distinction opérée

---

[1] VIRA V., ERWING T., « Ivory's Curse. The Militarization & Professionalization of Poaching in Africa », BORN FREE and C4ADS organizations, April 2014.

[2] SOLLUND R. A., *The crimes of wildlife trafficking. Issue of justice, legality and morality*, Edition Routledge, 2019, 288 p.

[3] MARTINI M., « Illegal, Unreported and Unregulated Fishing and Corruption », U4 Expert Answer, 2013.

[4] SISSLER-BIENVENU C., *op. cit.* ; Sur ce sujet, V. aussi Assemblée générale des Nations Unies.2015. A/ RES/69/314/Lutte contre le trafic des espèces sauvages.

précédemment entre espèces sauvages menacées (A) et espèces sauvages exploitées (B).

A. Le droit international destiné à enrayer le trafic illégal d'espèces sauvages menacées

Particulièrement développé au XXe siècle, le phénomène d'utilisation d'espèces sauvages destinées à combler les besoins de la mode, certaines traditions médicinales ou encore les caprices d'appropriation d'animaux de compagnies exotiques n'a cessé de s'amplifier[1].

Néanmoins, au regard du déclin rapide et massif des espèces sauvages visées à la suite de ces tendances, que l'exemple de la chute des populations d'oiseaux suite à la mode des chapeaux à plumes ayant cours au XXe siècle illustre à merveille[2], des préoccupations liées à un nécessaire enrayement du phénomène de perte d'espèces sauvages ont émergé.

Ainsi a-t-on assisté à une prolifération d'instruments juridiques multilatéraux destinés à venir assurer une protection spécifique aux espèces animales et végétales sauvages menacées par leur utilisation. Il en est ainsi des conventions régionales de Londres sur la conservation de la faune et de la flore dans leur état naturel du 8 novembre 1933, d'Alger sur la conservation de la nature et des ressources naturelles du 15 septembre 1968, remplacée en 2003 par la Convention de Maputo, de même que la convention de Berne et la Convention sur la diversité biologique. Toutefois, si ces conventions ont contribué à construire la notion de « protection » au regard des espèces sauvages menacées, elles ne viennent pas encadrer les pratiques commerciales auxquelles celles-ci sont soumises[3]. Or le commerce illégal des espèces sauvages menacées figure comme

[1] « La Conférence de la CITES s'apprête à renforcer les règles du commerce des espèces sauvages pour les pêcheries, le bois, les animaux de compagnie exotiques, les éléphants, etc. », Communiqué de presse CITES, 7 août 2019.

[2] LYSTER S., *International Wildlife Law*, Grotius Publications, Cambridge, UK, 1985, p. 239.

[3] Ce n'est pas le cas de la Convention de Londres de 1933 qui prévoyait des mesures destinées à encadrer le commerce des espèces sauvages. Toutefois cette Convention a finalement été abandonnée.

l'une des principales menaces à leur pérennité et connaît une ampleur grandissante.

Aussi doit-on se tourner vers la CITES pour trouver un instrument juridique envisageant une approche spécifique et globale de la protection des espèces sauvages menacées au sein du commerce multilatéral (1)[1]. En outre, ses dispositions conventionnelles sont habilement consolidées par la démarche de l'Union européenne en la matière (2).

1. Le rôle référentiel de la CITES dans la constitution du droit international applicable au trafic d'espèces sauvages menacées

Convention contraignante, la CITES est venue encadrer spécifiquement le commerce des espèces sauvages menacées[2] par le biais d'un système approfondi et perfectionné. Son champ d'application extensif[3] et son fonctionnement, reposant sur une prise en compte de l'importance des données scientifiques quant aux populations sauvages existantes et sur les éventuels effets négatifs qu'un prélèvement commercial pourrait peser sur elles[4],

---

[1] Même si de son côté l'OMC peut jouer un rôle positif en faveur d'une réglementation du commerce des espèces animales et végétales, elle n'en reste pas moins une organisation spécifiquement dédiée à la liberté du commerce qui n'entrevoit la protection de la biodiversité qu'à travers un prisme relativement restreint, V. notamment l'article XX du GATT.

[2] Ainsi le site internet de la CITES énonce-t-il que la Convention « a pour but de veiller à ce que le commerce international des spécimens d'animaux et de plantes sauvages ne menace pas la survie des espèces auxquelles ils appartiennent ».

[3] Son champ d'application, qui s'étend à toutes les espèces menacées, apparaît ainsi plus large que la Convention sur la conservation des espèces migratrices appartenant à la faune sauvage (CMS). En effet, si la CMS fait elle aussi référence au statut d'espèces « menacées » et interdit de fait certains prélèvements, elle ne tend toutefois à s'appliquer qu'aux espèces migratrices.

[4] En ce sens, la Convention a repris et affiné les principes de la Convention de Londres de 1933 qui prévoyait l'instauration de permis pour encadrer les exportations et importations des espèces menacées. Sur ce sujet, V. BOISSON DE CHAZOURNES L., "Unilateralism and Environmental Protection: Issues of Perception and Reality of Issues", *European Journal of International Law*, vol. 11 n° 2, 2000, 315-338.

en font un texte international de référence en matière de commerce d'espèces sauvages menacées.

L'adoption de la CITES témoigne donc d'une volonté multilatérale claire de lutter contre le commerce illégal d'espèces sauvages en protégeant celles qui apparaissent comme les plus menacées. La violation des dispositions conventionnelles caractérise ainsi un trafic illégal de celles-ci. Le rôle de pivot de la convention a été reconnu et soutenu au sein de nombreux instruments juridiques, dont la Déclaration de Marrakech qui y fait référence comme instrument efficient de coopération entre États en matière de commerce d'espèces sauvages menacées[1].

La CITES apparaît donc comme une réglementation globale référentielle en matière de commerce des espèces sauvages menacées. Or, le dispositif novateur et détaillé qu'elle met en place est par ailleurs renforcé par la réglementation européenne en la matière.

2. L'importance de la réglementation européenne dans le renforcement des dispositions CITES

Le rôle de l'Union européenne dans la lutte contre le trafic d'espèces animales et végétales sauvages protégées par la CITES répond d'une démarche double.

D'une part, l'Union européenne est une entité participative au sein de la Communauté internationale, soumise au respect des réglementations auxquels elle a souscrit. Ainsi a-t-elle élaboré un cadre réglementaire de transposition des

[1] Action 2 de la Déclaration de Marrakech, adoptée en mai 2013. Dans cette perspective de soutien à la Convention CITES nous pouvons également citer les Conférences de Londres 2014 et de 2018, et la Conférence de Kasane sur le commerce illégal d'espèces sauvages tenue le 25 mars 2015 qui sont venues rappeler l'urgence à lutter contre le trafic illégal d'espèces sauvages menacées. Elles ne feront pas l'objet de développements plus substantiels en ce que leur portée dans le cadre de ce travail reste relative au regard du cadre perfectionné élaboré par la CITES en la matière.

dispositions CITES par le biais de son règlement n°338/97[1] et de sa directive n°2008/99[2].

D'autre part, l'Union apparaît comme force régionale créatrice d'une « dynamique complémentaire » [3] au droit international. Les dispositions de ses textes sont ainsi propres à dépasser les exigences multilatérales CITES afin de renforcer les objectifs conventionnels et de fournir un modèle de réglementation exigeant et ambitieux sur la scène internationale[4].

Le commerce des espèces sauvages menacées est donc encadré par la CITES, référence juridique internationale sur le sujet, et par le cadre réglementaire élaboré par l'Union européenne, qui participe de la création d'un cadre juridique global rigoureux en la matière. Toutefois, un certain nombre d'espèces, bien qu'elles soient sauvages et soumises à un commerce international, ne font pas l'objet d'une inscription au sein des annexes de la CITES ou du règlement européen n°338/97. Il en est notamment ainsi de certaines espèces marines et forestières sauvages. Cet état de fait s'explique par deux raisons.

D'une part, la CITES ne vient protéger que les espèces dont le statut biologique nécessite une protection au regard des données scientifiques existantes. Or, toutes les espèces marines et forestières sauvages faisant l'objet d'un commerce ne sont pas toutes sur le déclin, ne justifiant pas ainsi une protection particulière en ce sens.

D'autre part, il est à considérer que lorsque certaines espèces marines et forestières sont suffisamment menacées pour

---

[1] Règlement (CE) n° 338/97 du Conseil relatif à la protection des espèces de faune et de flore sauvages par le contrôle de leur commerce, en date du 9 décembre 1996.

[2] Directive n° 2008/99 du Parlement européen et du Conseil relative à la protection de l'environnement par le droit pénal, 19 novembre 2008.

[3] BERGE J-S., FORTEAU M., « Les interactions du droit international et européen », *Journal du Droit International*, 2e chronique, 2010, pp. 887-910.

[4] LANCHBERY J.,"The Convention on International Trade in Endangered Species of Wild Fauna and Flora (CITES): Responding to Calls for Action from Other Nature Conservation Regimes", *in* OBERTHÜR S., GEHRING T. (eds.), *Institutional Interaction in Global Environmental Governance: Synergy and Conflict among International and EU Policies*, MIT Press, 2006, pp. 157-79.

justifier une protection au titre de la CITES, celles-ci se heurtent à la crainte des États de voir un marché hautement lucratif plus sévèrement codifié[1]. Cette défiance se justifie notamment au regard des chiffres importants attribués au commerce des espèces marines et forestières sauvages[2].

En effet, le commerce légal des produits issus des forêts représente une part importante des économies étatiques de par le monde, avec près 200 milliards de dollars US générés[3]. Les produits issus de la pêche représentent quant à eux un chiffre d'affaires approximatif compris entre 10 et 23,5 milliards de dollars annuels[4].

Par ailleurs, les ressources génétiques issues d'espèces sauvages et faisant l'objet d'un savoir traditionnel font l'objet de mesures spécifiques. C'est donc vers des instruments multilatéraux complémentaires qu'il faut se tourner pour appréhender les dispositions définissant les critères de légalité du commerce de ces espèces sauvages exploitées.

B. Le droit international destiné à enrayer le trafic illégal d'espèces sauvages exploitées

Le droit international destiné à enrayer le trafic illégal d'espèces sauvages exploitées prend la forme de dispositions multilatérales encadrant l'exploitation de ces espèces et dont la

---

[1] CHEN H.K, ZAIN S., « CITES, trade and sustainable forest management », *in* « Trade and sustainable forest management. An international journal of forestry and forest industries », *Unasylva*, vol. 55, n°219, 2004.

[2] Les populations de légine et de thon rouge de l'Atlantique ont été victimes de cet état de fait : au regard des enjeux commerciaux et financiers notables entourant les transactions de ces espèces, celles-ci n'ont pas été inscrites aux annexes de la CITES malgré les propositions de certains États alors même que leur statut biologique revêtait un caractère fortement inquiétant. GUGGISBERG S., *The Use of CITES for Commercially-exploited Fish Species. A solution to Overexploitation and Illegal, Unreported and Unregulated Fishing?,* Springer International Publishing, 2016, p. 227.

[3] JENKINS M., et *al.*, « Wild at Home: Exploring the global harvest, trade and use of wild plant ingredients », TRAFFIC International, Cambridge, UK, 2018.

[4] AGNEW D.J., et *al.*, *op. cit.*; Sur ce sujet, V. aussi également « Les pays sévissent contre la pêche illégale, non déclarée et non réglementée : Feu vert du Comité des pêches aux Directives volontaires pour la conduite de l'État du pavillon », FAO, Rome, 11 juin 2014.

violation entraîne une mise sur le marché postérieure des produits qui en sont issus illégale. Or, en matière d'encadrement d'exploitation des espèces sauvages exploitées, le droit international est riche de mécanismes juridiques, allant de réglementations contraignantes (1), à des instruments (2) et outils de régulations (3)[1].

1. L'importance des réglementations contraignantes dans la constitution du droit international applicable au trafic d'espèces sauvages exploitées

La Convention sur le droit de la mer et l'Accord sur les stocks de poissons chevauchants pour les espèces marines, l'Accord international de 2006 sur les bois tropicaux pour les espèces forestières et l'Accord sur les aspects des droits de propriété intellectuelle (ADPIC) et le Protocole de Nagoya pour les ressources génétiques, apparaissent comme les textes multilatéraux contraignants applicables dans l'encadrement de l'exploitation desdites espèces. Notamment, les obligations qu'ils tendent à définir et le caractère obligatoire de celles-ci viennent appuyer la démarche de la Communauté internationale en la matière.

En outre, les législations américaines[2] et européennes[3] en matière de commerce de bois ainsi que les accords de partenariat volontaire (APV)[4] développé au sein de l'Union

---

[1] Dans le cadre de ce travail, nous opérons une distinction entre les termes « instruments » et « outils ». « Instrument » est utilisé pour faire référence à des mécanismes juridiques tels que les textes et les principes de droit international. « Outil » est utilisé pour faire référence à des mécanismes juridiques ou des procédés encouragés par des instruments juridiques, dotés d'une dimension technique et commerciale, tels que les procédés de surveillance des navires et de certifications. En tout état de cause, le terme « mécanismes juridiques » sera utilisé pour englober à la fois ces instruments et ces outils.

[2] Lacey Act, adopté en 1900 et révisé en 2008.

[3] Règlement n° 995/2010 du Parlement européen et du Conseil du 20 octobre 2010 établissant les obligations des opérateurs qui mettent du bois et des produits dérivés sur le marché.

[4] Les Accords de Partenariats Volontaires (APV) ont été définis au sein de l'UE afin d'engager des États extérieurs au territoire communautaire dans une démarche de légalité dans le cadre du commerce des produits issus du bois.

figurent comme des instruments de réglementations pertinents et obligatoires en matière de commerce de bois. Par ailleurs, le dispositif mis en place par ces réglementations est habilement complété par des textes non contraignants permettant de dégager des principes directeurs laissés à l'appréciation des États.

2. L'importance des instruments non contraignants dans la constitution du droit international applicable au trafic d'espèces sauvages exploitées

Le droit international applicable au trafic d'espèces sauvages exploitées repose largement sur des textes non contraignants, généralement dénommés textes de *soft law* ou de « droit souple » [1]. D'une manière générale, le DIE a grandement bénéficié de ces instruments[2].

Il est par exemple considéré que le droit international lié aux activités de pêche s'est principalement construit autour des initiatives de la FAO[3]. Ainsi peut-on citer parmi les textes de *soft law* élaboré par l'Organisation applicables à notre sujet, le Code de conduite pour une pêche responsable de 1995 et le Plan d'action international visant à prévenir, à contrecarrer et à éliminer la pêche illicite, non déclarée et non réglementée de 2001 (PAI-INDNR).

De la même façon, les espèces forestières, via la Déclaration sur les forêts de 1992 et la Déclaration de New York sur les forêts de 2014, ont pu jouir du rappel de certains principes directeurs quant à leur exploitation. Enfin, les ressources génétiques ont bénéficié de la Déclaration de Belém et de la CDB dans le cadre du contrôle de leur exploitation.

Ces textes de *soft law* sont ainsi venus définir de nouvelles normes[4] au sein de la Communauté internationale et

---

[1] *Les Annonces de la* Seine, 2008, n° 20, p.4

[2] KISS A-C., « Les traités-cadres : une technique juridique caractéristique du droit international de l'environnement », *Annuaire Français de Droit International*, 1993, pp. 792-797.

[3] CADDELL R., MOLENAAR E. J., (eds.), *Strengthening International Fisheries Law in an Era of Changing Oceans*, HART Publishing, 2019, 512 p.

[4] SARAF D.N., « Resolutions of International Organizations: Binding Norms? », *Cochin University Law Review,* 14, 1990.

représentent un consensus de leurs Parties sur la nécessité de réglementer l'exploitation et le commerce des espèces qu'ils visent. Ainsi « la soft law exprime la conscience de la Communauté internationale du besoin d'une certaine réglementation et produit des effets par ricochet »[1]. En ceci, Virally avait raison de définir la soft law comme un droit « *doux* » visant à aider « *l'action (...) et la coopération* »[2]. Aussi le contrôle du commerce des espèces sauvages exploitées via des normes de *soft law* représente-t-il la conscience collective des États de la nécessité d'agir en la matière.

De surcroît, les instruments de *soft law* peuvent aussi, à travers leur déclaration de principes, fournir les bases d'une action juridique multilatérale et servir de support à l'élaboration de normes plus strictes[3]. Ces normes inscrivent ainsi « sur l'agenda des négociations internationales une question spécifique »[4] qui peut aboutir à des résolutions contraignantes dans le futur[5].

Dans le cadre de la lutte contre le commerce d'espèces sauvages exploitées, ces régulations de *soft law* peuvent donc représenter des « jalons normatifs »[6] qui permettent au commerce de biodiversité sauvage d'être réglementé afin de mettre un terme aux abus qui menacent sa légalité. Le Protocole de Nagoya sert notamment d'illustration à cette affirmation. En

---

[1] BRUNET P., « Soft Law or Law in progress? Relecture d'articles classiques (P. WEIL, A. PELLET, G. ABI-SAAB) », *in* DEUMIER P., SOREL J-M., *Regards croisés sur la soft law en droit interne, européen et international*, Édition LGDJ Lextenso, 2018, pp. 209-223.

[2] VIRALLY M., « La distinction entre textes internationaux ayant une portée juridique ente leurs acteurs et textes qui en sont dépourvus », *Annuaire de l'Institut de Droit International*, vol. 60-I, II, 1983, cité dans CHATZISTAVROU F., « L'usage du soft law dans le système juridique international et ses implications sémantiques et pratiques sur la notion de règle de droit », *Le Portique* (online), 2005.

[3] DUTFIELD G., *op. cit. ;* Sur ce sujet, V. également KISS A-C., « Les traités-cadres : une technique juridique caractéristique du droit international de l'environnement », *Annuaire Français de Droit International*, 1993, p. 793.

[4] CAZALA J., « Le Soft law international entre inspiration et aspiration », *Revue interdisciplinaire d'études juridiques*, Université St Louis, Bruxelles, vol. 66, 2011, p. 41-84.

[5] *Ibid.*

[6] BRUNET P., *op. cit.*

effet, il a été créé suite à la référence faite par la CDB[1] de venir réglementer l'accès et le partage des avantages issus de l'exploitation des ressources génétiques. Ainsi, le développement des activités commerciales afférentes au commerce des ressources génétiques et la « consécration conventionnelle »[2] en la matière sont venus justifier la création d'un instrument complémentaire à la Convention dont les dispositions contraignantes permettent de venir renforcer le cadre de ce nouveau domaine commercial.

Les textes juridiques internationaux applicables au trafic illégal d'espèces sauvages exploitées sont donc caractérisés par une grande diversité où coexistent obligations contraignantes et règles non contraignantes assimilables à des « règles de comportement »[3]. En outre, leurs dispositions sont complétées par des outils de régulation, déterminants dans le développement d'initiatives économiques légales dans un tel contexte de commerce international.

3. L'importance des outils de régulation dans la constitution du droit international applicable au trafic d'espèces sauvages exploitées

Un certain nombre d'outils de régulation, mis en place par des acteurs économiques et développés aux échelles régionales ou nationales, viennent enrichir le cadre international applicable au trafic d'espèces sauvages. En effet, ils encouragent le développement d'initiatives commerciales propres à garantir et promouvoir un cadre légal au sein du commerce de biodiversité sauvage.

Ainsi, les procédés de certifications des produits issus de sources légales tels que le *Forest Stewardship Council* (FSC) et le *Marine Stewarship Council* (MSC) illustrent ce complément apporté par des outils commerciaux à la démarche internationale en matière de commerce d'espèces sauvages.

---

[1] Article 19, paragraphe 3 de la CDB.
[2] CAZALA J., *op. cit.*
[3] CHATZISTAVROU F., *op. cit.*

Face au trafic illégal de biodiversité sauvage, le droit international envisage donc une réponse transversale, combinant réglementations contraignantes et instruments et outils de régulation.

Il existe ainsi une diversité et une complémentarité, voire dans certains cas une synergie, des instruments juridiques sectoriels applicables à la lutte contre le trafic illégal de biodiversité sauvage. Ce constat amène à considérer la prise de conscience de la Communauté internationale de l'envergure du phénomène et témoigne de sa volonté de l'enrayer.

Toutefois, au regard des enjeux sous-tendus par le trafic illégal de biodiversité sauvage, il apparaît pertinent de se poser la question suivante : le droit international, tel qu'actuellement défini, permet-il réellement de combattre efficacement le trafic illégal de biodiversité sauvage ?

À cette question, et à la lumière des chiffres alarmants illustrant l'ampleur caractérisée que revêt aujourd'hui le trafic illégal de biodiversité sauvage, la réponse qu'il semble devoir apporter est nuancée. Ainsi, nous défendons la thèse selon laquelle le droit international, bien que consistant en la matière, reste relativement limité dans sa neutralisation du phénomène.

Nous démontrons ainsi que la Communauté internationale s'est illustrée dans le contexte de la lutte contre le trafic illégal de biodiversité sauvage de manière positive, par le biais d'une approche transversale (Partie I).

Néanmoins, la portée de cette démarche juridique internationale se trouve menacée par des limites normatives liées au manque de volontarisme des États ainsi qu'à des obstacles d'ordre opérationnels (Partie II).

PARTIE I :
UN CADRE JURIDIQUE INTERNATIONAL TRANSVERSAL APPLICABLE AU TRAFIC ILLÉGAL DE BIODIVERSITÉ SAUVAGE

Consciente du caractère universel des conséquences désastreuses induites par le trafic illégal de biodiversité sauvage, la Communauté internationale s'est mobilisée afin de créer un cadre juridique propre à enrayer ce phénomène polymorphe.

Ce cadre juridique général en faveur d'un encadrement du commerce de la biodiversité sauvage peut être qualifié de transversal au regard de la diversité des instruments juridiques et commerciaux y intervenant. En son sein, deux cadres juridiques complémentaires sont envisagés en fonction des espèces sauvages auxquels ils s'appliquent.

D'une part, en matière d'espèces sauvages menacées, une convention spécialement dédiée à l'encadrement de leur commerce fait figure de référence juridique en la matière : la CITES. Le texte multilatéral CITES se voit par ailleurs consolidé par une dynamique relationnelle avantageuse avec l'Union européenne, structure institutionnelle particulièrement performante en matière de lutte contre le trafic illégal de biodiversité sauvage (Titre 1).

D'autre part, en matière d'espèces sauvages exploitées, c'est au regard d'un contrôle du respect des textes venus encadrer l'exploitation desdites espèces que la lutte contre leur trafic illégal doit être appréhendée. En effet, toute violation des mesures destinées à gérer l'exploitation desdites espèces entraîne une mise sur le marché illégale des produits obtenus. Ces textes sont par ailleurs complétés par des instruments et outils juridiques propres à promouvoir la légalité des sources des produits issus de ces espèces sauvages (Titre 2).

TITRE I :
L'ENCADREMENT DU COMMERCE DES ESPÈCES SAUVAGES MENACÉES PAR LE DISPOSITIF SPÉCIFIQUE CITES

Unique convention internationale spécifiquement dédiée à la réglementation du commerce des espèces sauvages menacées, la CITES fait office de texte référent en la matière. Son importance tient notamment au fait de la double dynamique qu'elle a su mettre en place, à la fois institutionnelle et relationnelle.

Ainsi, l'intérêt de la CITES se caractérise dans un premier temps par l'organisation réglementaire et institutionnelle particulièrement approfondie qu'elle a développée afin de venir créer un cadre juridique destiné à assurer la pérennité des espèces sauvages menacées par l'activité commerciale multilatérale (Chapitre 1).

Dans un second temps, il convient de noter que le cadre CITES répond d'une pluralité de dynamiques relationnelles. En effet, le système juridique international mis en place par la CITES doit nécessairement se voir légitimer, voire consolider, par des transpositions fidèles et entreprenantes de ses dispositions aux niveaux régionaux et nationaux. À ce titre, la relation particulière de la CITES avec l'Union européenne représente la meilleure démonstration d'une dialectique pertinente de l'international et du régional grâce à la transposition européenne ambitieuse du texte conventionnel (Chapitre 2).

CHAPITRE I :
LA CITES, UN CADRE RÉGLEMENTAIRE ET INSTITUTIONNEL APPROFONDI

La CITES représente la pierre angulaire de la réglementation internationale en matière de commerce multilatéral d'espèces sauvages menacées. La Convention cherche un équilibre entre deux objectifs relativement antinomiques en vue de faire converger leurs intérêts. Elle assure ainsi une certaine protection des espèces sauvages menacées par le biais de restrictions particulières à leurs transactions, tout en ne niant pas les intérêts financiers sous-tendus par ce commerce multilatéral.

Ainsi ancrée à la fois dans des réalités commerciales et écologiques, le fonctionnement réglementaire de la CITES repose sur un système détaillé venant encadrer les pratiques commerciales et douanières en matière de contrôle des importations et exportations d'espèces sauvages menacées (Section 1).

De surcroît, ce fonctionnement réglementaire est complété par un fonctionnement institutionnel participatif particulièrement dynamique propre à assurer le respect des objectifs CITES et à garantir la pertinence des dispositions conventionnelles dans le temps (Section 2).

SECTION 1 :
UN CADRE RÉGLEMENTAIRE DÉTAILLÉ

Le cadre réglementaire mis en place par la CITES afin de venir protéger les espèces sauvages menacées par le commerce international s'appuie sur un mécanisme en deux temps.

Dans un premier temps, la Convention vise à encadrer le commerce de ces espèces en élaborant une structure réglementaire reposant sur des annexes définies en fonction de réalités biologiques propres aux espèces animales et végétales sauvages (Paragraphe 1).

Dans un second temps, la CITES prévoit la possible prononciation de sanctions commerciales en vue d'assurer par ses États Parties le respect de ses objectifs conventionnels. La Convention vient ainsi témoigner de la nécessité d'assurer une lutte effective[1] contre le trafic illégal des espèces sauvages menacées (Paragraphe 2).

Par ailleurs, la spécificité du domaine d'action de la CITES et le fonctionnement réglementaire détaillé qu'elle a défini en la matière lui permette de contribuer significativement à la réalisation des objectifs d'accords environnementaux multilatéraux (AEM), dans le cadre de coopérations et de synergies organisant une réciprocité des bénéfices relationnels et une articulation normative opportune des dispositions visées (Paragraphe 3).

---

[1] Ici, la notion d'effectivité est comprise selon les définitions de Jean-François Perrin. Ainsi, lorsque l'on mesure si « l'injonction prescrite par la norme a effectivement provoqué le comportement prévu, on mesure l'effectivité de la norme », PERRIN J. F., *Pour une théorie de la connaissance juridique*, Librairie Droz, Genève, 1979, p. 91.

Paragraphe 1 : Un encadrement juridique novateur

La CITES repose sur un système novateur destiné à assurer une certaine fiabilité écologique du commerce légal des espèces animales et végétales sauvages menacées. Aussi, le classement des espèces en annexe dans le respect de leurs statuts biologiques (A) et l'instauration de documents tels que les permis (B) répondent tous deux d'une volonté de créer un cadre visant à instaurer une conservation pertinente des espèces sauvages au regard de leur utilisation commerciale.

A. Une distinction des espèces sauvages par statuts biologiques, support de la réglementation

Dans le cadre mis en place par le système CITES, il existe trois échelles de protection pour les espèces considérées comme menacées par le commerce international. L'annexe I est la plus stricte de toutes, car y figurent des spécimens hautement menacés dont les échanges internationaux à des fins commerciales sont interdits[1].

L'annexe II comprend les espèces dont les transactions commerciales seraient susceptibles de menacer leur statut biologique, ainsi que les spécimens dotés d'une ressemblance avec des espèces protégées au titre de la Convention[2]. Cette annexe renvoie ainsi à une utilisation du principe de précaution puisqu'elle liste les espèces qui « pourraient devenir » [3] menacées par le commerce international.

Enfin, l'annexe III correspond à une démarche volontaire de la part des États Parties qui souhaitent inscrire dans leurs rangs

---

[1] Article II, paragraphe 1 de la CITES.
[2] Article II, paragraphe 2, a) et b) de la CITES.
[3] Article II, paragraphe 2, a) et b) de la CITES et Resolution Conf. 9.24 (Rev. CoP16) — Lauderdale Criteria, Annex 4.

des espèces qu'ils protègent et dont ils jugent que la coopération entre États Parties servirait mieux leur objectif[1].

Ce classement des espèces en fonction de leur statut biologique n'est pas sans rappeler le modèle élaboré par l'UICN qui classe les espèces de sa Liste rouge en fonction des menaces pesant sur elles. C'est d'ailleurs par l'assistance de l'UICN, et notamment les rapports scientifiques et proposition d'amendements conçus en coopération avec l'organisation TRAFFIC, que les annexes peuvent être modifiées[2]. La Conférence des Parties décide en dernier lieu et en fonction des informations disponibles de la pertinence d'inscrire telle ou telle espèce dans les annexes du texte conventionnel[3].

En prenant pour base une analyse menée par des organisations non gouvernementales (ONG) a vocation environnementale et en faisant référence aux « statuts biologiques » des espèces sauvages, la CITES démontre une volonté de conservation approfondie, se détachant par la même des autres instruments multilatéraux ayant comme centre la réglementation du commerce international ou la protection des espèces menacées.

En outre, de cette prise en compte de réalités biologiques propres aux espèces sauvages naît l'existence d'une division réglementaire de ces espèces, d'où peuvent naître des procédures d'autorisation du commerce international pertinentes.

---

[1] Article II, paragraphe 3 de la CITES.

[2] Le site internet de l'UICN prévoit une page dédiée à la publication des rapports UICN/TRAFFIC quant aux propositions d'amendements CITES. Par exemple, V. « Résumés des analyses UICN/TRAFFIC des propositions d'amendement aux annexes de la CITES pour la 18e session de la Conférence des Parties », 17-28 août 2019.

[3] Article XV de la CITES.

B. Des procédures d'autorisation précises, mesures de conservation des espèces menacées

L'objectif premier de la CITES est d'assurer un commerce des espèces sauvages légal et écologiquement durable[1]. Le texte conventionnel prévoit donc la mise en place d'un dispositif juridique particulièrement détaillé afin de remplir ses objectifs.

Aussi, tout commerce à des fins non commerciales de spécimens inscrits à l'annexe I doit nécessairement remplir les conditions suivantes : la délivrance par l'organe de gestion après avis de l'autorité scientifique du pays d'importation d'un permis d'importation[2] ainsi que d'un permis d'exportation ou certificat de réexportation[3] émis par l'organe de gestion après avis de l'autorité scientifique du pays d'exportation ou de réexportation du spécimen.

Il est à noter qu'un commerçant ne peut obtenir de permis d'exportation que s'il a déjà obtenu un permis d'importation[4]. Cette mesure est destinée à prévenir le transport inutile de l'espèce concernée et une éventuelle forme de contrainte pesant sur les douaniers confrontés à l'arrivée imprévue d'un spécimen vivant[5].

L'importation, exportation ou réexportation d'une espèce de l'annexe II doit quant à elle satisfaire à la délivrance d'un permis d'exportation par l'organe de gestion après avis de l'autorité scientifique du pays d'exportation ou de réexportation[6]. Il en va de même pour les espèces de l'annexe III[7] à la différence

---

[1] La CITES en bref, <https://cites.org/fra/disc/text.php>.
[2] Article III, paragraphe 3 de la CITES. Sur ces organes locaux, V. p. 100.
[3] Article III, paragraphe 2 de la CITES.
[4] Article III, paragraphe 2 d) de la CITES.
[5] Sur ce sujet, V. notamment LAMBERT-HABIB M-L., *Le commerce des espèces sauvages : entre droit international et gestion locale*, Édition Harmattan, 2000, pp. 107-108.
[6] Article IV, paragraphes 2 et 4 de la CITES.
[7] Article V, paragraphe 2 de la CITES.

près qu'un certificat d'origine est requis pour assurer l'importation du spécimen[1].

Concernant la durée de validité des permis, seuls les permis d'exportation et de réexportation ont été envisagés par le texte conventionnel. Celle-ci est ainsi fixée à six mois[2]. Par la suite, la résolution 12.3[3] est intervenue pour définir une durée de validité aux permis d'importation. Ceux-ci sont ainsi valables douze mois à compter de la date à laquelle ils ont été obtenus[4]. Outre ces délais, les permis sont considérés comme nuls[5].

L'obligation de consultation de l'autorité scientifique avant toute décision par l'organe de gestion est une garantie supplémentaire d'un commerce durable mise en place par le texte conventionnel. Toute délivrance de permis répond ainsi des exigences d'ordre scientifiques : la survie du spécimen concerné ne doit pas être menacée par la transaction, c'est ce qu'on appelle un « avis de commerce non préjudiciable ».

Cet impératif est d'autant plus important qu'il a donné naissance à une pratique originairement absente du texte de la Convention par le biais de la résolution 14.7 de la Conférence des Parties [6], à savoir la fixation éventuelle de quotas d'exportation annuels[7], nationaux ou internationaux[8]. Ces quotas permettent de s'assurer qu'aucune exportation n'a lieu au-delà du volume maximal préalablement défini comme respectant les statuts biologiques de l'espèce. Ces quotas incitent donc les États aux mesures les plus faibles à transiter « proactivement » [9] vers des réglementations rigoureuses du commerce de celle-ci.

---

[1] Article V, paragraphe 3 de la CITES.

[2] Article VI, paragraphe 2 de la CITES.

[3] Conf. 12.3 (Rev. Cop18), « Permis and Certificats », 2002.

[4] III 9 b) of Conf. 12.3 (Rev. Cop18), « Permis and Certificats ».

[5] II 5 h) et III 9 a) of Conf. 12.3 (Rev. Cop18), « Permis and Certificats ».

[6] Résolution Conf. 14.7 (Rev. CoP15), « Gestion des quotas d'exportation établis au plan national », Annexe : Lignes directrices pour a gestion des quotas d'exportation établis au plan national, La Haye, Pays-Bas, 03-15 juin 2007.

[7] *Ibid*, paragraphe 9.

[8] *Ibid*, paragraphe 8.

[9] AGUILAR S., « Regulatory Tools for the Management of Fish and Timber Species through CITES », *Review of European, Comparative & International Environmental Law*, vol. 22, issue 3, 2013, pp. 281-290.

Le système d'autorisation détaillé du commerce CITES repose donc sur une division éclairée des espèces sauvages en fonction de leurs statuts biologiques. De surcroît, ces procédures d'autorisation du commerce apparaissent comme étant le cœur même de ce qui permet de caractériser un commerce légal ou illégal d'espèces sauvages CITES.

Toutefois, la pertinence de la CITES réside non seulement dans son système d'annexe et son régime d'autorisation du commerce afférent, mais également dans les sanctions prévues par le texte originel et ses résolutions postérieures. En effet, la CITES est une convention dont l'application, si elle dépend beaucoup de la volonté des États à raison d'une certaine marge discrétionnaire, s'appuie toutefois sur la crainte d'être pénalisé.

Paragraphe 2 : Une protection des dispositions CITES par des sanctions commerciales

La CITES met en place un nombre important d'obligations, dont certaines d'entre elles apparaissent clairement indissociables du « fonctionnement normal et efficace (…) du contrôle du commerce des espèces animales et végétales menacées (…) » [1]. Aussi, l'absence de nomination d'un organe de gestion et d'une autorité scientifique par un État Partie sur son territoire, l'absence d'une législation nationale de transposition cohérente avec les objectifs conventionnels et l'absence de procédures de confiscation des spécimens illégalement détenus[2] figurent parmi les violations de nature à suggérer la prononciation de sanctions d'ordre commercial (A).

Par ailleurs, force est de constater qu'au regard de l'étendue de ces restrictions commerciales sur les États non-

[1] Alinéa 7 de la Conf. 11.3 (Rev. CoP17), Application de la Convention et lutte contre la fraude.

[2] Ces quatre critères, figurant dans la résolution 8.4, ont été déterminés comme fondamentaux par le National Legislation Project, initié en 1992 pour l'évaluation des législations nationales d'application de la convention CITES.

Parties à la CITES, la portée des dispositions conventionnelles revêt un caractère relativement globalisant (B).

A. Une dissuasion des États par des sanctions commerciales

Les sanctions commerciales apparaissent comme des sanctions actives. En effet, elles détiennent un véritable pouvoir de dissuasion auprès des États Parties à la CITES dans la mesure où elles menacent leurs intérêts commerciaux.

Touchant de plein fouet l'objet même du lien unissant les Parties à la Convention, à savoir le commerce d'espèces sauvages menacées, les sanctions commerciales fournissent un contre-pied indispensable à l'absence de mécanisme extérieur à la CITES chargé de sanctionner des manquements aux textes conventionnels en vigueur.

En outre, la légitimité de la prononciation des mesures restrictives de commerce au regard des règles défendues par l'OMC semble être confirmée par un processus coopératif opportun et attestée par la jurisprudence (2).

1. Un pouvoir déterminant des sanctions commerciales

Les sanctions commerciales figurent comme l'ultime recours, fondé sur l'article XIII[1] et la résolution 14.3 de 2007[2], quand une Partie persiste à s'illustrer dans un manquement à ses obligations conventionnelles et ne montre aucune intention de se départir de cette situation.

---

[1] Article XIII de la CITES.

[2] Resolution Conf. 14.3 (Rev. CoP14), « Procédures CITES pour le respect de la Convention », La Haye, Pays-Bas, 03-15 juin 2007.

Ainsi, lorsqu'un État Partie fait l'objet d'une constatation de manquement à ses obligations conventionnelles[1] et qu'il ne prend aucune mesure corrective[2] dans le délai qui lui est accordé[3], il pourra se voir appliqué une suspension du commerce d'espèces sauvages CITES avec les autres Parties[4].

Dans le cadre de la lutte contre le trafic illégal d'espèces sauvages, une telle mise au ban des marchés relatifs aux espèces menacées a souvent un effet imminent sur le comportement des États. En effet, ceux-ci, souvent plus préoccupés par l'aspect économique des transactions d'espèces sauvages que par leur conservation, voient ici leur potentiel commercial menacé.

La première recommandation de sanction commerciale à l'égard d'un État fut prononcée en 1985 lorsque la Bolivie n'a pas profité du délai de quatre-vingt-dix jours qui lui était imparti[5] pour remédier à sa mauvaise application de la Convention[6].

D'autres États ont par la suite été frappés par ce type de sanctions commerciales visant des espèces particulières, tels que récemment le Sénégal et les Fidji. Ces deux États ont ainsi été sanctionnés à cause d'un commerce trop important des espèces hippocampus algiricus[7] pour le premier, et des coraux plerogyra simplex et plerogyra sinuosa[8] pour le second. La Somalie illustre quant à elle le cas d'un État Partie frappé par une suspension de commerce totale. Ayant pris effet en 2004, cette suspension initialement due à une législation nationale inadéquate quant à la

---

[1] Paragraphes A 18) et 19) de la Résolution Conf. 14.3 (Rev. CoP14).
[2] Article XIII, paragraphe 2 de la CITES.
[3] Paragraphes A 20) ; B 21) et B 25) de la Résolution Conf. 14.3 (Rev. CoP14).
[4] Paragraphe C 30) de la Resolution Conf. 14.3 (Rev. CoP14).
[5] Resolution Conf. 5.2, Implementation of the Convention in Bolivia, 1985.
[6] REEVE R., "Wildlife trade, sanctions and compliance: lessons from the CITES regime", *International Affairs*, vol. 82, issue 5, 2006, p. 883 et 890.
[7] Notification CITES n° 2019/027, Application de la résolution Conf. 12.8 (Rev. CoP17), Étude du commerce important de spécimens d'espèces inscrites à l'Annexe II, Genève, le 6 mai 2019.
[8] *Ibid.*

transposition des dispositions conventionnelles n'a pas été levée par la CoP18 de 2019[1].

En outre, malgré le caractère non contraignant des recommandations CITES, force est de constater que la pratique tend à leur conférer un pouvoir particulier. Cela a notamment été souligné lors de l'affaire des importations de peaux de félins originaires de Bolivie portée devant la Cour Européenne de Justice (CEJ) en 1990[2]. En l'espèce, la CITES avait émis une recommandation d'embargo sur les importations de fourrures d'ocelots originaires de Bolivie et l'Union européenne avait procédé à l'élaboration de mesures internes plus strictes en ce sens en vertu de l'article XIV de la CITES[3]. Or, la CEJ a considéré que la France, en autorisant les importations desdites fourrures, a contrevenu à ses obligations de mise en œuvre effective de la CITES[4].

Enfin, il convient de souligner, comme le note Philippe Sand, que ces recommandations d'embargos n'ont pas pour effet de suspendre l'application du traité à l'égard de l'État visé, en vertu de l'article 60 de la Convention de Vienne sur le droit des traités, mais d'autoriser les autres États à déroger à leurs obligations existantes[5]. En outre, Sand met en exergue que ces restrictions ne peuvent être qualifiées de « contre-mesures », au sens du Projet d'articles de 2001 de la Commission de droit

---

[1] Notification aux Parties n° 2004/055 du 30 juillet 2004 et Notification CITES n° 2019/035, Maintien d'une recommandation de suspension de commerce, Somalie, Genève, le 4 juillet 2019.

[2] Arrêt de la Cour Européenne de Justice (CEJ) en date du 29 novembre 1990, Commission des Communautés européennes contre République française, Affaire C-182/89.

[3] Règlement 3626/83/EEC du 3 décembre 1982 relatif à l'application dans la Communauté de la convention sur le commerce international des espèces de faune et de flore sauvages menacées d'extinction. En vertu de l'article XIV de la CITES, les Parties peuvent établir des mesures internes plus strictes afin d'étendre les dispositions de la convention selon leurs critères nationaux.

[4] Arrêt de la Cour Européenne de Justice (CEJ) en date du 29 novembre 1990, *op. cit.*

[5] SAND P. H., « Enforcing CITES: The Rise and Fall of Trade Sanctions », *Review of European Community & International Environmental Law* (RECIEL), 22 (3), 2013, ISSN 2050-0386, p. 258.

international[1] puisque le Projet d'articles ne fait pas référence aux embargos [2]. Néanmoins, il existe entre les sanctions commerciales prononcées sous l'égide de la CITES et la notion de « contre mesure » prévue dans le Projet d'articles de 2001 une certaine similitude des critères requis pour caractériser leur légalité[3].

Ce système de restrictions au commerce, défini pour participer à la mise en œuvre effective du cadre réglementaire CITES, vient toutefois se confronter aux règles de droit international du commerce mises en place par l'OMC. En effet, les mesures commerciales plus strictes susceptibles d'être élaborées grâce à l'article XIV [4] ainsi que les sanctions commerciales pouvant être adoptées dans le cadre de l'article XIII [5] et de la résolution 14.3 [6] sont de nature à susciter une interrogation quant à leur articulation normative avec les règles du libre-échange et de non-discrimination promues par l'OMC[7]. Toutefois, en tout état de cause, il semblerait qu'un différend

---

[1] Chapitre II, Troisième Partie du Projet d'articles sur la responsabilité de l'État pour fait internationalement illicite et commentaires y étant relatifs.

[2] SAND P. H., « Enforcing CITES: The Rise and Fall of Trade Sanctions », *op. cit.*

[3] Ainsi les sanctions commerciales prévues par la CITES répondent aux critères de réversibilité (article 49, paragraphe 3), de proportionnalité (article 51) et de prévision (article 52, paragraphe 1 b)) définis par le Projet d'articles sur la responsabilité de l'État pour fait internationalement illicite et commentaires y étant relatifs ; Sur ce sujet, V. notamment SAND P. H., « Enforcing CITES: The Rise and Fall of Trade Sanctions », *op. cit.*

[4] Article XIV de la CITES.

[5] Article XIII de la CITES.

[6] Resolution Conf. 14.3 (Rev. CoP14), « Procédures CITES pour le respect de la Convention ».

[7] YEATER M., VASQUEZ J., "Demystifying the Relationship Between CITES and the WTO", *Review of European Comparative and International Environmental Law*, vol. 10, n°3, 2001.

entre États mettant en exergue une contradiction entre la CITES et l'OMC soit improbable[1].

2. Une légitimité des sanctions commerciales CITES au regard de l'OMC

Les dispositions relatives aux restrictions du commerce de la CITES jouissent d'une articulation normative avantageuse avec les règles promues par l'OMC. Outre le potentiel lié à une éventuelle application sélective entre *lex specialis* où la plus spécialisée prévaudrait sur l'autre, ce rapport positif est surtout porté par une certaine connexion de leurs intérêts, par un processus coopératif actif et par une jurisprudence évolutive.

Ainsi, d'une part, il importe de préciser que les intérêts de l'OMC et de la CITES, bien que ne jouissant pas de la même valeur en leur sein[2], ne sont pas si éloignés que cela. En effet, si la CITES vise notamment l'utilisation durable des espèces sauvages menacées par le commerce international, l'OMC n'est pas étrangère à cette notion de durabilité des ressources naturelles. Ainsi, dans l'affaire dite « Crevettes – Tortues »[3], l'Organe d'appel de l'OMC rappelait l'intérêt de l'Organisation pour la notion « d'utilisation optimale des ressources mondiales

---

[1] McDONALD J., "Trade and the Environment: Greening the GATT: Harmonizing Free Trade and Environmental Protection in the New World Order", *Environmental Law*, vol. 23, n° 2, 1992, pp. 397-474 ; sur ce sujet, V. aussi CRAWFORD C., "Conflicts Between the Convention on International Trade in Endangered Species and the GATT in Light of Actions to Halt the Rhinoceros and Tiger Trade", *The Georgetown International Environmental Law Review*, vol. 7, n° 2, 1995, pp. 555-585.

[2] BOISSON DE CHAZOURNES L., « Le rôle des organes de règlement des différends de l'OMC dans le développement du droit international de l'environnement : entre le marteau et l'enclume », *in* MALJEAN-DUBOIS S., (ed.), *Droit de l'Organisation mondiale du commerce et protection de l'environnement*, Édition Bruylant, 2003, pp. 379-400.

[3] Rapport de l'Organe d'appel dans l'affaire « États-Unis — Prohibition à l'importation de certaines crevettes et de certains produits à base de crevettes », 12 octobre 1998.

conformément à l'objectif de développement durable »[1], énoncée dès le Préambule de l'Accord de Marrakech. Or, l'Organe d'appel déclarait en outre que parmi ces « ressources mondiales » figurait les « ressources naturelles épuisables » énoncées au sein de l'article XX paragraphe g) de l'Accord et parmi lesquelles figurent les espèces animales et végétales sauvages au regard d'une lecture évolutive des problématiques et intérêts contemporains[2].

D'autre part, il convient de souligner qu'une coopération entre la CITES et l'OMC a vu le jour relativement tôt. En effet, une nécessaire synergie entre elles devait être établie afin qu'aucune ne vienne contrevenir aux missions de l'autre. La CITES est venue rappeler cette nécessité dans nombres de ses décisions. Elle s'est ainsi attachée à manifester l'importance d'une « approche cohérente »[3] quant à l'utilisation des espèces menacées par le commerce entre ses mesures et celles de l'OMC. Selon la CITES, cette approche doit s'inscrire dans un « appui mutuel »[4] entre elles, une vraie coopération[5] qui peut par exemple passer par un travail coordonné au niveau national entre organes de gestion CITES et experts commerciaux[6].

De son côté, l'OMC a encouragé cette coopération, et d'une façon plus générale sa coopération avec d'autres AEM, en venant créer son Comité du commerce et de l'environnement (CCE) en 1994. Le CCE sert de plateforme d'échanges d'informations pertinentes destinées à entretenir une coopération

---

[1] Rapport de l'Organe d'appel dans l'affaire « États-Unis — Prohibition à l'importation de certaines crevettes et de certains produits à base de crevettes », *op. cit.*

[2] *Ibid.*. ; Sur ce sujet, V. également BOISSON DE CHAZOURNES L., « Le rôle des organes de règlement des différends de l'OMC dans le développement du droit international de l'environnement : entre le marteau et l'enclume », *op. cit.*

[3] Résolution Conf. 14.2, « Vision de la stratégie CITES pour 2008 à 2013 », 2007, objectif 3.5.

[4] Décision 11.1 CITES, « Vision d'une stratégie jusqu'en 2005 », 2000, objectif 5.1.

[5] Résolution Conf. 16.3 (Rev. CoP17) « Vision de la stratégie CITES pour 2008 à 2020 », 2013, objectif 3.3.

[6] Décision 11.1 CITES, « Vision d'une stratégie jusqu'en 2005 », *op. cit.*

entre l'OMC et les AEM[1] et la CITES y a obtenu le statut d'observateur permanent dès 1997[2]. En 2014, l'appréhension par le CCE du phénomène de commerce illégal d'espèces forestières a grandement tiré avantage des renseignements offerts par le Secrétariat CITES en la matière, illustrant par la même l'utilité fondamentale d'une coopération entre ces deux instruments[3].

En outre, dans l'affaire « Crevettes – Tortues »[4], l'Organe d'appel de l'OMC s'est spécifiquement tourné vers les annexes de la CITES afin de déterminer le degré de la menace pesant sur le statut biologique des tortues marines[5]. Cette opération met ainsi en lumière l'existence d'apports complémentaires entre l'OMC et la CITES en vue d'une « approche cohérente »[6] quant aux espèces sauvages menacées par le commerce international.

Par ailleurs, la coopération entre l'OMC et la CITES est également effectuée par les États dans le cadre de leurs notifications à l'OMC des mesures commerciales qu'ils ont adoptées en vue d'appliquer la CITES[7]. Cette procédure permet notamment une « prévisibilité dans les relations commerciales »[8].

Enfin, concernant les embargos pouvant être adoptés sous l'égide de la CITES, il convient de rappeler que l'Organe

---

[1] « La CITES et l'OMC, renforcer la coopération en faveur du développement durable », OMC, CITES, 2015.

[2] « La CITES et les Accords sur le commerce — Des partenariats pour lutter contre la criminalité liée aux espèces sauvages et pour parvenir au développement durable », CITES, 2015.

[3] « La CITES et l'OMC, renforcer la coopération en faveur du développement durable », *op. cit.*

[4] Rapport de l'Organe d'appel dans l'affaire « États-Unis — Prohibition à l'importation de certaines crevettes et de certains produits à base de crevettes », *op. cit.*

[5] KOSKENNIEMI M., « Fragmentation du droit international : difficultés découlant de la diversification et de l'expansion du droit international, » Rapport du Groupe d'étude de la Commission du droit international, A/CN.4/L.682, 2006.

[6] Résolution Conf. 14.2, « Vision de la stratégie CITES pour 2008 à 2013 », 2007, objectif 3.5.

[7] « La CITES et l'OMC, renforcer la coopération en faveur du développement durable », *op. cit.*

[8] *Ibid.*

d'appel de l'OMC a approuvé l'utilisation de mesures extraterritoriales en vue d'une conservation d'espèces sauvages[1] au titre de l'application d'un AEM dans l'affaire « Crevettes – Tortues »[2]. Il s'agissait alors d'un vrai revirement et d'une évolution opportune de la jurisprudence de l'OMC par rapport à celle du GATT, notamment lorsque l'on considère le rapport du Groupe spécial dans l'affaire « Thon – Dauphins I »[3] où les intérêts environnementaux restaient subordonnés aux intérêts commerciaux[4].

Sous l'interprétation par l'OMC de l'article XX et de ses paragraphes b) et g), celui-ci permet donc d'entretenir un certain équilibre entre les règles de l'OMC et les obligations découlant des AEM auxquels les États sont Parties[5].

Au fil du temps, la jurisprudence de l'OMC a œuvré pour définir les contours d'application de l'article XX paragraphes b) et g) dans le cadre de mesures commerciales visant à mettre en œuvre des politiques environnementales[6].

Ainsi, pour répondre au critère de « nécessité » énoncé dans le paragraphe b), une mesure de restriction du commerce doit illustrer une contribution de la mesure en cause à l'objectif poursuivi[7]. Or les mesures restrictives au commerce prononcées

---

[1]« La CITES et l'OMC, renforcer la coopération en faveur du développement durable », *op. cit.*

[2] Rapport de l'Organe d'appel dans l'affaire « États-Unis — Prohibition à l'importation de certaines crevettes et de certains produits à base de crevettes », *op. cit.*

[3] Rapport (non adopté) du Groupe spécial « États-Unis — Restrictions à l'importation de thon », 1991.

[4] ANDERSON B., "Unilateral Trade Measures and Environmental Protection Policy", *Temple Law Review*, vol. 66, 1993, pp. 751-784.

[5] Sur ce sujet, V. notamment MARCEAU G., "Conflicts or norms and conflicts of jurisdictions: the relationship between the WTO agreement and MEAs and other treaties", *Journal of World Trade*, vol. 35, n° 6, 2001, p. 1081-1131.

[6] MARCEAU G., MARQUET C., « La jurisprudence de l'OMC et la recherche d'un équilibre entre développement économique et considérations non-commerciales : le cas de l'environnement », *Revue Québécoise de droit international,* vol. 30, n° 2, 2017, pp. 119-149.

[7] Rapport de l'Organe d'appel dans l'affaire « Brésil — Mesures visant à l'importation de pneumatiques rechapés », 3 Décembre 2007 ; Sur ce sujet, V. notamment « Règles de l'OMC et politiques environnementales : les exceptions du GATT », site internet de l'OMC.

dans le cadre d'une mise en œuvre de la CITES s'appuient sur un texte multilatéral et, au regard des modifications de comportements observés à leur suite, contribuent largement à l'objectif visé par l'AEM.

Concernant le paragraphe g), la mesure commerciale en cause doit être « étroitement définie »[1] afin de ne pas être taxée de « protectionniste » et « viser principalement »[2] la conservation des ressources naturelles[3]. Or les mesures restrictives au commerce prononcées dans le cadre d'une mise en œuvre de la CITES « se rapportent » ou visent « principalement » la conservation des ressources naturelles puisqu'elles s'inscrivent dans l'application d'un AEM dont le but est d'assurer la conservation des espèces sauvages visées par commerce international et de les protéger de transactions illégales.

L'Organe d'appel de l'OMC a ainsi réaffirmé en de nombreuses occasions que l'interprétation des règles de l'OMC ne devait pas occulter les autres législations en vigueur[4]. En outre, l'UICN a, dès 1971, obtenu confirmation de la part du Secrétariat du GATT que les dispositions prévues par la CITES et ses résolutions étaient bel et bien conformes « au Préambule de l'article XX du GATT »[5].

Par ailleurs, le CCE a indiqué que le système de règlement des différends de l'OMC ne devait être utilisé que lorsqu'une de ses Parties n'est pas Partie à l'AEM dont les dispositions sont en conflit avec les règles de l'OMC. Or, au regard du grand nombre de Parties à la CITES, un tel cas de

---

[1] Rapport de l'Organe d'appel dans l'affaire « États-Unis — Prohibition à l'importation de certaines crevettes et de certains produits à base de crevettes », *op. cit.*

[2] Rapport de l'Organe d'appel dans l'affaire « États-Unis — Essence », 20 mai 1996.

[3] Sur ce sujet, V. notamment « Règles de l'OMC et politiques environnementales : les exceptions du GATT », site internet de l'OMC.

[4] « Questions stratégiques et administratives, Coopération avec l'Organisation mondiale du commerce », 54e session du Comité permanent de la CITES, SC54 Doc. 11, p. 3, 2-6 octobre 2006.

[5] SAND P. H., « Enforcing CITES: The Rise and Fall of Trade Sanctions », *op. cit.*

figure ne devrait pas survenir [1]. En outre, la CITES fait directement référence dans article 18 paragraphe 2 à la Cour Permanente d'Arbitrage comme mécanisme pertinent de règlement des différends relatifs à son application[2].

Ainsi, au regard de l'ensemble de ces considérations, aucune mesure commerciale élaborée dans le cadre de la CITES n'a été à ce jour remise en question par l'OMC[3]. D'une certaine manière, cette persistance de la possibilité d'émettre des restrictions au commerce dans le cadre CITES témoigne de l'évolution de la pratique de l'OMC en matière de valeurs non marchandes et notamment de sa reconnaissance croissante quant à la nécessité d'appréhender une approche environnementale ouverte et consistante.

Finalement, l'opportunité de prononcer des sanctions offerte par la CITES atteste de la volonté de la Convention de faire concrètement respecter ses dispositions et illustre son entendement de certaines réalités quant à l'engagement relatif des États et des entreprises en matière environnementale. Or, ce même postulat sous-tend l'influence globale que la Convention entend concevoir afin de créer un cadre international de commerce des espèces sauvages menacées cohérent.

B. L'effet indirect des dispositions CITES sur les États non-Parties

Le problème évident posé par la non-ratification à la CITES est évidemment celui de la déviation des flux

[1] JENKINS, M., "CITES and CBD: Potentials for Synergy", *in* STOLPE G., FISCHER W., (eds.), "Promoting CITES-CBD Cooperation and Synergy", Proceedings of the Workshop 20-24th of April 2004 at the International Academy for Nature Conservation, Bonn, Germany.

[2] SAND P. H., « 'Scientific Whaling': whither sanctions for non-compliance with International Law? », *Finnish Yearbook of International Law*, vol. 19, 2008.

[3] « La CITES et l'OMC, renforcer la coopération en faveur du développement durable », *op. cit.*.

commerciaux vers des États non-Parties et incidemment, non tenus par les dispositions rigoureuses de la Convention. Ces États engrangent un certain nombre de bénéfices du fait de leur désintérêt pour la durabilité du commerce des espèces sauvages et leur conservation, et permettent en outre aux trafiquants d'opérer sans grandes contraintes.

Toutefois, la CITES a dès l'origine anticipé ce qu'une non-participation à son fonctionnement pourrait impliquer en termes de cohérence mondiale et a élaboré un article entraînant les États non-Parties au respect de ses dispositions. On retrouve un processus d'intégration indirecte aux dispositions conventionnelles avec la Convention de Bâle. Cette Convention prévoit en effet que ses États Parties puissent conclure des accords relatifs aux mouvements transfrontières de déchets dangereux avec des États non-Parties à la seule condition que ceux-ci respectent les dispositions de la présente Convention[1].

Aussi dans le cadre de la CITES, l'article X prévoit que les États Parties, dans le cadre de transactions opérées avec des États non-Parties, requièrent la présentation de documents semblables à ceux exigés pour l'importation ou l'exportation d'une espèce au sein du système CITES. Le défaut de présentation de tels documents justifiera alors la suspension des activités commerciales par les États Parties au titre de la résolution 14.3[2].

Touchés par de telles restrictions commerciales, les États non-Parties sont alors implicitement incités à rejoindre le fonctionnement CITES, où ils pourront jouir de larges marchés. C'est notamment ce qui a motivé Singapour à ratifier la Convention en 1987, après avoir fait l'objet d'une suspension de commerce avec les États-Unis pour défaut de présentation de documents similaires à ceux exigés au sein du système

---

[1] Article 11 de la Convention de Bâle sur le contrôle des mouvements transfrontières de déchets dangereux et de leur élimination.
[2] Paragraphe C 30) de la Resolution Conf. 14.3 (Rev. CoP14).

conventionnel[1].

Ainsi la pertinence de la CITES doit être considérée au regard des effets, directs comme indirects, qu'elle produit à l'égard de tous les États. Cet état de fait n'est pas sans justification, au regard des enjeux non seulement environnementaux, mais également sociaux, économiques, et sécuritaires que pose le trafic illégal d'espèces sauvages menacées et qui imposent une nécessité d'efficacité.

En outre, l'importance du cadre réglementaire CITES sur la scène internationale peut être appréhendé par rapport à sa participation à l'action d'AEM aux objectifs similaires dans le cadre de coopérations et de synergies opportunes.

Paragraphe 3 : Une spécificité du domaine d'action CITES propice à un renforcement mutuel entre AEM aux objectifs similaires

La multiplication des AEM nourrit le débat sur la fragmentation du droit international. En 1999, Kofi Annan, alors Secrétaire Général des Nations Unies, déclarait à ce sujet que l'identification des synergies et des potentiels de coopération entre AEM était absolument nécessaire pour définir une approche globale intégrée et cohérente de leurs missions[2]. Or, l'articulation normative des dispositions de la CITES avec celles d'AEM aux objectifs similaires est de nature à illustrer positivement cette approche intégrée et les bénéfices mutuels que ces accords peuvent tirer de leur coexistence.

---

[1] SAND P. H., "Whither CITES? The Evolution of a Treaty Regime in the Borderland of Trade and Environment", *European Journal of International Law*, 1997, pp. 29-58.

[2] Discours de Kofi Annan, Secrétaire général des Nations Unies de 1992 à 2006, lors de la Conférence des Nations Unies sur les Synergies et la coordination entre les AEM, cité dans CHAMBERS W. B., *Interlinkages and the Effectiveness of Multilateral Environmental Agreements*, United Nations University Press, December 2008, 252 p.

En effet, la spécificité du domaine visé par le cadre réglementaire CITES permet à la Convention de contribuer aux efforts internationaux parallèles en matière de conservation et d'utilisation durable des espèces sauvages. La CITES participe donc à l'efficacité d'autres AEM, dont notamment la CDB (A) et la Convention internationale pour la réglementation de la chasse à la baleine via la Commission Baleinière Internationale (CBI) (B), grâce à un processus de coopération et de synergie qui leur offre la possibilité de réaliser conjointement leurs objectifs communs.

A. Une coopération et une synergie entre la CITES et la CDB, vecteurs d'efficacité de leurs dispositions

La question de l'articulation normative entre la CITES et la CDB se pose nécessairement du fait de la similarité de leurs objectifs. En effet, toutes deux se destinent à assurer la conservation des espèces sauvages[1] ainsi que leur utilisation durable[2]. Toutefois, bien que la CITES et la CDB aient des objectifs semblables, une différence notable existe entre ces deux conventions. Ainsi, si la CDB est une Convention-cadre dont les objectifs s'inscrivent sous le prisme de la notion d'écosystème, la CITES est quant à elle une Convention spécifique au commerce international des espèces sauvages dont les objectifs se limitent à des espèces menacées individuellement listées au sein de ses annexes.

La CITES participe donc, dans son domaine spécialisé, aux objectifs du cadre général mis en place par le texte conventionnel de la CDB[3], ainsi qu'aux objectifs d'Aichi élaborés par la Conférence des Parties à la CDB en 2010[4]. De leur côté, les dispositions de la CDB permettent de servir de

---

[1] Article 8 de la CDB.

[2] Article 1 de la CDB et Article III, paragraphe 2 et IV paragraphe 2 de la CITES.

[3] JENKINS, M., "CITES and CBD: Potentials for Synergy", *op. cit.*

[4] La Résolution Conf. 16.3 de la CITES (Rev. CoP17) y fait directement référence dans son objectif 3.4.

support à un renforcement de l'application de la CITES[1]. En outre, l'article 22 de la CDB rappelle que celle-ci ne modifie en rien les obligations « découlant pour une Partie contractante d'un accord international existant, sauf si l'exercice de ces droits ou le respect de ces obligations causait de sérieux dommages à la diversité biologique »[2], ce qui n'est évidemment pas le cas de la CITES.

Les objectifs de ces deux conventions sont donc plus complémentaires que concurrents[3] et aucun conflit normatif ne devrait pouvoir naître entre elles. De surcroît, cela est d'autant plus renforcé par l'existence de certains procédés destinés à assurer la coopération entre ces conventions en vue de constituer une articulation judicieuse entre leurs normes.

Ainsi, un Mémorandum d'accord[4] entre les Secrétariats des deux conventions a été élaboré afin d'entretenir entre elles une coordination institutionnelle et notamment éviter les duplications de missions. En outre, au sein de certaines de leurs décisions, chacune des deux conventions fait référence à l'autre comme acteur complémentaire de sa mission.

La CITES, promeut ainsi non seulement la nécessité d'une synergie entre elle et la CDB du fait de leurs objectifs[5], mais a également adopté une résolution spécialement dédiée en la matière[6]. La CDB, de son côté, rappelle souvent le rôle participatif et informatif joué par la CITES auprès d'elle du fait de la spécificité de son action[7].

Le rôle de vecteur d'efficacité de la CITES quant aux objectifs de la CDB trouve notamment une illustration concrète

---

[1] STOLPE G., FISCHER W., (eds.), "Promoting CITES-CBD Cooperation and Synergy, Proceedings of the Workshop", 20-24th April 2004, held at the International Academy for Nature Conservation of the Federal Agency for Nature Conservation Bonn, Germany.

[2] Article 22 de la CDB.

[3] JENKINS, M., "CITES and CBD: Potentials for Synergy", *op. cit.*

[4] Mémorandum d'accord entre la CDB et la CITES, en date de 1996.

[5] La Vision stratégique adoptée par la CITES lors de la CoP 11 en 2005 citée dans JENKINS, M., "CITES and CBD: Potentials for Synergy", *op. cit.*

[6] La résolution Conf. CITES 10.4 (Rev. CoP14) appelle les Secrétariats de la CITES et de la CDB à coordonner leurs programmes d'activités pour réduire les duplications d'application.

[7] JENKINS, M., *op. cit.*

au regard de la participation du Comité pour les plantes de la CITES[1] à l'accomplissement de l'objectif 11 de la « Stratégie mondiale pour la conservation des plantes[2] » qui vise à s'assurer qu'aucune espèce de flore sauvage ne sera menacée par le commerce international[3].

Enfin, comme le développe Guillaume Futhazar, le renforcement de la « synergie conventionnelle »[4] existante entre la CDB et la CITES permet notamment de favoriser le financement de la CITES par le Fond pour l'environnement mondial (FEM)[5]. En effet, si la CDB bénéficie du mécanisme financier développé par le FEM[6], la CITES en revanche souffre de l'absence d'un fonds spécifique au financement de ses projets d'application. Or, la participation de la CITES aux objectifs de la CDB est de nature à pallier ce manque et à justifier le financement par le FEM des projets CITES[7].

Ainsi, le renvoi clair aux objectifs de la CITES et à leurs liens avec la CDB dans les stratégies et plans d'action nationaux pour la biodiversité (SPANB), instruments d'application privilégiés de la CDB[8] et légitimes à recevoir des aides issues du

---

[1] Le Comité pour les plantes a été créé lors de la sixième session de la Conférence des Parties CITES en 1987, aux côtés du Comité pour les animaux. « *Leur rôle est de fournir un appui technique pour la prise de décisions sur ces espèces* », site internet de la CITES.

[2] La Stratégie a été élaborée par la CDB en 2010 lors de la CoP10 dans la décision 15.19.

[3] Sur ce sujet, V. DELEUIL T., « La CITES et la protection internationale de la biodiversité », *Revue Juridique de l'Environnement,* 2011/5, pp. 45-62.

[4] FUTHAZAR G., « La circulation des normes comme outil de l'effectivité : Le cas de la CITES, de la CDB et du Fond pour l'Environnement Mondial », *in* MALJEAN-DUBOIS S., PESCHE D. (eds.), *Circulations de normes et réseaux d'acteurs. La gouvernance internationale de l'environnement entre fragmentation et défragmentation*, UMR Droits International, Comparé et Européen, 2017.

[5] « Le FEM de A à Z · Le Guide du Fonds pour l'environnement mondial », Fond pour l'environnement mondial, 2015.

[6] Il existe notamment un Mémorandum d'accord entre la CDB et le FEM prévu par la décision CDB III/8 en date de 1995.

[7] FUTHAZAR G., *op. cit.*

[8] Article 6 de la CDB.

FEM, apparaît comme une solution intéressante [1]. Cette possibilité a notamment été appuyée par la décision adoptée lors de la COP 15.20 de la CITES [2] et par le Secrétariat de la Convention qui a élaboré en 2011 un guide destiné à aider les Parties à définir leur SPANB de façon pertinente dans le cadre des objectifs de la Convention[3]. Ici, la synergie entre la CITES et la CDB permet donc de « renforcer l'effectivité »[4] de la CITES par le biais de « la mise en œuvre d'une obligation issue » [5] de la CDB.

La coexistence des cadres réglementaires CITES et CDB sur la scène internationale permet donc leur renforcement mutuel grâce à leur coopération et à leur synergie. Il s'agit d'une vraie relation de réciprocité où la CITES, du fait de la spécificité de son mandat, participe à la réalisation de certains objectifs généraux promus par la CDB et où la CDB, en retour, stimule l'application des dispositions de la CITES. Un tel rapport favorable se retrouve également dans les liens qui unissent la CITES et la CBI, bien qu'il prenne moins la forme d'une mutualité des bénéfices que d'un support unilatéral.

B. La CITES, appui indispensable à l'efficacité du travail de la CBI

Le commerce international illégal des espèces de baleines mine à la fois les efforts de conservation de la CITES, puisqu'un grand nombre d'espèces de baleines sont inscrites en son annexe I, mais aussi ceux de la Commission Baleinière Internationale (CBI) qui a institué en 1986 un moratoire

---

[1] Elle a notamment permis au Myanmar et à l'Afrique du Sud de percevoir des financements du FEM dans le cadre d'opérations menées pour satisfaire à la CITES, *in* FUTHAZAR G., *op. cit.*

[2] Décision CITES 15.20 « Financement des projets relatifs à la conservation et à la gestion d'espèces ».

[3] "Contributing to the development, review, updating and revision of National Biodiversity Strategies and Action Plans (NBSAPs) A Draft Guide for CITES Parties", CITES Secretary, April 2011.

[4] FUTHAZAR G., *op. cit.*

[5] *Ibid.*

interdisant la pêche de ces cétacés [1]. Conscientes de l'interconnexion de leurs démarches en faveur des baleines, la CITES et la CBI ont institué entre elles des mécanismes de coopération pour atteindre leurs objectifs. Ainsi, leurs Secrétariats bénéficient du statut d'observateur au sein de leurs instances respectives[2] et un Mémorandum d'accord a été créé afin d'entretenir cette coopération indispensable[3].

La nécessaire coopération entre la CBI et la CITES a également été promue dans un nombre important de résolutions et de décisions émanant des deux structures. Ainsi, la résolution 2.7 de la CITES[4] rappelle les dispositions de l'article XV paragraphe 2 b)[5] du texte conventionnel et encourage le Secrétariat à consulter « les organismes gouvernementaux ayant une fonction concernant »[6] les espèces marines, parmi lesquels figure la CBI. La résolution encourage également les États Parties à la CITES d'adhérer à la CBI et démontre ainsi dans ses dispositions toute l'importance que la CITES entend conférer au travail et au mandat de la CBI dans la réalisation de ses objectifs. Par la suite, cet encouragement à l'adhésion à la CBI sera promu à nouveau par la résolution 11.4[7].

De surcroît, le rôle de soutien de la CITES quant aux objectifs de la CBI a été énoncé dans la résolution 2.8 de la

[1] La CBI a adopté en 1982 un moratoire visant à interdire la chasse à la baleine pour la période 1985/1986. Finalement, ce moratoire est toujours en vigueur, à ce sujet V. International Convention for the Regulation of Whaling, article 10 e).

[2] GILLEPSIE A., "Forum Shopping in International Environmental Law: The IWC, CITES, and the Management of Cetaceans", *Ocean Development & International Law*, vol. 33, 2002, pp. 17 – 46.

[3] SAND P. H., « 'Scientific whaling': Whither Sanctions for non-compliance with International Law? », *op. cit.*

[4] Resolution Conf. 2.7 CITES (Rev. CoP2), "Relationship with the International Whaling Commission".

[5] Article XV, paragraphe 2 b) de la CITES.

[6] Resolution Conf. 2.7 CITES (Rev. CoP2), *op. cit.*

[7] Resolution Conf. 11.4 CITES (Rev. CoP12), "Conservation of cetaceans, trade in cetacean specimens and the relationship with the International Whaling Commission".

CITES,[1] mais aussi dans de nombreuses résolutions de la CBI[2]. De la même manière, les résolutions 9.12 et 11.4 de la CITES reconnaissent le bénéfice qu'elle tire des informations spécifiques émanant de la CBI en matière de baleines[3].

La CITES et la CBI tirent donc des avantages réciproques de leur coopération, mais dans le cadre de cette relation positive, le rôle d'appui dans la mise en œuvre des objectifs conventionnels revient majoritairement à la CITES. Ainsi le cadre réglementaire CITES participe significativement à l'efficacité du travail de la CBI en contribuant à la réalisation de son mandat et en soutenant l'exécution des objectifs de son moratoire. Deux exemples illustrent cette participation.

D'une part, la CITES confère aux orientations de la CBI une place dominante dans l'établissement de sa propre réglementation en matière de baleines. En effet, dès 1979, la résolution 2.9 de la Conférence des Parties CITES a notifié que les Parties ne devraient pas émettre de permis d'importation ou d'exportation, ou de certificat d'introduction depuis la mer, pour toute espèce protégée de la chasse commerciale par la CBI[4]. Ainsi, par le biais de cette résolution, même les espèces de cétacés inscrites à l'annexe II de la CITES pouvaient bénéficier de la réglementation plus stricte prévue par l'annexe I en vertu des dispositions de la CBI.

Par la suite, la CITES est allée encore plus loin. En 1983, sa Conférence des Parties décide ainsi que les baleines qui ne sont pas déjà listées au sein de l'annexe I de la Convention et qui

---

[1] Resolution Conf. 2.8 CITES (Rev. CoP2), "Introduction from the Sea".

[2] Parmi celles-ci: "Resolution to CITES", 1978-D. IWC ; "Improving Mechanisms to Prevent Illegal Trade in Whale Meat", 1995-6 ; IWC, "Resolution on Cooperation between the IWC and CITES", 1998-8. IWC, "Resolution on Cooperation Between the IWC and CITES", 1999-6.

IWC : Acronyme anglais équivalent à la CBI pour "International Whaling Commission".

[3] Resolution Conf. 9.12 CITES (Rev. CoP9), "Illegal Trade in Whale Meat" et Resolution 11.4 CITES (Rev. CoP12), "Conservation of cetaceans, trade in cetacean specimens and the relationship with the International Whaling Commission".

[4] Resolution Conf. 2.9 CITES (Rev. CoP4), "Trade in certain species and stocks of whales protected by the International Whaling Commission from commercial whaling".

feront l'objet de la protection établie par le moratoire préparé par la CBI pour 1986 devront progressivement y être inscrites[1]. Par exemple, grâce à cette résolution, la baleine de Minke a été listée à l'annexe I de la CITES dès 1983 après avoir été protégée par la CBI, et alors même que les rapports scientifiques opérés sous l'égide de la CITES en la matière ne semblaient pas spécialement justifier cette inscription [2]. Cette position particulière et déterminante de la CITES quant à son rôle de soutien pour la réalisation des objectifs de la CBI a par la suite été confirmée à de multiples reprises, notamment lors des propositions du Japon et de la Norvège quant au déclassement de certaines espèces de baleines en annexe II de la CITES[3].

D'autre part, il peut être considéré que l'annexe I de la CITES figure comme un rempart protégeant la réalisation de l'objectif de la CBI visant à conserver les baleines[4]. En effet, le moratoire institué par la CBI connaît une exception : la justification de la chasse pour des intérêts scientifiques[5]. Le produit de cette chasse est par la suite utilisé librement. Or, de nombreux États tels que la Norvège, l'Islande ou le Japon usent de cette dérogation pour opérer une chasse à la baleine d'envergure visant à satisfaire des intérêts commerciaux sous couvert de programmes de recherche scientifique.

---

[1] Resolution Conf. 2.9 CITES (Rev. CoP4), *op. cit.*

[2] GILLEPSIE A., *op. cit.*

[3] À ce sujet, V. notamment CoP 9 CITES "Proposal from Norway to transfer the Northeast Atlantic stock and the North Atlantic Central stock of minke whale from Appendix I to Appendix II of the Convention". Ces propositions de déclassement par la Norvège ont également été réitérées lors de la CoP10. Le Japon s'est également illustré en la matière à de nombreuses reprises, par exemple lors de la CoP11 CITES, "Proposal from Japan to transfer Minke Whales from Appendix I to Appendix II of the Convention" et "Proposal from Japan to Transfer Gray Whales from Appendix I to Appendix II of the Convention". Suite à ces demandes répétées, la CITES a confirmé sa position lors de la CoP 11 et de son document 11.15.2 « Réaffirmation de la synergie entre la CITES et la CBI », et de la CoP14 en son document 51 « Interprétation et application de la Convention, Commerce d'espèces et questions de conservation Cétacés ».

[4] Sur ce sujet, V. DELEUIL T., *op. cit.*

[5] Article XVIII de la Convention internationale pour la réglementation de la chasse à la baleine.

Toutefois, grâce à l'existence de l'annexe I de la CITES, qui interdit tout commerce transnational des espèces qui y sont inscrites, ces États ne peuvent commercialiser les baleines listées dans l'annexe que sur leur propre territoire. Cela limite donc quelque peu l'ampleur de la menace commerciale pesant sur les baleines ainsi que le degré d'atteinte aux objectifs de la CBI. L'importance de l'annexe I dans la préservation des buts du moratoire de la CBI a ainsi été réaffirmée tant par la CITES que par la CBI [1]. La CITES participe donc substantiellement à l'effectivité du travail de la CBI et figure notamment comme un mécanisme d'application externe des objectifs de la Commission[2].

Finalement, au regard du rôle que la CITES est amenée à jouer pour la CDB et la CBI, il est permis de considérer qu'au sein du réseau des AEM, la spécificité de son domaine d'action l'inscrit dans une démarche de complémentarité et de renforcement des objectifs analogues aux siens. En outre, ces collaborations sont entretenues grâce à l'existence du Groupe de liaison sur la biodiversité, institué en 2004[3].

Ce travail coopératif répond donc à la double exigence d'unité et de diversité du droit international dans le contexte des AEM. Loin des appréhensions négatives sur la fragmentation du droit international, l'articulation normative entre les dispositions de la CITES avec la CDB et la CBI démontre au contraire que la diversité des AEM permet de répondre à des phénomènes particuliers tout en constituant une interconnexion des objectifs propice à une action conjointe fortifiée.

Par ailleurs, la volonté de la CITES de réaliser son mandat avec diligence peut également être observée via son

---

[1] La nécessité de garder les espèces de baleines inscrites au sein de l'annexe I de la CITES a ainsi été rappelé en 2007 à la fois par la CITES et la CBI. La CITES, dans sa décision 14.81 (Rev. CoP 14) et la CBI dans sa « Resolution on CITES ».

[2] CARLANE C.P. "Saving the Whales in the New Millennium: International Institutions, Recent Developments and the Future of International Whaling Policies", *Virginia Environmental Law Journal*, 24, 1, 2005, pp. 24-25, cité dans GUGGISBERG S., *op. cit.*, p. 370.

[3] Le Groupe de liaison sur la biodiversité a été adopté par les Parties à la CDB lors de la CoP7 de 2004 dans la décision VII/6.

système institutionnel. En effet, celui-ci, grâce à une structure participative singulièrement dynamique, offre la possibilité à la Convention de progresser voire d'innover au fil des années.

SECTION 2 : UNE STRUCTURE INSTITUTIONNELLE PARTICIPATIVE DYNAMIQUE

Deux définitions de la notion de participation sont mises en avant de façon relativement primordiale au sein de la CITES. Dans un premier temps, la structure institutionnelle interne de la Convention est caractérisée par l'application de ce concept de participation en tant qu'il permet de « coopérer (...) et d'être associé [aux] résultats »[1] de l'activité. En effet, chaque organe institutionnel mis en place par le dispositif CITES participe de l'encadrement du respect de ses dispositions et de son évolution constante en vue de maintenir sa pertinence au regard du caractère polymorphe et changeant du trafic illégal de biodiversité sauvage (Paragraphe 1).

Dans un second temps, le principe de participation se retrouve également dans le rôle joué par les ONG qualifiées à participer aux Conférences des Parties à la CITES. Ce principe répond alors à la qualification donnée par la Convention d'Aarhus, selon lequel il est un principe permettant à un « public concerné »[2], parmi lesquels figurent les ONG œuvrant pour la protection de l'environnement, de participer « au processus décisionnel et d'accès à la justice en matière d'environnement »[3].

Acteurs externes venant apporter leur concours à la pertinence du dispositif CITES, ces ONG jouent un rôle majeur

---

[1] Définition du terme « participation » en sciences criminelles mais qui revêt ici les caractères requis pour s'appliquer à la démonstration, CORNU G., *op. cit.*, p. 662.

[2] Article 2 de la Convention sur l'accès à l'information, la participation du public au processus décisionnel et l'accès à la justice en matière d'environnement dite d'Aarhus.

[3] Article 1 de la Convention d'Aarhus.

dans la diversification des vues au sein de la Conférence des Parties. Elles représentent donc de vrais contrepoids aux volontés étatiques, souvent tentées de minorer la dimension de conservation de la Convention (Paragraphe 2).

Paragraphe 1 : Un encadrement de l'application des dispositions CITES par des organes institutionnels fondamentaux

Plusieurs organes institutionnels, qu'ils soient d'ordre administratif et juridique tel le Secrétariat (A), ou politique, comme la Conférence des Parties (B) ou encore technique et administratif tels les organes nationaux mis en place par les Parties (C), ont été prévus par le texte conventionnel afin d'assurer une bonne mise en œuvre de la CITES ainsi que son évolution constante au fil des années.

A. Le Secrétariat, organe central et polyvalent

Le Secrétariat apparaît comme l'organe central destiné à assurer le bon fonctionnement de la CITES. Il peut notamment être considéré qu'il remplit quatre services fondamentaux.

Ainsi, le Secrétariat est tout d'abord chargé de fournir un service administratif, qui prend notamment la forme d'une gestion des financements de la Convention[1] et d'une organisation des Conférences des Parties[2].

Ensuite, le Secrétariat offre un service informatif en ce qu'il est chargé de faire circuler toutes informations qu'il reçoit

[1] V. notamment l'organigramme de l'organisation du Secrétariat CITES.
[2] Article XII, paragraphe 2 a).

entre les États Parties [1]. Il peut par exemple s'agir des propositions d'amendements à la Convention [2] et des vues associées [3]. Le Secrétariat est donc en quelque sorte le pivot autour duquel gravitent les informations et décisions liées à l'application de la Convention. Cette centralisation et cette redistribution de l'information facilitent la communication et la coordination entre Parties.

Par ailleurs, le Secrétariat remplit une mission de consultation[4] puisqu'il est attendu qu'il communique son propre avis sur la question des amendements aux annexes CITES[5]. En outre, le Secrétariat peut être consulté par les États Parties ou leurs organes de gestion quant à l'application de la Convention et notamment sur des questions techniques ou juridiques[6].

Enfin, le Secrétariat fournit un service évaluatif dans le cadre des articles XII et XIII de la Convention. En effet, il peut émettre des recommandations concernant l'application de la Convention en fonction des rapports que les Parties lui distribuent. De surcroît, l'article XII paragraphe 2 d) prévoit qu'il puisse évaluer les rapports que lui transmettent les Parties et, le cas échéant, demander « tout complément d'information qu'il juge nécessaire pour assurer l'application de la présente Convention » [7]. En outre, le Secrétariat peut faire des recommandations concernant l'application de la Convention[8]. L'article XIII prévoit quant à lui que le Secrétariat puisse avertir les organes de gestion des Parties de leurs mauvaises applications des dispositions de la CITES lorsqu'il considère, qu'il évalue,

---

[1] Le Secrétariat peut ainsi « *diffuser des informations intéressant les Parties : propositions d'amendement des annexes, (...) législations nationales, matériels de référence, informations sur les nouvelles Parties, etc.* », « Le Secrétariat CITES », <https://cites.org/fra/disc/sec/index.php> ; Article XII paragraphe 2 f) et g).

[2] Article XVII, paragraphe 2 de la CITES.

[3] Article XV paragraphe 2 b), e), h) de la CITES.

[4] « Rapport annuel », Secrétariat CITES, 2018.

[5] Article XV paragraphe 2 b), c) et e) de la CITES.

[6] Sur ce sujet, V. notamment l'organigramme de l'organisation du Secrétariat CITES.

[7] Article XII, paragraphe 2 d) de la CITES.

[8] « Le Secrétariat CITES », site internet de la CITES.

que les informations dont il dispose le justifient[1].

Pièce incontournable du bon fonctionnement de la CITES, le Secrétariat est donc un organe aux multiples fonctions, toutes propres à assurer *in fine* une application de la Convention toujours plus efficace[2]. Son rôle est par ailleurs complété par la Conférence des Parties, éminemment nécessaire à l'évolution et l'adaptation de la Convention aux défis sans cesse renouvelés qui entourent le combat contre le trafic illégal d'espèces sauvages menacées.

B. La Conférence des Parties, organe politique essentiel

La CITES est une convention mouvante, dotée de mécanismes chargés d'adapter ses dispositions et orientations en fonction des besoins et changements définis avec le temps. L'organe institutionnel révélateur de cette volonté d'adaptation – et donc de pérennité – est la Conférence des Parties, formée par les États ayant souscrit à la Convention.

Se réunissant tous les deux ans[3], la Conférence des Parties est ainsi chargée d'assurer la pertinence de la CITES au fil des années et sa bonne mise en œuvre. Pour ce faire, elle observe d'une part l'actualité du commerce des espèces sauvages et d'autre part les dynamiques et éventuelles difficultés de transpositions de la Convention[4].

Or, l'analyse de ces états de fait conduit souvent cet organe à élaborer des résolutions ou des amendements au texte ou aux annexes de la Convention[5]. Ces nouveaux instruments

---

[1] Article XIII, paragraphe 1 de la CITES.

[2] Dans le cadre de cette thèse, nous emploierons le terme « efficace » selon la définition donnée par RANGEON F., à savoir « *le caractère d'un acte ou d'une décision qui produit l'effet recherché par son auteur* », RANGEON F., « Réflexions sur l'effectivité du droit », in *Les usages sociaux du droit*, Centre Universitaire de Recherches sur l'Action publique et le Politique, Presses Universitaire de France, 1989, p. 130.

[3] Article XI, paragraphes 1 et 2 de la CITES.

[4] « La Conférence des Parties », site internet de la CITES.

[5] Article XVII de la CITES.

juridiques, complémentaires à la Convention, visent ainsi à remédier aux éventuelles lacunes conventionnelles, à interpréter certains termes trop sujets à interprétation[1] et à développer des mesures destinées à perfectionner l'application de la Convention[2].

De surcroît, la Conférence des Parties vient assurer un rôle de juge quant à la bonne application du texte conventionnel. Ce rôle se fonde sur une capacité de recommandation de sanctions à l'égard d'un État Partie suite à une constatation d'un manquement par une autre Partie et le Secrétariat en vertu de l'article XIII de la Convention[3].

Ainsi, la Conférence des Parties CITES agit non seulement en tant qu'organe institutionnel propre à assurer le respect de la Convention, mais aussi comme véritable acteur, sujet d'actions propres destinées à améliorer l'efficacité et la pérennité du dispositif conventionnel. En cela, la Conférence des Parties CITES s'inscrit dans la lignée ouverte par la Conférence des Parties du Traité de l'Antarctique[4].

Cette capacité de la CITES à s'adapter dans le temps permet ainsi de la considérer comme un instrument d'actualité dont l'analyse, malgré une création en date de 1973, reste pertinente au regard des perfectionnements apportés par sa Conférence des Parties. Par ailleurs, le rôle de la Conférence des Parties est également complété par l'activité du Comité Permanent, destiné à assurer « toute activité intérimaire qui pourrait s'avérer nécessaire dans l'intervalle entre deux sessions de la Conférence »[5].

En outre, aux côtés de ce pivot institutionnel qu'est le Secrétariat et de cet organe politique essentiel qu'est la

---

[1] Voir par exemple Conf 13.6, Application de l'Article VII, paragraphe 2 relatif aux spécimens dits « pré-convention », 13e Conférence des Parties, Bangkok, Thaïlande. Sur ce sujet, V. également TARDIEU A., « Les Conférences des États parties », *Annuaire français de droit international*, vol. 57, 2011, pp. 111-143.

[2] « La Conférence des Parties », site internet de la CITES.

[3] Article XIII, paragraphe 3 de la CITES.

[4] TARDIEU A., *op. cit.*

[5] Paragraphe 1 e) de la Conf. 11.1 (Rev. CoP17) « Constitution des Comités ».

Conférence des Parties, se trouvent également des organes nationaux. Ceux-ci apparaissent comme des organes déterminants pour assurer la mise en œuvre territoriale du système d'autorisation du commerce d'espèces sauvages élaboré par la Convention.

C. Les organes de gestion et les autorités scientifiques, organes locaux déterminants

Les États Parties sont dans l'obligation de nommer à la fois un organe de gestion et une autorité scientifique sur leur territoire. Cette exigence trouve son fondement dans la nécessité pour les États de garantir un commerce durable des espèces animales et végétales menacées.

Ainsi, l'organe de gestion, mis en place par l'article IX de la Convention, a compétence pour la délivrance des permis[1]. Il s'agit d'un organe de décision qui intervient suite à la décision de l'autorité scientifique, instituée par l'article IX de la Convention[2], sur le statut biologique des espèces concernées par les transactions commerciales[3].

Ces organes locaux disposent ainsi d'une vraie marge de manœuvre puisque leur pouvoir d'appréciation quant au caractère commercial ou nuisible de l'importation ou exportation relève de leur seul champ de compétence.

L'existence de structures institutionnelles destinées à encadrer la bonne application de la CITES intervient comme un palliatif au fait qu'elle n'est pas directement applicable par ses Parties. En outre, cet encadrement de l'application des

---

[1] Article IX, paragraphe 1 a) de la CITES.

[2] Article IX, paragraphe 1 b) de la CITES.

[3] Les importations et exportations des espèces ne doivent pas « nuire à leur survie » (Article III, paragraphes 2 a), 3 b) et 5 pour les espèces listées en annexe I ; Article IV paragraphes 2 a), 3 et 6 a) pour les espèces listées en annexe II). L'autorisation d'une importation ou exportation d'une espèce suivra alors l'« avis de commerce non préjudiciable » de l'autorité scientifique, sur ce sujet, V. Conf. 16.7 (Rev. CoP17) « Avis de commerce non préjudiciable ».

dispositions conventionnelles est également réalisé par la participation des ONG aux Conférences des Parties. En effet, la présence d'organisations internationales apparaît comme une garantie supplémentaire du respect de la dimension conservatrice de la CITES au sein d'un organe politique qui, en leur absence, aurait tôt fait de faire prévaloir des aspirations strictement économiques.

Paragraphe 2 : Un encadrement de l'application des dispositions CITES par les ONG

Les ONG liées à l'environnement et à la biodiversité fournissent une aide considérable au travail de la CITES. En effet, la possibilité qui leur est offerte de participer aux sessions organisées par la Convention, sous certaines conditions[1], permet aux États Parties de se confronter à différents rapports et conclusions de terrain [2] et de ne pas oublier les enjeux écologiques liés au commerce des espèces sauvages menacées.

Ces rapports d'informations sont d'une grande importance. En exposant des faits objectifs sur des domaines spécifiques particuliers, ils peuvent conduire à l'établissement de nouvelles normes [3]. Ainsi, la définition de quotas pour le commerce de l'ivoire a-t-elle été élaborée sous l'impulsion d'ONG spécialisées dotées de connaissances techniques et de ressources suffisantes pour en démontrer l'utilité[4].

C'est donc un support informatif, technique, mais aussi financier [5] que ces ONG mettent à disposition du bon

---

[1] Article XI, paragraphe 7 de la CITES.

[2] HEMBLEY G., *International Wildlife Trade: A CITES Sourcebook*, World Wildlife Fund (WWF) Publications, 1994, p. 7.

[3] KISS A. C., SHELTON D., *A Guide to International Environmental Law*, Martinus Nijhoff publishers, 2007, p. 70.

[4] DIAS VARELLA M., « Le rôle des organisations non gouvernementales dans le développement du droit international de l'environnement », *Journal du Droit International*, n° 1/2005, Janvier-Février-Mars 2005, pp. 41-76.

[5] HEMBLEY G., *op. cit.*, p.7.

fonctionnement de la Convention. Leur présence est d'autant plus importante qu'elles surveillent le respect des objectifs de la CITES[1], à savoir un encadrement légal du commerce des espèces sauvages, mais aussi et surtout la conservation des espèces visées par les annexes.

Or, le premier objectif ne peut être assuré sans le respect du second. Pourtant, en matière d'espèces sauvages, les États Parties sont hélas plus souvent accaparés par des questions d'intérêts économiques que par celles liées à la conservation desdites espèces. Aussi les ONG assurent-elles un travail essentiel lorsqu'elles interviennent dans le cadre CITES en ce qu'elles contrebalancent les exigences étatiques souvent portées sur l'aspect commercial du dispositif.

Toutefois, leur présence n'est pas un acquis de plein droit. Les États Parties disposent en effet d'un droit de veto : si un tiers d'entre eux s'expriment négativement quant à la présence d'une ONG, celle-ci ne sera pas admise aux sessions[2]. Cette possibilité offerte aux États apparaît comme regrettable dans un contexte où un contre-pouvoir d'ordre associatif, qualifié à s'exprimer sur l'état des populations animales et végétales sauvages de par le monde et libre de dénoncer certains comportements est d'une importance capitale pour assurer le dynamisme souhaité par la CITES.

Néanmoins, comme le souligne Marie Laure Lambert-Habib, l'opposition d'un État à la présence d'une ONG reste rare tant leur rôle de relais de l'opinion publique influe sur la volonté des États de renvoyer une image positive d'eux-mêmes[3].

Les possibilités dont bénéficie la CITES d'appuyer sa démarche réglementaire par le biais de sa structure institutionnelle démontre son engagement quant à la promotion d'un commerce des espèces sauvages menacées qui soit aussi légal que durable. Tout est donc mis en place au sein du système

---

[1] Sur ce sujet, V. notamment LAMBERT-HABIB M-L., *op. cit.*, p. 229-230 ; Sur ce sujet, V. aussi KISS A. C., SHELTON D., *op. cit.*

[2] Article XI, paragraphes 6 et 7 de la CITES.

[3] LAMBERT-HABIB M-L., *op. cit.*, p.73.

institutionnel de la CITES pour en faire un appareil juridique vivant.

Texte international d'envergure, tant par ses objectifs aussi ambitieux que nécessaires que par son organisation réglementaire et institutionnelle destinée à en assurer l'application, la CITES fait donc indiscutablement référence en matière de commerce d'espèces sauvages menacées. Notamment, « parce qu'elle s'appuie sur la science, qu'elle se veut applicable et pragmatique, la CITES est un acteur essentiel des progrès des efforts internationaux de conservation et d'utilisation durable de notre capital naturel » [1]. Cette affirmation est d'autant plus confirmée au regard du jeu de coopérations et de synergies opportunes et fructueuses développé par la CITES avec des AEM aux objectifs analogues aux siens.

En outre, l'esprit de la Convention trouve un écho direct et renforcé au sein d'un territoire particulier, à savoir le territoire européen. En effet, l'Union européenne s'inscrit dans une démarche constructive en matière de commerce légal de la biodiversité sauvage et vient consolider et compléter le cadre juridique mis en place par la CITES en développant des initiatives ambitieuses complémentaires en la matière.

---

[1] Déclaration de Mme HIGUERO, Secrétaire Générale de la CITES, dans un communiqué de presse intitulé « La Conférence de la CITES s'apprête à renforcer les règles du commerce des espèces sauvages pour les pêcheries, le bois, les animaux de compagnie exotiques, les éléphants, etc. », en date du 7 aout 2019.

CHAPITRE II :
L'UNION EUROPÉENNE, UN CADRE RÉGLEMENTAIRE RÉGIONAL COMPLÉMENTAIRE

L'Union européenne comme organisation régionale mettant en œuvre les dispositions conventionnelles de la CITES relève d'un intérêt particulier. En effet, consciente des effets négatifs globaux du phénomène de trafic illégal d'espèces sauvages menacées, et notamment du rôle du territoire communautaire en tant que région de transit, région source et marché destinataire[1] de produits issus d'un tel trafic, l'Union européenne s'est très rapidement inscrite dans une démarche particulièrement responsable en la matière. Ainsi, les dispositions de la CITES se voient-elles non seulement appliquées, mais encore consolidées sur le territoire communautaire grâce à une réglementation européenne plus rigoureuse que celle prévue par le texte conventionnel[2]. Il s'agit là d'un exemple d'interaction positive entre droit international et droit européen, où l'application du droit international au sein du territoire régional rencontre une dynamique[3] particulière qui vient raffermir ses dispositions initiales.

Ainsi la législation européenne en matière de lutte contre le trafic illégal d'espèces sauvages menacées a-t-elle cela de remarquable qu'elle met en place un cadre régional particulièrement exigeant par rapport à la CITES. En effet, la transposition originale du texte conventionnel (Section 1), de même que les mesures additionnelles qu'elle prévoit (Section 2) viennent renforcer et compléter le cadre international d'encadrement du commerce des espèces sauvages menacées initié par la CITES.

---

[1] "EU Action Plan against Wildlife Trafficking", Council conclusions - Brussels, 21 June 2016.

[2] LANCHBERY J., *op. cit.*

[3] DAUDET Y., « Le droit international tire-t-il profit du droit communautaire ? », In *L'Europe et le droit*. Mélanges en hommage à Jean Boulouis, Dalloz, Paris, 1991, p. 100.

SECTION 1 : UNE TRANSPOSITION EUROPÉENNE RENFORCÉE DES DISPOSITIONS CONVENTIONNELLES

La législation européenne, grâce au règlement (CE) n° 338/97 relatif à la protection des espèces de faune et de flore sauvages par le contrôle de leur commerce[1], qui fait suite aux règlements (CE) n°3626/82[2] et n°3418/83[3], s'est distinguée dans son application des dispositions de la CITES grâce à une volonté de renforcer les obligations conventionnelles auxquelles elle est volontairement astreinte. Ainsi, la consolidation des dispositions CITES par la transposition européenne s'illustrent en trois temps.

Dans un premier temps, l'Union européenne a repris et développé le système d'annexe de la Convention afin de répondre à ses propres exigences en matière de commerce d'espèces menacées, notamment par le biais d'une annexe additionnelle (Paragraphe 1).

Dans un second temps, l'Union européenne est venue détailler des procédures d'importation, d'exportation et de circulation des espèces sauvages menacées sur le territoire communautaire plus strictement que ne le prévoit originellement la CITES (Paragraphe 2).

Dans un troisième temps, les exigences renforcées de l'Union européenne en matière de lutte contre le trafic illégal d'espèces sauvages menacées se trouvent protégées par l'utilisation européenne des opportunités ouvertes par la CITES

[1] Règlement (CE) n° 338/97, *op. cit.*

[2] Règlement (CEE) n° 3626/82 du Conseil relatif à l'application dans la Communauté de la convention sur le commerce international des espèces de faune et de flore sauvages menacées d'extinction, en date du 3 décembre 1982.

[3] Règlement (CEE) n° 3418/83 de la Commission portant dispositions relatives à la délivrance et à l'utilisation uniformes des documents requis pour l'application dans la Communauté de la convention sur le commerce international des espèces de faune et de flore sauvages menacées d'extinction, en date du 28 novembre 1983.

d'élaborer des mesures internes plus strictes et de procéder à d'éventuelles interdictions d'importation[1] (Paragraphe 3).

Paragraphe 1 : Une distinction des espèces sauvages propres aux exigences de l'Union

Si la CITES prévoit que les législations nationales de ses Parties respectent son classement écologique des espèces menacées via ses annexes, l'Union européenne, via ses propres réglementations, applique et développe le concept d'annexes sur son propre territoire en fonction de ses exigences particulières (A).

Cette volonté d'aménager des annexes répondant aux ambitions et particularités européennes illustre le constat d'une organisation régionale concernée par ses obligations conventionnelles, mais aussi et surtout par la lutte contre le trafic illégal d'espèces sauvages menacées. Cette structure originale, bien que complexe en termes d'application finale, est justifiée à l'international de par son souci d'exigence, indispensable en la matière (B).

A. Une originalité du contenu des annexes européennes

Conformément à la CITES, le règlement n° 338/97 établit une liste des espèces sauvages menacées par le commerce international regroupées en annexes. Toutefois, ce sont quatre annexes et non pas trois qui ont été créées pour répondre aux spécificités des exigences européennes en matière de protection et de commerce d'espèces sauvages.

Le degré de protection des espèces au sein de l'Union varie en fonction de l'annexe sur laquelle elles figurent.

[1] Article 4, paragraphe 6 du règlement (CE) n° 338/97.

L'annexe A du règlement correspond à l'annexe I de la CITES[1]. Elle mentionne ainsi les espèces sauvages considérées comme menacées d'extinction par la Convention, mais aussi certaines espèces que l'Union européenne souhaite protéger plus particulièrement. Il peut s'agir d'espèces inscrites aux Annexes II et III de la Convention, d'espèces protégées par les directives « Oiseaux »[2] et « Habitat, Faune et Flore »[3] ou de toute autre espèce appartenant à un genre inscrit à l'annexe A et dont l'inscription est « essentielle pour assurer une protection efficace de ces taxons »[4].

De manière générale, l'utilisation commerciale des espèces figurant à l'annexe A est interdite[5]. Toutefois, certaines dérogations peuvent être accordées selon des cas individuels, et un certificat intracommunautaire est alors délivré.

Les annexes B et C correspondent respectivement aux annexes II[6] et III de la CITES, à l'exception des espèces déjà listées en annexe A. L'annexe B peut également compter dans ses rangs les espèces listées en annexe I de la CITES ayant fait l'objet d'une réserve[7], certaines espèces de l'annexe III de la Convention dont la survie et la conservation est considérée par l'Union comme potentiellement compromise par le commerce[8], et enfin d'autres espèces dont l'introduction dans la communauté présenterait une menace pour la biodiversité[9].

L'utilisation commerciale d'espèces listées dans cette annexe B n'est permise que lorsque le détenteur desdits spécimens est en mesure de prouver leur origine légale[10].

---

1 Article 3, paragraphe 1 a) du règlement (CE) n° 338/97.
2 Directive 2009/147/CE du Parlement Européen et du Conseil concernant la conservation des oiseaux sauvages, en date du 30 novembre 2009.
3 Directive 92/43/CEE du Conseil concernant la conservation des habitats naturels ainsi que de la faune et de la flore sauvages, en date du 21 mai 1992.
4 Article 3, paragraphe 1 b) i) et ii) du règlement (CE) n° 338/97.
5 *Ibid.*, article 4, paragraphe 1 d) et article 8 (1).
6 *Ibid.*, article 3, paragraphe 2 a).
7 *Ibid.*, article 3, paragraphe 2 b).
8 *Ibid.*, article 3 paragraphe 2 c) i) et ii).
9 *Ibid.*, article 3, paragraphe 2 d).
10 *Ibid.*, article 4 paragraphe 1 b) i).

L'annexe C quant à elle peut comporter des espèces listées en annexes II de la CITES pour lesquelles certains États membres ont émis des réserves[1].

Enfin, l'annexe D, originalité propre au règlement (CE) n°338/97, renvoie à des espèces qui ne sont pas considérées par la CITES, mais « dont l'Union européenne considère que les volumes d'importation justifient une surveillance »[2] . L'annexe D contient également des espèces listées en annexe III de la CITES qui font l'objet de réserves de la part d'États membres[3].

Les annexes prévues par le règlement européen (CE) n°338/97 diffèrent donc de celles élaborées par la CITES, certaines espèces listées dans des annexes CITES aux prescriptions souples figurant dans des annexes du règlement aux dispositions plus strictes. Cette initiative, de même que celle ayant engendré la création de l'annexe D, démontre une certaine volonté de l'Union européenne de s'inscrire dans une démarche conservatrice rigoureuse des espèces sauvages menacées dans le cadre de leur commerce international.

Le désir de l'Union européenne de venir encadrer strictement tout échange de spécimens sauvages menacés s'illustre donc dans un premier temps par sa structure originale des annexes. Dans un second temps, sa démarche est renforcée par son incapacité assumée d'automatiser les modifications des annexes CITES sur les annexes européennes dans les délais prévus.

---

[1] Article 3, paragraphe 3 b) Règlement (CE) n° 338/97.

[2] « La Convention sur le commerce international des espèces de faune et de flore sauvages menacées d'extinction — CITES », Ministère de l'Écologie, du Développement durable et de l'Énergie, 2 décembre 2009.

[3] Article 3 paragraphe 4 b) du règlement (CE) n° 338/97.

B. Une absence justifiée d'un système de modification automatique des annexes européennes

Le non-alignement des annexes du règlement européen avec celles de la CITES entraîne certaines difficultés. Parmi elles, l'impossibilité d'avoir recours à un système de modification automatique suite aux transformations élaborées par la Conférence des Parties de la CITES[1] figure comme une complication dans la mise en œuvre de ces amendements dans le délai de quatre-vingt-dix jours[2] imparti suite à une procédure de modification complexe.

Les propositions d'alignement des annexes européennes sur les annexes conventionnelles abondent auprès des auteurs qui souhaitent apporter plus de clarté à un mécanisme déjà bien assez complexe. Toutefois, il nous semble que les exigences européennes à l'égard des espèces sauvages menacées au sein du commerce international ne devraient pas être mises de côté, tant elles apparaissent comme référentielles dans un contexte global où les bases réglementaires minimales sont rarement excédées.

Aussi, peut-être devrait-on voir dans ce dispositif singulier une complexité nécessaire à une prise en compte véritablement exhaustive des espèces nécessitant une protection particulière quant à leur commerce à l'échelle européenne.

Ainsi, la CITES devrait prendre en considération les spécificités de la législation européenne, et notamment son souhait de s'ancrer dans le volet le plus conversationniste du dispositif conventionnel, en acceptant tacitement ou en énonçant clairement que les délais propres à la mise en place de modifications puissent être excédés dans ces conditions uniques. De son côté, la Commission européenne doit faire de son mieux pour réduire la durée procédurale[3].

---

[1] Sur ce sujet, V. notamment Ó CRIODAIN C., "Study on the Effectiveness of the EC Wildlife Trade Regulations", a TRAFFIC Europe report for the European Commission, Brussels, Belgium, 2007, p. 91.

[2] Article XV de la CITES.

[3] Ó CRIODAIN C., *op. cit.*

Finalement, les différentes annexes prévues par la législation européenne, et par conséquent l'absence de l'automatisation de leurs modifications, loin de représenter une difficulté à résoudre tel un frein à l'application efficace de la Convention, doivent au contraire être considérées comme nécessaires à une efficacité approfondie et ambitieuse des objectifs de la CITES. Par ailleurs, les procédures de commerce plus strictes prévues par les dispositions communautaires contribuent elles aussi à cette démarche audacieuse de l'Union.

Paragraphe 2 : Une rigueur des procédures européennes d'importation, d'exportation et de réexportation

L'introduction de spécimens provenant de pays hors Union listés dans les annexes du règlement (CE) n° 338/97 est soumise à l'obtention préalable d'un permis CITES d'exportation délivré par le pays tiers d'origine et d'un permis d'importation[1] – ou d'une notification d'importation pour les espèces des annexes C[2] et D[3] – d'une durée de validité de douze mois[4] délivré par un organe de gestion désigné par l'État membre de destination[5], suite à la réalisation des vérifications nécessaires par l'autorité scientifique[6] dudit État.

Lorsque l'espèce faisant l'objet de l'importation est inscrite en annexe A ou B du règlement, la présentation de trois feuillets originaux du permis d'importation européen est requise. Celui-ci devra d'ailleurs être obtenu préalablement à l'expédition des spécimens sur la base d'une copie du document CITES de l'exportation ou réexportation étrangère. Les procédures

---

[1] Article 4, paragraphe 1 du règlement (CE) n° 338/97.

[2] *Ibid*, paragraphe 3.

[3] *Ibid*, paragraphe 4.

[4] Article 10, paragraphe 2) du règlement (CE) n° 865/2006 de la Commission portant modalités d'application du règlement (CE) n° 338/97 du Conseil relatif à la protection des espèces de faune et de flore sauvages par le contrôle de leur commerce, en date du 4 mai 2006.

[5] Article 13, paragraphe 1 a) du règlement (CE) n° 338/97.

[6] *Ibid.*, paragraphe 2 du règlement.

d'exportation et d'importation concernant les espèces inscrites à l'annexe B du règlement européen sont donc plus strictes que celles prévues par le texte conventionnel CITES qui lui ne prévoit pas de permis d'importation pour les espèces issues de l'annexe II[1].

Par la suite, le douanier du point d'entrée est chargé de vérifier l'authenticité des documents et transmet à l'organe de gestion responsable de la délivrance du permis d'importation l'original du permis d'exportation ou certificat de réexportation étranger ainsi que les feuillets, à l'exception de l'un d'entre eux que le détenteur du spécimen garde avec lui comme preuve de la licéité de son importation.

L'importation d'espèces inscrites en annexe C ou D exige quant à elle la présentation supplémentaire de deux feuillets de notification d'importation au bureau des douanes du point d'entrée du spécimen dans l'Union. Après examen de chaque feuillet, le douanier envoie un des feuillets à l'organe de gestion concerné, avec l'original du document CITES étranger si l'espèce figure à l'annexe III de la CITES, et restitue l'autre feuillet pour preuve de son importation licite sur le territoire de la communauté.

De leur côté, les exportations ou réexportations de spécimens originaire ou précédemment importé sur le territoire d'un État membre sont soumises à l'obtention préliminaire[2] d'un permis d'importation par le pays tiers de destination[3] si l'espèce en cause est listée en Annexe A[4] ou B[5]. Ici, le douanier devra contrôler la présentation des trois feuillets originaux du permis d'exportation CITES, ou certificat de réexportation, délivré par l'organe de gestion dudit État membre après avis de son autorité scientifique[6] et dont la durée de validité est fixée à six mois[7]. De

---

[1] Article IV, paragraphe 2 de la CITES.
[2] Article 8, paragraphe 3 du règlement (CE) n° 865/2006.
[3] *Ibid*, article 13, paragraphe 1.
[4] Article 5, paragraphe 1 du règlement (CE) n° 338/97.
[5] *Ibid.*, article 5, paragraphe 4.
[6] *Ibid*, article 5, paragraphe 2 d).
[7] Article 14 du règlement (CE) n° 865/2006.

surcroît, le douanier devra s'être assuré que l'espèce ne sera pas utilisée à des fins commerciales[1].

Le bureau de douane européen en charge de l'examen des documents note ensuite les quantités réellement exportées et envoie à l'organe de gestion responsable de la délivrance du document d'exportation ou de réexportation un exemplaire du permis, tout en restituant les deux autres au détenteur. L'un de ces permis fournit la preuve de la licéité de l'exportation, et l'autre doit être soumis au bureau de douanes du pays importateur.

L'exportation ou la réexportation de spécimens de l'annexe C sont soumises aux mêmes considérations que pour les espèces inscrites à l'annexe B[2]. L'annexe D quant à elle est exempte de ces considérations.

De manière générale, l'ensemble de ces documents doit comporter un certain nombre d'informations ayant trait aux spécimens en cause, dont leur description, l'indication des unités de quantité et de masse nette, les taxons auxquels les spécimens appartiennent, le but de la transaction et leur origine[3], et sont considérés comme nuls dès que leur date d'expiration est dépassée[4]. Il convient par ailleurs de noter que tous permis accordé par un État membre demeure valide dans le reste de l'Union sauf mesures internes plus strictes[5]. En outre, aucun permis ni certificat n'est requis pour le déplacement d'un spécimen de l'Annexe B, C, D à l'intérieur de l'Union, sauf mesures internes plus strictes.

Pour finir, toutes ces opérations, ainsi que toutes saisies de spécimens, doivent faire l'objet d'un rapport annuel des États membres à la Commission[6]. De même, tout refus d'une demande de permis ou de certificats doit être notifié à la Commission qui se chargera alors de diffuser l'information au sein du territoire

[1] Article 5, paragraphe 2 c) ii) du règlement (CE) n° 338/97.
[2] *Ibid.*, article 5, paragraphe 4.
[3] Article 5, paragraphes 1, 2, 3, 5 et 6 du règlement (CE) n° 865/2006.
[4] *Ibid*, article 10, paragraphe 4 du règlement (CE) n° 865/2006.
[5] Article 11, paragraphe 1 du règlement (CE) n° 338/97.
[6] *Ibid.*, article 15, paragraphe 4.

communautaire afin de permettre aux États de prendre les mesures appropriées[1].

L'Union européenne s'illustre donc par un dispositif d'autorisation du commerce plus rigoureux que celui prévu initialement par la CITES. Par ailleurs, la législation européenne est renforcée par la réponse qu'elle a entendu donner aux possibilités ouvertes par la CITES d'élaborer des mesures internes plus strictes et d'émettre des sanctions commerciales à l'égard d'États ne respectant pas ses exigences.

Paragraphe 3 : Un renforcement de l'application des exigences européennes par l'utilisation de mesures internes plus strictes et de sanctions commerciales

Dans l'application de ses dispositions par les États Parties, la CITES a ouvert un certain nombre de possibilités destinées à renforcer la mise en œuvre de ses objectifs sur les territoires nationaux. Or, l'Union européenne, par sa démarche rigoureuse en matière d'encadrement du commerce d'espèces sauvages menacées, a saisi l'ensemble de ces opportunités de renforcement afin de venir consolider l'application de ses exigences en la matière. Aussi l'Union a-t-elle développé dans sa réglementation le recours à l'utilisation de mesures plus strictes (A) et le recours à l'utilisation de sanctions commerciales (B).

A. Un renforcement des dispositions européennes par l'utilisation de mesures internes plus strictes

En réponse à l'article 14 paragraphe 1 de la CITES[2] qui permet aux États d'élaborer des mesures internes plus strictes, l'Union européenne, dans sa perspective de nivellement par le haut, est venue réglementer cette possibilité et encourager son

---

[1] Article 6, paragraphes 1 et 2 du règlement (CE) n° 338/97.
[2] Article XIV, paragraphe 1 de la CITES.

application au sein de ses États membres dans le cadre de la lutte contre le trafic illégal d'espèces sauvages menacées.

Ainsi l'Union offre-t-elle la possibilité à ses États membres d'aller au-delà de ses propres réglementations environnementales grâce à son article 193 du Traité sur le Fonctionnement de l'Union européenne[1] (TFUE) qui prévoit la possibilité d'énoncer des mesures nationales plus strictes en la matière. Le considérant 3) et l'article 11 paragraphe 1 du règlement (CE) n°338/97 font eux-mêmes référence à cette éventualité. Il est donc possible pour les États membres d'établir des mesures nationales plus strictes en matière de commerce d'espèces sauvages menacées à la condition qu'elles soient réellement nécessaires à la réalisation d'un objectif de *« protection de la santé et de la vie (...) des animaux »*[2].

La reconnaissance de cette capacité par la Cour de Justice de l'Union européenne (CJUE) a été mise en lumière dans son arrêt du 23 octobre 2001 dans l'affaire C-510/00, où elle déclare : « en ce qui concerne les espèces couvertes par l'annexe A du règlement n° 338/97, ce règlement doit être interprété en ce sens qu'il ne s'oppose pas à une réglementation d'un État membre interdisant de manière générale sur son territoire toute utilisation commerciale de spécimens nés et élevés en captivité »[3], et ajoute « il convient de relever que (...) le règlement n° 939/97, a introduit, en vue de protéger les espèces concernées, des mesures moins restrictives que la réglementation française en cause au principal ne permet pas, par lui-même, de conclure au caractère disproportionné de cette dernière »[4].

Cette possibilité offerte aux États membres de s'inscrire dans une dynamique encore plus rigoureuse que celle prévue par l'Union mérite d'être saluée, notamment en ce qu'elle encourage

---

[1] Article 193 du Traité sur le Fonctionnement de l'Union européenne.

[2] Article 36 du Traité sur le Fonctionnement de l'Union européenne ; Sur ce sujet, V. notamment le point 40 de l'arrêt C-473/98 de la CEJ, Kemikalieinspektionen et Toolex Alpha B, en date du 11 juillet 2000.

[3] Point 1) de l'arrêt de la CJCE n ° C -510/99, Procédure pénale contre Xavier Tridon, en date du 23 octobre 2001.

[4] Point 59) de l'arrêt de la CJCE n ° C -510/99, Procédure pénale contre Xavier Tridon, *op. cit.*

ainsi l'établissement au sein des États membres de mesures innovantes destinées à renforcer ses initiatives et réglementations en matière de trafic illégal d'espèces sauvages menacées. Parmi les mesures nationales plus strictes adoptées par certains États membres, on trouve notamment l'obligation de délivrance de certificats d'origine ou de documents d'enregistrement. De tels documents n'ont d'autorité légale que dans le pays qui les émet, à moins qu'un autre État membre ne reconnaisse leur pertinence[1].

Ainsi, en Slovaquie, tout commerçant de spécimens vivants ou de parties de mammifères, oiseaux ou reptiliens figurant au sein de n'importe quelle annexe du règlement (CE) n°338/97 doit prouver leur origine et les enregistrer[2]. Des mesures plus strictes existent également concernant les espèces considérées comme envahissantes. En Estonie notamment, l'importation d'espèces sauvages indigènes potentiellement dangereuses pour l'écosystème endémique est interdite[3].

L'utilisation de mesures plus strictes en matière d'encadrement du commerce d'espèces sauvages menacées permet donc à chaque État membre de s'illustrer dans une dynamique encore plus ambitieuse que celle mise en place dans le cadre communautaire. Ces mesures, de même que l'ensemble des réglementations européennes applicables au trafic illégal d'espèces sauvages menacées, sont en outre protégées par l'utilisation de sanctions commerciales en cas de violation de leurs dispositions.

B. Une protection des dispositions européennes par des sanctions commerciales

En vertu de l'article 4 paragraphe 6 du règlement (CE) n°338/97[4], la Commission européenne dispose du pouvoir de prononcer des interdictions d'importations sur le territoire

---

[1] Ó CRIODAIN C., *op. cit*

[2] *Ibid.*

[3] *Ibid.*

[4] Article 4, paragraphe 6 du règlement (CE) n° 338/97.

communautaire d'espèces sauvages menacées spécifiques ou provenant de pays particuliers.

Ainsi, en cas de doutes relatifs aux éventuels effets négatifs qu'une importation pourrait entraîner sur l'espèce visée [1], la Commission peut prononcer des interdictions d'importation[2], soit propres à un État, soit propres à une espèce particulière.

Parmi les nombreuses suspensions de commerce d'actualité figurent notamment les restrictions à l'importation des espèces de grue royale en provenance de Tanzanie, de phelsuma breviceps issus de Madagascar, d'hippocampe doré en provenance du Vietnam ou encore de cypripedium macranthos issues de Corée du Sud[3].

L'ensemble de ces interdictions d'importations sont publiées au Journal officiel de l'Union européenne afin que les États membres en soient informés et refusent dûment toute demande de permis relative aux États et espèces concernées[4].

Cette procédure de suspensions des importations revêt ainsi une importance déterminante au regard de deux points fondamentaux. D'une part, elle vient protéger la réglementation européenne en induisant une certaine déférence à son égard. D'autre part, elle permet de faire respecter les standards européens de commerce et de conservation des espèces menacées par les pays tiers.

---

[1] Ces doutes peuvent notamment concerner l'impact du commerce sur la conservation de l'espèce, le taux de mortalité observé pendant son transport, ou encore l'éventuelle menace écologique qu'elle est susceptible de représenter pour le territoire communautaire, article 4, paragraphes 1 a) i) et 2 a) du règlement (CE) n° 338/97.

[2] Article 4, paragraphe 6 du règlement (CE) n° 338/97.

[3] Règlement d'exécution (UE) 2019/1587 de la Commission du 24 septembre 2019 interdisant l'interdiction dans l'Union de spécimens de certaines espèces de faune et de flore sauvages conformément au règlement (CE) n° 338/97 du Conseil relatif à la protection des espèces de faune et de flore sauvages par le contrôle de leur commerce.

[4] Article 4, paragraphe 6 d) du règlement (CE) n° 338/97.

L'Union européenne applique donc la CITES au sein du territoire communautaire par le biais d'une législation détaillée dont les dispositions renforcent le texte conventionnel. En outre, ce dispositif régional déjà particulièrement minutieux est complété par des dispositions et mesures novatrices au dispositif CITES. Ces innovations européennes en matière de commerce d'espèces sauvages menacées permettent ainsi de consolider le cadre juridique global initié par la CITES.

SECTION 2 :
UN CADRE EUROPÉEN NOVATEUR

L'aspect novateur de la réglementation européenne applicable au trafic d'espèces sauvages menacées par rapport au texte conventionnel de la CITES trouve sa source dans l'existence d'initiatives propres à l'Union en la matière.

Ainsi, dans un premier temps, la création en 2005 du seul réseau d'information mettant en évidence les espèces inscrites dans les annexes et les pénalités prévues en cas de violation des dispositions en vigueur illustrent le caractère novateur de la réglementation européenne en matière d'encadrement du commerce d'espèces sauvages menacées (Paragraphe 1).

Dans un second temps, les dispositions du Plan d'action européen[1], élaboré en 2016 en vue d'opérer une priorisation dans les principes supposés définir et améliorer le combat de l'Union contre le trafic illégal d'espèces sauvages menacées, illustrent encore un peu plus la volonté de celle-ci de compléter les exigences internationales (Paragraphe 2).

---

[1] « Plan d'action de l'Union européenne contre le trafic d'espèces sauvages », Communication de la Commission au Parlement européen, au Conseil, au Comité économique et social européen et au Comité des régions, (SWD (2016) 38 final), 2016.

Paragraphe 1 : Une exhaustivité bienvenue du réseau d'information pour le suivi des activités illégales

Depuis 2005, il existe au sein de la Communauté européenne un site internet nommé « European Union Trade in Wildlife Information eXchange » (EU-TWIX). Ce site vise à évaluer les tendances du commerce illégal d'espèces sauvages menacées au sein du territoire communautaire. Cet outil se destine ainsi à améliorer la coopération entre États membres par la mise en ligne de données relatives à la valeur des espèces sur le marché noir[1] et sur les saisies de spécimens opérées par autorités douanières de chaque État et sur les mesures répressives appliquées[2]. Grâce à ces échanges, pas moins de treize enquêtes pénales ont été ouvertes en 2014[3].

Le réseau EU-TWIX apparaît ainsi déterminant puisqu'il permet d'assurer une certaine facilitation de la diffusion de l'information au sein du territoire européen et *in fine* une meilleure application des dispositions réglementaires.

L'importance et l'utilité du site internet EU-TWIX sont en outre illustrées par son rôle de précurseur à la mise en place, quelques années plus tard, du site internet à vocation plus globale Species +. Ce site, élaboré en 2013 par le Programme des Nations Unies pour l'Environnement (PNUE) et le Centre de la surveillance de la conservation de la nature (WCMC) avec la collaboration de la CITES, prend la forme d'un réseau d'informations permettant à tout individu, et notamment aux commerçants, de rechercher par espèces les annexes CITES, européennes ou CMS dans lesquelles elles sont listées ainsi que

---

[1] « EU-TWIX, un outil internet pour aider l'UE à lutter contre la criminalité liée au commerce d'espèces sauvages », TRAFFIC organization, <https://www.traffic.org/site/assets/files/3792/eu-twix-leaflet-2018-fr-web.pdf>.

[2] MUNDY-TAYLOR V., "Illegal Wildlife Trade and the European Union: an analysis of EU-TWIX seizure data for the period 2007-2011 ", Report prepared for the European Commission, 2013.

[3] « *EU TWIX : dix ans d'assistance au contrôle CITES en Europe*, » TRAFFIC, 3 décembre 2015, <http://www.traffic.org/news-french/2015/12/3/eu-twix-dix-ans-dassistance-au-controle-cites-en-europe.html>.

l'ensemble des suspensions dont elles font l'objet. De surcroît, EU-TWIX a également inspiré la création en 2016 d'un même modèle, nommé Africa-TWIX, et adapté au territoire d'Afrique centrale.

De son côté, l'application informatique française i-CITES propose une dématérialisation des documents et de leur archivage, un suivi en temps réel de l'avancement des dossiers, ainsi qu'une base de données regroupant toutes informations utiles lors du dépôt de demandes de permis ou certificats[1]. Cette application fournit en ce sens un modèle vers une facilitation de l'appréhension des modalités encadrant le commerce légal des espèces sauvages menacées qui pourrait compléter le réseau d'information EU-TWIX[2].

Complément indispensable des mesures réglementaires, la création d'un réseau régional destiné à assurer le suivi des activités liées au trafic illégal d'espèces sauvages menacées a revêtu un caractère complètement novateur à l'époque de sa création et a permis d'influencer la création d'outils similaires et perfectionnés à l'échelle internationale.

De même, l'élaboration d'un Plan d'action européen spécifique au sujet du commerce illégal d'espèces sauvages menacées et aux dispositions complémentaires à celles de la CITES figure parmi les initiatives régionales ambitieuses dont peut se targuer l'Union.

---

[1] « Les apports de la nouvelle application », Site d'information de l'application i-CITES, site internet du ministère français de la transition écologique et solidaire.

[2] En effet, EU-TWIX ne diffuse pas les conditions d'obtention des permis d'importation et d'exportation d'espèces sauvages propres aux exigences communautaires.

Paragraphe 2 : Le Plan d'action européen, soutien complémentaire aux réglementations européennes

Au regard de l'ampleur grandissante du trafic illégal d'espèces sauvages menacées et du rôle de l'Union européenne comme plaque tournante de ce phénomène, la Commission est venue élaborer un Plan d'action adopté par le Conseil en 2016[1].

Destiné à compléter l'action déjà rigoureuse de l'Union en matière de lutte contre le trafic illégal d'espèces menacées et à prolonger ses engagements internationaux en matière de préservation de la biodiversité, le Plan d'action couvre une période de cinq ans, de 2016 à 2020.

Tout d'abord, le Plan d'action se concentre sur la prévention du trafic, en soulignant notamment le pouvoir de l'information et de la sensibilisation du public sur la réduction de la demande et de l'offre[2]. Le Plan souligne également le rôle clé de la participation des communautés locales des pays de provenance des produits illégaux dans la protection de leur écosystème[3].

Ensuite, le Plan d'action oriente ses efforts vers une mise en œuvre plus cohérente des règles européennes en place afin de déterminer les lacunes existantes au sein des États membres et de les corriger. Il met spécialement l'accent sur la nécessité pour les États de l'Union d'améliorer la coopération en matière de répression entre eux[4]. Cette coopération aurait ainsi pour but de créer des réseaux d'informations concernant les sanctions appliquées, afin d'aboutir à des systèmes judiciaires relativement homogènes et véritablement dissuasifs.

---

[1] Council conclusions on the EU Action Plan against Wildlife Trafficking adopted by the Council at its 3476th meeting held on 20 June 2016.

[2] Objectif 1.1, action 1 du « Plan d'action de l'Union européenne contre le trafic d'espèces sauvages », Communication de la Commission au Parlement européen, au Conseil, au Comité économique et social européen et au Comité des régions, (SWD (2016) 38 final), 2016.

[3] Objectif 1.2, action 4 du Plan d'action, *op. cit.*

[4] Objectif 2.1, action 13 du Plan d'action, *op. cit.*

En outre, le Plan souhaite que les États membres ne se contentent pas uniquement d'opérer des contrôles aux frontières, mais de faire respecter les dispositions du règlement européen sur leurs territoires nationaux par un contrôle régulier de détenteurs de faune et de flore tels que les animaleries ou les éleveurs[1]. Un point concernant la nécessité de faire évoluer les recours à Europol et Eurojust a en outre été soulevé[2]. En effet, les recours à Europol restent faibles alors même que l'agence a su prouver ses capacités de coordination entre les actions des autorités policières et douanières des États membres, notamment lors de l'opération COBRA III menée en 2015[3].

De même, la nécessité d'une meilleure diffusion à la Commission européenne des informations sur les saisies, permis, sanctions définies au sein des États membres apparais comme une priorité indiscutable[4]. Le Plan d'action souligne également l'importance d'une formation généralisée de l'ensemble de la chaîne du système judiciaire en matière de trafic des espèces sauvages menacées [5]. Enfin, le Plan prévoit que l'Union proposera des dispositions précises en matière de lutte contre le trafic d'espèces sauvages menacées dans ses accords de libre-échange à venir[6].

Ainsi, le Plan d'action de l'Union européenne, par ses dispositions détaillées et ambitieuses, vise à perfectionner les dispositions communautaires en matière de commerce d'espèces menacées, permettant *in fine* une action régionale propre à optimiser et compléter le cadre international en la matière.

Le rôle consolidateur et complémentaire de la réglementation européenne au regard de la réglementation

---

[1] Objectif 2.1, action 10 du Plan d'action, *op. cit.*
[2] Objectif 2.1, action 13 du Plan d'action, *op. cit.*
[3] « Analysis and Evidence in support of the EU Action Plan against Wildlife Trafficking » accompanying the document « Communication from the Commission to the European Parliament, the Council, the European Economic and Social Committee and the Committee of the Regions », Commission Staff Working Document, Brussels, 26th of February 2016.
[4] Objectif 2.2, action 16 du Plan d'action, *op. cit.*
[5] Objectif 2.2, action 17 du Plan d'action, *op. cit.*
[6] Objectif 3.2, action 29 du Plan d'action, *op. cit.*

conventionnelle CITES participe donc activement de l'élaboration d'un cadre juridique international pertinent en matière de lutte contre le trafic illégal d'espèces sauvages menacées. À ce titre, l'Union doit saisir son rôle en tant qu'actrice phare des relations diplomatiques sur la scène internationale afin de niveler par le haut les dialogiques politiques en la matière pour permettre à ses exigences ambitieuses de rayonner globalement.

L'Union a ainsi d'ores et déjà mentionné la question du trafic illégal d'espèces sauvages menacées dans des accords commerciaux conclus avec le Vietnam et la Thaïlande[1]. Aussi, son action positive d'influence globale par l'exemple doit continuer, de même que sa perpétuelle recherche d'amélioration de son propre système communautaire en la matière.

Toutefois, il convient de rappeler que l'ensemble du cadre juridique applicable au commerce d'espèces sauvages ne se réduit pas à la CITES et la réglementation européenne afférente. En effet, d'une part, toutes les espèces sauvages faisant l'objet d'un commerce ne sont pas listées au sein des annexes de ces réglementations. Il en est notamment ainsi d'une grande partie des espèces sauvages largement exploitées par des secteurs industriels de grande envergure, et ce, même si leur statut biologique aurait justifié un encadrement de leur part. D'autre part, lorsque ces réglementations couvrent bel et bien ces espèces exploitées, elles sont nécessairement conjuguées à d'autres mesures. Il faut donc se tourner vers un certain nombre de textes et d'outils juridiques pour appréhender les règles complémentaires d'encadrement de l'exploitation et du commerce des espèces sauvages exploitées.

---

[1] AUROI D., « Communication sur la lutte contre le trafic d'espèces menacées », Communication de la Commission européenne du 7 février 2014 sur l'approche de l'UE en matière de lutte contre le trafic d'espèces menacées, COM 2014 634.

TITRE II :
UN ENCADREMENT DU COMMERCE DES ESPÈCES SAUVAGES EXPLOITÉES PAR DES MÉCANISMES JURIDIQUES COMPLÉMENTAIRES

Toutes les espèces sauvages faisant l'objet d'un commerce international ne sont pas menacées. Il en va notamment ainsi de certaines espèces marines et forestières sauvages. Ainsi, ces espèces exploitées ne relèvent pas de la réglementation CITES et ne sont donc pas considérées comme protégées au titre de la fragilité de leur statut biologique dans leur milieu naturel.

L'exploitation de ces espèces sauvages répond alors de règles juridiques prédéfinies dont le respect vient caractériser le caractère légal du commerce leur étant associé. D'une manière générale, la lutte contre le trafic illégal des espèces marines et forestières sauvages exploitées passe donc par un contrôle du respect des normes relatives à leur exploitation.

Toutefois, il est à préciser que certaines espèces marines et forestières sauvages exploitées peuvent faire l'objet, bien qu'hélas encore assez rarement, de restrictions de commerce au titre de la CITES. C'est par exemple le cas de certaines espèces de requins, tels que le requin-baleine ou le requin marteau[1]. Dans ce cas, la légalité de leur commerce bénéficie d'un encadrement double. Celui-ci doit ainsi d'une part s'opérer dans le respect des textes multilatéraux organisant l'exploitation de l'espèce, d'autre part il doit s'inscrire dans les démarches d'obtention et de réception des permis et des certificats d'importation et d'exportation prévus par les dispositions de la CITES.

Une grande diversité de mécanismes juridiques vient définir et promouvoir les règles à respecter afin d'assurer une exploitation et, *in fine,* un commerce, légaux des espèces marines et forestières sauvages (Chapitre 1).

[1] Ces espèces de requins sont listés en annexe II de la CITES.

Par ailleurs, s'agissant des ressources génétiques issues d'espèces sauvages, l'innovation de la Convention sur la diversité biologique quant à la promotion d'un nécessaire encadrement de leur accès et *in fine* de leur commerce a sous-tendu la création d'un Protocole spécifique en la matière et a impliqué l'utilisation complémentaire d'instruments contractuels et d'accords volontaires (Chapitre 2).

CHAPITRE I : UNE MULTIPLICITÉ DES MÉCANISMES PROPRES À L'ENCADREMENT DE L'EXPLOITATION ET DU COMMERCE DES ESPÈCES MARINES ET FORESTIÈRES

La richesse des mécanismes juridiques propres à encadrer l'exploitation et le commerce des espèces marines et forestières sauvages se manifeste au regard de la grande diversité des textes multilatéraux, régionaux ou nationaux et des outils applicables en la matière.

Ainsi, les espèces marines et forestières sauvages jouissent de cadres juridiques et parfois opérationnels qui leur sont spécifiques. Ces encadrements distincts permettent d'établir et de contrôler les règles d'exploitation visant à définir les normes de légalité que les opérateurs économiques devront respecter (Section 1).

En complément, les espèces marines et forestières sauvages peuvent également bénéficier d'une utilisation commune d'instruments et d'outils juridiques issus du DIE permettant de contribuer à la promotion de flux commerciaux légaux et à la diminution des pratiques illégales (Section 2).

SECTION 1 : DES CADRES JURIDIQUES ET OPÉRATIONNELS SPÉCIFIQUES

L'encadrement juridique international directement lié à la lutte contre le trafic illégal d'espèces marines sauvages peut être considéré comme relativement complet en ce qu'il conjugue une grande variété de mécanismes spécifiques qui se renforcent mutuellement.

De nombreux textes juridiques et d'outils opérationnels viennent ainsi encadrer l'exploitation des espèces marines sauvages sur différentes zones géographiques maritimes et contrôler la légalité de leur commercialisation (Paragraphe 1).

L'encadrement juridique du commerce du bois, pour sa part, est principalement mis en œuvre par l'intermédiaire de réglementations nationales et régionales ainsi que grâce à des accords commerciaux bilatéraux. Ces mesures en faveur d'un contrôle et d'une promotion de la légalité des produits issus du bois exercent en outre une influence positive croissante sur la scène internationale qui permet de commencer à dessiner les contours d'une démarche rigoureuse et globale en la matière (Paragraphe 2).

Paragraphe 1 : Un encadrement juridique et opérationnel de l'exploitation et du commerce des espèces marines sauvages

En matière de pêche, l'encadrement de l'exploitation des espèces marines sauvages et la lutte contre leur trafic illégal sont adressés par le droit international au sein de deux mécanismes complémentaires.

D'une part, la lutte contre le trafic illégal d'espèces marines sauvages s'inscrit dans la mise en œuvre et le contrôle du respect des textes multilatéraux mettant en évidence la nécessité d'encadrer et de surveiller les activités de pêche en mer (A).

D'autre part, la lutte contre le trafic illégal d'espèces marines sauvages s'inscrit dans l'élaboration et la mise en place d'entraves propres à soutenir le respect des règles en vigueur (B).

A. Le cadre juridique et opérationnel détaillé de l'exploitation des espèces marines sauvages

De nombreux instruments internationaux viennent encadrer l'exploitation des espèces marines sauvages en fonction de la zone géographique où elles se trouvent. Ainsi, le contrôle de la légalité des produits obtenus passe donc par une vérification du respect des textes en vigueur en matière d'exploitation (1).

De la même façon, la promotion au sein de textes multilatéraux de l'utilisation d'outils opérationnels de détection des navires vient renforcer les dispositions en vigueur en organisant une surveillance de la légalité des opérations menées par les navires (2).

1. L'encadrement juridique de l'exploitation par zones géographiques

La Convention des Nations Unies sur le droit de la mer a opéré une délimitation entre les différentes zones maritimes propre à distinguer les compétences et le rôle des États en leur sein. Parmi ces zones figurent les espaces sur lesquels les États côtiers exercent leur souveraineté ou des droits souverains et où ils définissent en conséquence leurs propres règles en matière d'exploitation des espèces marines sauvages. Le respect des mesures ainsi définies est soumis à l'engagement des États du pavillon et du port (a).

En parallèle existent des espaces libres de juridiction nationale où les États du pavillon sont soumis au respect de règles communes et de normes définies à échelle régionale et où les

États du port sont chargés d'appuyer les exigences internationales et régionales en matière de pêche (b).

a. L'encadrement des opérations de pêche dans les zones sous juridiction nationale

En vertu de la Convention sur le droit de la mer, l'État côtier exerce sa souveraineté sur sa mer territoriale et des droits souverains sur sa Zone Economique Exclusive (ZEE) et son plateau continental. Les détroits, quant à eux, sont soumis soit à la souveraineté des États riverains, soit à leur juridiction en fonction de leur emplacement géographique.

Au sein de ces espaces maritimes, la Convention sur le droit de la mer prévoit donc que l'État côtier puisse élaborer et mettre en œuvre des règles spécifiques à l'exploitation ou à la préservation des ressources marines sauvages. Ainsi, dans sa ZEE par exemple, l'État côtier peut définir des mesures précises quant à l'élaboration de quotas de pêche[1] ou à l'obtention préalable de licences pour les pêcheurs étrangers[2].

En outre, la Convention sur le droit de la mer met également l'accent sur le pouvoir de l'État côtier quant à la prévention et à la répression de toutes violations à ses réglementations. Ainsi, dans sa ZEE[3] par exemple, l'État côtier peut prévenir et réprimer toutes infractions à sa législation en matière de pêche. Toute opération de pêche menée dans des zones relevant de la juridiction d'un État côtier devra donc se conformer aux réglementations en matière d'exploitation qu'il a définies, sans quoi il s'agira d'une pêche dont les produits ont été illégalement obtenus.

---

[1] Article 62, paragraphe 4 b) de la Convention des Nations Unies sur le droit de la mer.

[2] *Ibid*, paragraphe 4 a).

[3] Article 73, paragraphe 1 de la Convention des Nations Unies sur le droit de la mer.

Or, le respect des mesures définies par les États côtiers dépend notamment de l'engagement des États du pavillon contre la pêche illégale. En effet, l'État du pavillon a le pouvoir d'immatriculer les navires de son pavillon, et de les enregistrer le cas échéant.

Par cette procédure, l'État s'engage à avoir un lien substantiel[1] avec le navire, et à veiller au respect par ce navire « des mesures de conservation et de gestion prises conformément au droit international et adoptées au niveau national, sous régional, régional ou mondial »[2], ou encore « des mesures de conservations des ressources biologiques adoptées par l'État côtier pour sa zone économique exclusive »[3].

L'immatriculation ne doit donc pas être prise à la légère puisque tout navire, pour s'engager dans des activités de pêche, doit battre le pavillon d'un État. Aussi, du fait de l'autorisation ou du refus d'immatriculer un navire, l'État démontre donc une certaine attitude à l'égard des dispositions juridiques internationales en vigueur. Par ce choix, il est censé faire peser les exigences internationales en matière de pêcheries durables et légales. Selon le Tribunal International du Droit de la Mer (TIDM), l'État du pavillon est ainsi tenu par une obligation

[1] Le TIDM a reconnu ce droit exclusif de l'État du pavillon dans l'arrêt « SAIGA » (n° 2) (Saint-Vincent-et-les-Grenadines c. Guinée), arrêt TIDM Receuil 1999, p. 36 et 37, paragraphe 63. Cette conclusion a été réaffirmée dans l'arrêt Navire « Virginia G » (Panama/Guinée-Bissau), arrêt, TIDM Recueil 2014, p. 4 ; V. aussi article 91 de la Convention des Nations Unies sur le droit de la mer ; V. également Article XVIII de l'Accord sur les stocks de poissons chevauchants ; V. enfin article 5 de la Convention de Genève de 1958 sur la haute mer.

[2] Article 6, paragraphe 11 du Code de conduite pour une pêche responsable ; V. aussi article III paragraphe 1 (a) de l'Accord relatif à la conservation et à la gestion des stocks de poissons chevauchants ; V. aussi points 34 à 41 du PAI-INDNR.

[3] TIDM, avis consultatif, Demande d'avis consultatif soumise par la Commission sous-régionale des pêches (CSRP) le 2 avril 2015, paragraphes 120 et 127, pp. 37-38.

de « diligence requise »[1] aux fins de lutter contre la pêche INN[2] et le commerce associé.

Par ailleurs, l'Accord des Nations Unies sur les stocks de poissons chevauchants met en avant la nécessité pour les États du pavillon d'élaborer des règlements nationaux visant à interdire à leurs ressortissants de s'impliquer dans des opérations de pêche INN – et incidemment dans un commerce illégal des produits obtenus – qu'elles soient conduites dans une zone maritime sous juridiction étrangère ou en haute mer[3].

Enfin, les mesures définies par l'État côtier et l'État du pavillon sont renforcées par le rôle de l'État du port en matière de lutte contre la pêche illégale[4]. En effet, l'État du port bénéficie d'une certaine marge de manœuvre offerte au titre de l'Accord relatif aux mesures du ressort de l'État du port. Ainsi celui-ci peut refuser son entrée à tout navire ne répondant pas aux exigences internationales en vigueur et/ou soupçonné d'opérer des activités de pêche et de commerce illégales[5].

De surcroît, l'article 8 de l'Accord prévoit une demande préalable d'entrée au port afin de permettre à celui-ci d'étudier dûment toute situation et de rendre une décision éclairée[6]. L'importance de cette liberté d'action a par ailleurs été réaffirmée dans l'Accord visant à favoriser le respect par les

---

[1] Ce principe de due diligence a été défini dans l'affaire de la CIJ « Usines de pâte à papier sur le fleuve Uruguay » (Argentina v. Uruguay), comme « *non seulement* [l'adoption de] *normes et mesures appropriées, mais encore d'exercer un certain degré de vigilance dans leur mise en œuvre ainsi que dans le contrôle administratif des opérateurs publics et privés* », Jugement, CIJ Recueil, 2010, p. 14.

[2] Demande d'avis consultatif soumise par la Commission sous-régionale des pêches au TIDM, avis consultatif, 2 avril 2015, Recueil 2015, p. 4.

[3] Article 18, paragraphe 3 b) de l'Accord relatif à la conservation et à la gestion des stocks de poissons chevauchants.

[4] SWAN J., « Ocean and Fisheries Law: Port State Measures to Combat IUU Fishing: International and Regional Developments », *Sustainable Development Law and Policy*, vol. 7, issue 1, 2006, p. 38.

[5] Article 9, notamment paragraphes 1 et 4 de l'Accord relatif aux mesures du ressort de l'État du port visant à prévenir, contrecarrer et éliminer la pêche illicite, non déclarée et non réglementée.

[6] Article 8 de l'Accord relatif aux mesures du ressort de l'État du port, *op. cit.*

navires de pêche en haute mer des mesures internationales de conservation et de gestion de 1993 et par l'article 23 de l'Accord des Nations Unies sur les stocks de poissons chevauchants.

Les navires pêchant dans une zone maritime sous juridiction d'un État côtier doivent donc se conformer aux règles d'exploitations définies par celui-ci. Les États du pavillon jouent ainsi un rôle primordial dans le respect des mesures élaborées par les États côtiers. Les États du port figurent quant à eux comme les ultimes remparts contre l'entrée de produits issus de pêcheries illégales sur le marché.

En outre, la haute mer, bien que ne relevant d'aucune juridiction nationale, est également soumise à un certain nombre de mesures internationales et régionales d'encadrement en matière d'exploitation des espèces marines sauvages et fait intervenir un certain nombre d'acteurs destinés à assurer le respect desdites mesures.

b. L'encadrement des opérations de pêche en haute mer

Bien qu'elle soit souvent considérée comme un espace de liberté pour les États parce que non soumise à une quelconque juridiction nationale, la zone maritime de la haute mer n'est pas dépourvue de règles juridiques et de contrôles. Compte tenu du fait qu'une grande majorité des opérations de pêches illégales ont lieu au sein de cet espace[1], cela apparaît indispensable.

Il existe ainsi des zones de haute mer soumises au respect de règles régionales particulières. En effet, les organisations régionales de pêche (ORGP) viennent créer sur un espace géographique donné[2] un cadre juridique concret dont la violation

[1] « Pêche illégale », site internet du WWF.
[2] V° Communication de la Commission au Conseil et au Parlement Européen du 8 décembre 1999, Participation de la Communauté européenne aux Organisations Régionales de Pêche (ORP), COM, 1999, 613 final.

entraîne une caractérisation de l'illégalité des activités en cause, et *in fine* du commerce qui leur est associé.

De nombreux instruments juridiques, tels que le Code de conduite pour une pêche responsable[1] et le PAI-INDNR[2] ont notamment souligné l'importance des ORGP dans la mise en place de mesures de gestions des espèces marines sauvages en haute mer.

Les ORGP sont en outre d'importants « *vecteurs* » de coopération à l'échelle internationale[3]. Or, la collaboration entre États est fondamentale pour gérer efficacement les espèces marines et assurer le respect des dispositions en vigueur afin, notamment, de garantir une exploitation et un commerce légaux en la matière.

Les normes élaborées au sein des ORGP jouissent d'une protection au titre de l'Accord sur les stocks de poissons chevauchants et migrateurs. En effet, l'Accord prévoit un droit de visite sur un navire pêchant dans la zone de gestion d'une ORGP[4] ainsi que la possibilité pour un État Partie à l'Accord de faire appliquer les normes définies au sein d'une ORGP à laquelle il est également Partie au navire d'un autre État Partie à l'Accord qui ne serait pourtant pas membre de l'organisation de pêche[5]. En outre, la Convention sur le droit de la mer prévoit également que les États du pavillon puissent être soumis à des droits de visite[6] et de poursuite[7] en haute mer par des navires de flottes étrangères ayant des raisons de soupçonner le déroulement d'activités illégales.

Par ailleurs, la Convention sur le droit de la mer prévoit que les États du pavillon, outre leur responsabilité en matière

---

[1] Article 7.1.3 du Code de conduite pour une pêche responsable.

[2] Articles 78 et 79 du PAI-INDNR.

[3] V. Communication de la Commission au Conseil et au Parlement Européen du 8 décembre 1999, *op. cit.*.

[4] Articles 19 à 22 de l'Accord des Nations Unies sur les stocks de poissons chevauchants.

[5] Article 21, paragraphe 1 de l'Accord des Nations Unies sur les stocks de poissons chevauchants.

[6] Article 110 de la Convention des Nations Unies sur le droit de la mer.

[7] *Ibid*, article 111.

d'attribution de leur pavillon, coopèrent assidûment avec les autres États afin de faire respecter les « mesures nécessaires pour assurer la conservation des ressources vivantes de la haute mer par leurs ressortissants respectifs » [1].

Enfin, il convient de rappeler le rôle déterminant de l'État du port dans le renforcement des mesures élaborées aux différentes échelles, dont notamment les échelles régionales et internationales.

L'existence de multiples textes et acteurs internationaux visant à définir et appliquer les normes en vigueur en matière de pêche en haute mer apparaît comme bienvenue au regard de l'ampleur de la pêche dans cette zone maritime. L'ensemble de ces dispositions juridiques amènent donc à appréhender les pêcheries ayant cours en haute mer non pas comme de vastes opérations commerciales laissées à discrétion des navires battant pavillon d'un État, mais comme des activités liées par des règles internationales et régionales dont la violation suggère une commercialisation illégale des produits obtenus.

De surcroît, il convient de préciser que ces textes opèrent en synergie. En effet, chacun de ces instruments renvoie à la nécessité de s'appliquer en conformité avec les obligations énoncées dans les autres[2], et tous visent à se compléter et se renforcer réciproquement[3].

---

[1] Article 117 de la Convention des Nations Unies sur le droit de la mer.

[2] V. les dispositions de l'article 311, paragraphe 2 de la Convention des Nations Unies sur le droit de la mer, de l'article 4 de l'Accord des Nations Unies sur les stocks de poissons chevauchants, de l'article 3 du Code de Conduite et enfin de l'article 13 du PAI-INDNR.

[3] En effet, l'Accord des Nations Unies sur les stocks de poissons chevauchants renforce les dispositions de la Convention sur le droit de la mer, notamment en précisant des principes fondamentaux tels que celui de la participation, essentiels quant à mise en œuvre efficace. De même, le Code de Conduite et le PAI-INDNR prévoient une organisation des pêcheries en haute mer et une définition des bonnes pratiques en la matière d'une manière plus détaillée que la Convention sur le droit de la mer, et interviennent également en complément des dispositions de l'Accord sur les stocks de poissons chevauchants. Aucun de ces instruments ne vient donc contredire l'article 3 de l'article 311 de la Convention sur le droit de la mer.

Par ailleurs, afin d'accentuer le contrôle des États sur les procédés d'exploitation des espèces marines sauvages, des mécanismes de surveillance des pêcheries ont été institués. En effet, les textes juridiques internationaux, conscients des taux de fraude élevés au sein de l'industrie de la pêche, sont venus promouvoir la nécessité d'élaborer des instruments propres à la vérification des déclarations de prises ou encore à l'identification des navires.

2. Le cadre opérationnel des opérations de pêche

Au regard de l'immensité des océans, la relative facilité avec laquelle les opérateurs peuvent s'adonner à la pêche illégale explique l'ampleur du commerce illégal d'espèces marines sauvages de par le monde.

Aussi, le numéro d'immatriculation des navires (a) et la surveillance des navires par satellites (ou *Vessel Monitoring System* (VMS)) (b) apparaissent comme des outils indispensables à la lutte contre le trafic illégal des espèces marines sauvages en participant à un effort de construction d'un système d'approvisionnement légal d'espèces marines sauvages.

a. L'identification unique des navires

L'identification des navires est un procédé utile en matière de lutte contre le trafic illégal d'espèces marines sauvages. En effet, grâce à l'identification d'un navire, un certain nombre d'informations associées à ses pratiques peuvent être récoltées et analysées dans un suivi continu. Or, si le navire s'est déjà illustré dans des pratiques de pêche illégales et/ou est inscrit au sein de listes noires d'ORGP ou d'organisations régionales, il pourra se voir appliqué des pénalités[1]. Toutefois, l'identification des navires étant soumise à divers procédés de falsification, l'utilisation d'un numéro d'identification unique leur étant attribué de façon permanente est apparue comme un procédé nécessaire dans une surveillance efficace des opérations de pêches effectuées par lesdits navires[2].

Ce type de numéro d'identification, dit numéros d'identification unique, a ainsi été développé en 1987 par l'Organisation maritime internationale (OMI) au sein de sa résolution A.600(15)[3] et a été rendu obligatoire par le biais de la règle XI-3 de la Convention SOLAS.

Aujourd'hui, la majorité des ORGP exige que les navires opérant dans les zones relevant de leur gestion leur présentent leur numéro OMI[4]. L'Union européenne, membre actif de treize ORGP, recommande notamment dans l'article 10 du règlement n°1224/2009 cet usage de système d'identification unique OMI. En outre, ces numéros d'identification doivent être complétés par le développement de mesures de surveillance des navires.

---

[1] Par exemple, l'article 6, paragraphe 2 du règlement (CE) 2017/2403 du Conseil et du Parlement européen relatif à la gestion durable des flottes de pêche externes prévoit qu'un État membre du pavillon ne délivrera pas de licences de pêche aux navires s'étant illustré dans des activités de pêche illégale dans les cinq dernières années. Or, seule la connaissance de l'immatriculation du navire induisant un suivi de ses activités permet de mettre en œuvre de telles dispositions.

[2] « Consultation technique relative à l'élaboration d'une structure et d'une stratégie d'établissement d'un fichier mondial des navires de pêche, des navires de transport frigorifique et des navires de ravitaillement », 8-12 novembre 2010, FAO, TC/GR/2010/2.

[3] « Systèmes de numéro OMI d'identification des navires », Lettre circulaire n° 1886/Rev5, OMI.

[4] « Améliorer les performances de la lutte contre la pêche illicite, non déclarée et non réglementée (INN). Procédure d'avertissement par carton du règlement INN de l'UE : examen des décisions prises par la Commission européenne », Rapport d'information de l'Environmental Justice Foundation, OCEANA, WWF, The Pew Charitable Trust, juin 2016.

b. La surveillance des navires par satellites

La surveillance des navires par satellites permet de localiser les navires et de surveiller leurs activités[1]. Elle figure ainsi comme un outil opérationnel particulièrement déterminant dans la lutte contre le trafic illégal d'espèces marines sauvages[2] en ce qu'elle réduit les opportunités pour les opérateurs illégaux d'opérer dans l'ombre.

Aussi, aujourd'hui, l'installation de VMS sur les navires semble être considérée comme une norme au titre du respect des réglementations juridiques en vigueur. Cette mesure de surveillance s'est ainsi largement imposée au sein de nombreuses ORGP, parmi lesquelles la Northwest Atlantic Fisheries Organizations (NAFO)[3] et la Commission for the Conservation of Antarctic Marine Living Resources (CCAMLR)[4]. Celles-ci ont ainsi imposé à tous les navires pêchant dans leur zone de gestion l'installation d'un système VMS centralisé, dont les données leur seraient transmises en temps réel. Il en est de même pour la Western and Central Pacific Fisheries Commission (WCPFC)[5].

Toutefois, bien que répandus, les systèmes VMS ne sont pas utilisés partout, laissant le cas échéant un champ ouvert au déroulement de pêcheries éventuellement illégales dont la détection s'avère difficile. Par ailleurs, si l'entrée de données liées aux activités de pêches effectuées à bord du navire est soumise à l'honnêteté des opérateurs à bord, elle est également

---

[1] OCDE, « Empêcher la pêche illégale d'être payante », oecd.org, janvier 2006.
[2] Sur ce sujet, V. notamment DETSIS E., et *al.*, "Project Catch: A space-based solution to combat illegal, unreported and unregulated fishing, Part I: Vessel monitoring system", *Acta Astronautica*, vol. 80, pp. 114-123, 2012.
[3] OCDE, *Renforcement des organisations régionales de la pêche,* Édition OCDE, 2009, p.96.
[4] Twenty-Third Meeting of the Commission for the Conservation of Antarctic Marine Living Resources (CCAMLR) Commission on the 25 October 2004 to the 5 November 2004
[5] Third Regular Session of the Western and Central Pacific Fisheries Commission (WCPFC) on the 11-15 December 2006, Apia, Samoa.

soumise à des tentatives de fraude de la part de personnels moins obligeants. Ainsi, de fausses données peuvent être enregistrées[1].

Fortes de ce constat, plusieurs solutions ont été développées. La première consiste à créer de nouveaux systèmes de surveillance électronique qui seraient véritablement infalsifiables [2]. La seconde suggère l'embarquement systématique d'inspecteurs indépendants chargés de vérifier que les informations des registres des captures coïncident avec les données enregistrées au sein du système de surveillance[3].

Il est ainsi au sein de la NAFO par exemple, ou encore de la CCAMLR, qui disposent d'un programme d'observateurs indépendants destinés à effectuer des contrôles au sein de navires dont ils n'ont pas la nationalité pêchant dans leur zone de gestion [4]. L'ICCAT de son côté a élaboré un processus d'inspection des thoniers au port de tous les navires, y compris ceux battant pavillon d'États Parties à l'organisation[5]. Enfin, le développement d'inspections « surprises » devrait avoir cours au sein des navires. Cela permettrait notamment de pallier d'éventuels cas de corruption des inspecteurs embarqués sur le navire.

Finalement, force est de constater que s'est développé un véritable éveil aux enjeux liés à la surveillance des navires où qu'ils se trouvent, et notamment en haute mer. Ces outils opérationnels sont ainsi décisifs dans la lutte contre le trafic illégal d'espèces marines sauvages en ce qu'ils surveillent la

---

[1] TYLER Z., "Saving fisheries on the High Seas: The use of trade sanctions to force compliance with multilateral fisheries agreements", *Tulane University Law School*, vol. 20, n°1, winter 2006, pp. 43-95.

[2] « Suivi des navires de pêche dans le monde », Issue Brief, Pew Charitable Trusts Organization, April, 12, 2017.

[3] OCDE, *Renforcement des organisations régionales de la pêche*, *op. cit.*, p.54 ; Sur ce sujet, V. aussi ERCEG D., « Deterring IUU fishing through state ontrol over nationals », *Marine Policy*, Elsevier, vol. 30, 3006, pp. 173-179 ; Sur ce sujet, V. notamment Rapport de l'évaluation indépendant des performances de l'ICCAT, 2016, ICCAT, <https://www.iccat.int/Documents/Other/0-2nd_PERFORMANCE_REVIEW_TRI.pdf>.

[4] OCDE, *Renforcement des organisations régionales de la pêche*, *op. cit.*, p.111.

[5] *Ibid.*

légalité des prises et incidemment celle de leur mise sur le marché postérieure. En outre, ils peuvent être soutenus par l'apport du Réseau international de suivi, de contrôle et de surveillance (SCS) qui fait office d'outil de coopération internationale volontaire dans la lutte contre la pêche INN[1].

De même, des initiatives de surveillance en mer permettant aux États, mais aussi aux parties civiles de se renseigner sur les activités des navires et de s'engager dans la lutte contre la pêche INN ont vu le jour. Parmi elles, le Fichier mondial des navires de pêche, des navires de transport frigorifique et des navires de ravitaillement permet à tout « membre de la société civile » [2] de comparer les données relatives à l'identification des navires.

En outre, ces outils opérationnels sont complétés par un certain nombre d'entraves associées à l'observation éventuelle de fraude en amont, et sans lesquelles la constatation de faits illégaux au regard des réglementations en vigueur serait rendue obsolète.

B. Des entraves à la pêche illégale comme contrepoids au commerce illégal d'espèces marines sauvages

La lutte contre le trafic illégal d'espèces marines sauvages passe nécessairement par l'utilisation complémentaire d'entraves développées au sein des réglementations en vigueur. Ces entraves peuvent être aussi bien pénales (1) que commerciales (2), et sont destinées à décourager la continuité des pêcheries illégales par une augmentation des risques et des coûts qui rendrait leurs réalisations moins attrayantes.

---

[1] On retrouve la nécessité d'un SCS au point 24 du Plan d'action international visant à prévenir, à contrecarrer et à éliminer la pêche illicite, non déclarée et non réglementée.

[2] Fichier mondial des navires de pêche, des navires de transport frigorifique et des navires de ravitaillement, fao.org, <http://www.fao.org/global-record/fr/>.

1. Des entraves pénales

Pour être effectifs, les textes juridiques définis aux échelles internationales, régionales et nationales applicables au trafic illégal d'espèces marines sauvages doivent être assortis de sanctions pénales, destinées à dissuader les tentatives de violations de leurs dispositions (a).

Par ailleurs, le développement de cautions « de bonne conduite » en droit international doit servir de levier aux institutions juridiques pour appuyer ce schéma de responsabilisation des acteurs du commerce d'espèces marines sauvages (b).

a. Des sanctions pénales dissuasives

L'importance de l'élément dissuasif dans les législations nationales pénales est fondamentale. Elle est énoncée dans l'article 19, paragraphe 2 de l'Accord sur les stocks de poissons chevauchants et dans le point 21 du PAI-INDNR.

En effet, si la pêche INN existe et prospère, c'est qu'elle représente une manière de s'enrichir via un commerce illégal représentant de faibles risques au regard des peines, amendes et autres sanctions prévues par la plupart des législations étatiques.

Les sanctions doivent donc être élaborées afin de garantir des peines élevées et représentantes de la gravité des infractions ayant cours dans le secteur de la pêche. Notamment, il est à considérer qu'une infraction commise en la matière ne met pas seulement en péril les efforts de conservation et de gestion de l'État lésé, mais ceux de l'ensemble de la Communauté internationale au regard du caractère migrateur et disséminé des espèces halieutiques.

Le juge *ad hoc* Shearer ne dit pas autre chose dans son opinion dissidente dans l'affaire Volga lorsqu'il déclare : « pour qu'il y ait vraiment dissuasion, les tribunaux nationaux doivent tenir compte de la gravité non seulement de l'infraction en question, mais également des effets que produisent généralement les infractions sur les efforts de conservation consentis par la Communauté internationale »[1].

Aussi la lutte contre le trafic illégal d'espèces marines sauvages doit nécessairement passer par l'élaboration de sanctions pénales conférant à la notion de « dissuasion » toute sa valeur. Cette obligation juridique pour les États de définir des sanctions dissuasives en matière d'infractions aux réglementations concernant la pêche revêt un caractère d'autant plus capital que de son application dépend le succès de l'ensemble des efforts multilatéraux. En outre, le développement de la notion de la « garantie de bonne conduite » figure lui aussi comme une entrave juridique à la croissance du trafic illégal d'espèces marines sauvages.

b. Une garantie de « bonne conduite »

La notion de caution ne fait pas l'objet de beaucoup de détails dans la Convention sur le droit de la mer, qui se contente de la décrire comme devant être « suffisante » dans son article 73 paragraphe 2. Le Tribunal International du Droit de la mer (TIDM) est notamment venu approfondir la notion en détaillant ses modalités dans l'arrêt *Saïga*[2]. L'arrêt fait ainsi un renvoi explicite à une caution d'ordre pécuniaire, forme qui prévaut

[1] Point 11 de l'opinion dissidente du juge *ad hoc* SHEARER M. dans l'arrêt « Volga », (Fédération de Russie c. Australie) (Fédération de Russie c. Australie), *prompte mainlevée*, arrêt, TIDM Recueil 2002.

[2] « *[l] e critère [du raisonnable] englobe le montant, la nature et la forme de la caution ou de la garantie financière* », Arrêt « Saiga » (Saint-Vincent-et-les-Grenadines c. Guinée), *prompte mainlevée*, TIDM Recueil 1997.

aujourd'hui au sein des jugements rendus par le TIDM pour décider d'affaires d'arraisonnement de navires[1].

Toutefois, l'article 73 paragraphe 2, en son caractère relativement évasif, laisse la porte ouverte à d'autres formes de cautions, si tant est qu'elles soient pertinentes pour dissuader toutes opérations de pêches illégales. Or, si la délivrance d'une caution financière est indispensable lors de l'arraisonnement d'un navire par un État défendant les eaux sur lesquelles pèse sa juridiction, elle n'est pas suffisante pour s'inscrire efficacement dans la dimension dissuasive que doivent revêtir les pénalités liées au secteur de la pêche.

Aussi, la prononciation de cautions liées à une « garantie de bonne conduite » visant à empêcher de futures violations des lois par le navire jugé apparaît comme essentielle dans le cadre de la lutte contre les pêcheries illégales.

Dans l'affaire du *Volga*, où la garantie de bonne conduite fut particulièrement promue par l'Australie, ce type de caution correspondait à l'« *installation à bord du navire d'un système de suivi des bateaux pleinement opérationnel et* [à l'] *observation des mesures de conservation des ressources de la Commission pour la conservation de la faune et de la flore marines de l'Antarctique jusqu'à la conclusion de la procédure judiciaire* [2]».

Bien qu'en l'espèce son utilité n'ait pas été retenue par la majorité des juges, d'autres ont exprimé dans leurs opinions dissidentes ou individuelles des opinions contraires à la majorité[3]. Le juge Anderson a ainsi déclaré que l'exigence d'un lien de bonne conduite était tout à fait compatible avec l'article 73 paragraphe 2 de la Convention sur le droit de la mer, et potentiellement nécessaire en l'espèce au regard de l'absence

---

[1] V. notamment les arrêts du Tribunal International du droit de la mer « Camouco » (Panama c. France), *prompte mainlevée*, arrêt, TIDM Recueil 2000, p. 10 ; « Volga » (Fédération de Russie c. Australie) (Fédération de Russie c. Australie), *prompte mainlevée*, arrêt, TIDM Recueil 2002, p. 10 ; « Monte Confurco » (Seychelles c. France), prompte mainlevée, arrêt, TIDM Recueil 2000, p.86.

[2] Arrêt « Volga », *op. cit.*

[3] OCDE, *Pourquoi la pêche pirate perdure, les ressorts économiques de la pêche illégale, non déclarée et non réglementée*, 2005, p.113.

inquiétante de VMS à bord du *Volga*[1]. Le juge *ad hoc* Shearer est venu partager cet avis en rappelant par ailleurs l'exemple de tribunaux nationaux prononçant des peines à l'encontre d'individus assorties de garanties non financières telles que la libération sous caution d'une personne ayant consommé de l'alcool assortie d'une interdiction « à titre de condition accessoire, [de] toute consommation d'alcool pendant la durée de la libération conditionnelle »[2].

Le bien-fondé de l'exigence de telles garanties de bonne conduite apparaît déterminant : elles participent à éviter la survenance d'activités futures éventuellement illégales et contribuent à l'effort de dissuasion que devraient revêtir toutes législations nationales, régionales ou internationales en matière de pêche. Certaines affaires, telles que celle du *Camouco*, suffisent à confirmer l'influence de ces garanties de bonne conduite.

Pour rappel, le *Camouco* était un navire immatriculé au Panama ayant fait l'objet d'un arraisonnement français dû à son implication dans des opérations de pêches illégales dans la ZEE des îles Crozet[3]. Malgré le paiement d'une caution « raisonnable »[4], le *Camouco* est par la suite devenu l'*Arvisa 1* sous pavillon uruguayen[5] puis *l'Eternal* immatriculé aux Antilles néerlandaise et a continué de s'illustrer dans des opérations de pêche et de commerce illégales de légine australe[6]. Dans une moindre mesure, cela aurait sans doute pu être évité si une caution de bonne conduite avait été conjuguée à la caution financière prononcée.

Le développement de la notion de garantie de bonne conduite figure donc au côté des sanctions pénales comme les bases légales les plus pertinentes pour assurer l'effectivité des

---

[1] Point 24 de l'opinion dissidente du juge ANDERSON dans l'affaire « Volga ».
[2] Opinion dissidente du juge *ad hoc* SHEARER dans l'affaire « Volga ».
[3] Arrêt « Camouco », *op. cit.*
[4] Communiqué de Presse du TIDM, « Le Tribunal rend son arrêt dans l'affaire « Camouco ».
[5] OCDE, *op. cit.*, p.113.
[6] *Ibid.*

textes juridiques applicables au trafic illégal d'espèces marines sauvages. En outre, ces entraves pénales doivent aussi être accompagnées d'autres mesures, au regard de la racine purement commerciale du trafic illégal d'espèces marines sauvages.

2. Des entraves commerciales

Essentiellement destinées à frapper au cœur même de la motivation de la réalisation d'activités illégales, les entraves commerciales représentent des mesures complémentaires aux sanctions pénales. Ces entraves commerciales peuvent prendre la forme de sanctions prononcées par les États, les ORGP et des organisations régionales telles que l'Union européenne dans le cadre de leurs réglementations en matière de pêche (a).

Les entraves commerciales à la pêche illégale peuvent également s'illustrer par des procédures supplémentaires de contrôle de traçabilité (b).

a. Des sanctions commerciales

L'utilité des sanctions commerciales dans le secteur de la pêche a été mise en perspective par de nombreux instruments juridiques internationaux. C'est notamment dans le contexte de la prononciation de sanctions commerciales que le rôle des ORGP en matière de lutte contre le trafic illégal d'espèces sauvages s'illustre le mieux.

Si originellement les textes de la majorité des ORGP ne contiennent pas d'allusion à la possibilité d'émettre des sanctions commerciales à l'égard des navires ne respectant pas leurs réglementations[1], les résolutions qu'elles ont adoptées par la

[1] C'est par exemple le cas de l'ICCAT et de la CCAMLR, sur ce sujet, V. notamment TACCONI L., et *al.*, « A report for the Ministry of Foreign Affairs, Government of Japan: National and international policies to control illegal forest activities », Center for International Forestry Research, July 2003.

suite leur permettent de recourir à de telles pénalités lorsqu'elles estiment que des navires sabordent leurs efforts de lutte contre la pêche INN.

Aussi la CCSBT a-t-elle prévu pour ses membres la prononciation de sanctions à l'égard de navires battant pavillon étranger si ceux-ci ne respectent pas ses orientations en matière de gestion des ressources[1]. L'ICCAT via ses résolutions sur le thon rouge de l'Atlantique[2] et l'espadon de l'Atlantique[3] prévoit également de telles pénalités commerciales. Le Panama, le Honduras et le Belize en ont d'ailleurs fait les frais lorsque l'organisation a établi que ces derniers pêchaient illégalement les espèces d'espadon et de thon rouge qu'elle entend protéger par ses réglementations[4]. L'importance des sanctions commerciales est ici illustrée par la modification des comportements illégitimes des États en cause, qui ont de plus rejoint l'ICCAT par la suite[5]. L'ICCAT est de surcroît allée plus loin en élargissant son spectre de sanctions aux navires sous pavillon de ses propres membres[6].

L'Union européenne a notamment retenu l'utilité de telles sanctions. D'une part, elle fixe un système unilatéral de sanctions via l'article 44 de son règlement du Conseil n°1005/2008, dit règlement « INN ». Celui-ci prévoit ainsi la prononciation de sanctions commerciales applicables aux opérateurs européens s'adonnant à des activités de pêche illégale dont les montants équivalent jusqu' « à cinq fois la valeur des produits obtenus, voire à huit fois lorsqu'il s'agit d'infractions

---

[1] TARASOFSKY R., CHATHAM HOUSE, « Enhancing the Effectiveness of Regional Fisheries Management Organizations through Trade and Market Measures », Energy, Environment and Development programme EEDP BP 07/04, May 2007.

[2] ICCAT resolution 94-3 on Bluefin Tuna entered into force on the 22th June of 1996.

[3] ICCAT resolution 95-13 on Atlantic Swordfish entered into force on the 22th June of 1996.

[4] ICCAT recommendation 96-14 and 96-11 entered into force on the 4th of August 1997.

[5] TARASOFSKY R., CHATHAM HOUSE, *op. cit.*

[6] ICCAT recommendation 96-14 entered into force on the 4th of August 1997 ; Sur ce sujet, V. aussi TARASOFSKY R., CHATHAM HOUSE, *op. cit.*

répétées dans une période de cinq ans »[1]. Ces sanctions peuvent être accompagnées d'autres mesures prévues à l'article 45 du règlement, dont notamment l'immobilisation temporaire du navire ou encore la confiscation des engins de pêche interdits le cas échéant.

D'autre part, le règlement européen prévoit un système de cartons. Les navires se voyant attribuer un carton jaune[2], sorte d'avertissement, sont considérés comme « non coopérants » et doivent dès lors fournir à la Commission européenne des données et des preuves que les activités de pêche INN découvertes ont cessé[3]. Si tel n'est pas le cas, un carton rouge[4] est alors assigné à ce navire après proposition de la Commission européenne et confirmation du Conseil européen. Ce carton marque alors le début d'un embargo commercial sur tous les produits issus de la pêche effectuée par le navire[5] visé et/ou le retrait de l'autorisation de pêche dans les zones maritimes sous gestion de l'Union. Lors de la prononciation de telles mesures commerciales, les navires sont inscrits sur la liste noire de l'Union européenne recensant les navires non coopérants ayant été impliqués dans des opérations de pêche INN[6].

En outre, les sanctions commerciales mises en place par les ORGP et l'Union européenne peuvent bénéficier de l'évolution de l'OMC quant aux AEM et de sa jurisprudence en matière environnementale. Aussi, de telles mesures n'ont à ce jour fait l'objet d'aucun différend dans le cadre de l'Organe de

---

[1] Article 44 du règlement (CE) n° 1005/2008 du Conseil du 29 septembre 2008 établissant un système communautaire destiné à prévenir, à décourager et à éradiquer la pêche illicite, non déclarée et non réglementée.
[2] Article 32, paragraphe 1 du règlement (CE) n° 1005/2008.
[3] HOSCH G., *op. cit.*
[4] Article 32, paragraphe 2 du règlement (CE) n° 1005/2008.
[5] Articles 37 et 38 du règlement (CE) n° 1005/2008.
[6] Parmi les États actuellement listés sur liste noire, nous trouvons notamment le Cambodge depuis 2014, ainsi que les Comores et Saint-Vincent et Grenadines depuis 2017, <https://ec.europa.eu/fisheries/sites/fisheries/files/illegal-fishing-overview-of-existing-procedures-third-countries_en.pdf>.

règlement des différends de l'OMC[1]. Cet état de fait s'explique en outre au regard du soin que l'Union européenne et les ORGP, telles que la CCAMRL et l'ICCAT, ont porté à l'élaboration de leurs sanctions commerciales, en cherchant à leur conférer un caractère non discriminatoire, transparent[2], et appuyé sur des bases scientifiques solides[3].

De surcroît, ces restrictions au commerce ne sont prononcées qu'à l'issue d'un processus relativement long de mise en garde et d'avertissement[4]. Ainsi de l'Union européenne avec la distribution initiale de « carton jaune ». De la même façon, l'ICCAT a développé une procédure dans laquelle elle cherche d'abord à coopérer avec les États dont les navires pêchent illégalement au sein de la zone géographique dont elle assure la gestion, avant de les avertir qu'ils feront l'objet de sanctions commerciales s'ils ne prennent aucune mesure corrective[5]. Le statut d'observateur conféré à l'ICCAT et à la CCAMRL au sein du CCE encourage quant à lui fortement la coopération entre ces ORGP et l'OMC[6].

Enfin, il convient de souligner que l'importance du caractère multilatéral des mesures restrictives de commerce

---

[1] TARASOFSKY R.G., « Regional Fisheries Organizations and the World Trade Organization: Compatibility or Conflict? », TRAFFIC International, 2003 ; A ce sujet V. aussi STOKKE O., COFFREY C., "Institutional Interplay and Responsible Fisheries: Combating Subsidies, Developing Precaution", *in* OBERTHÜR S., GEHRING T. (eds.), *Institutional Interaction in Global Environmental Governance: Synergy and Conflict among International and EU Policies*, MIT Press, 2006, pp. 157-79.

[2] L'article 66 du Plan d'action visant à prévenir, à contrecarrer et à éliminer la pêche illicite, non déclarée et non réglementée fait référence à la possibilité pour les États d'adopter des sanctions commerciales, à condition qu'elles soient transparentes et non discriminatoires.

[3] LACK M., "Catching on ? Trade-related measures as a Fisheries Management Tool", TRAFFIC International, 2007.

[4] XUECHAN M., « An economic and legal analysis of trade measures against illegal, unreported and unregulated fishing », *Marine Policy*, vol. 117, 2020.

[5] Communication from the Secretariat of the International Commission for the Conservation of the Atlantic Tunas and the, WT/CTE/W/87, 16 July 1998 ; Sur ce sujet V. aussi STOKKE O., COFFREY C., *op. cit.*

[6] « Modes de coopération et d'échange de renseignements existants entre le PNUE/les AEM et les l'OMC », Session extraordinaire CCE, Note du Secrétariat de l'OMC, 17 février 2005, TN/TE/S/2/Rev.1.

devrait être davantage promue au sein des dispositifs juridiques que les mesures unilatérales. Certes, il convient de reconnaître que les mesures unilatérales restrictives au commerce ne souffrent pas des compromis politiques inhérents à toute organisation d'États et cible donc plus efficacement leurs priorités[1]. Par ailleurs ce sont ces normes unilatérales qui ont permis la construction du droit de la mer tel que nous le connaissons aujourd'hui[2]. Toutefois, alors que les mesures unilatérales de restriction du commerce ne protègent qu'un marché sur une zone géographique donnée, les mesures multilatérales découragent davantage les opérateurs de pêche INN puisqu'elles rendent l'intégration au marché des produits illégalement perçus impossible à une échelle plus globale[3].

En outre, au regard de la nécessité de normes juridiques homogènes dans la lutte contre le trafic illégal d'espèces marines sauvages, et donc d'une protection des marchés cohérente, le développement de mesures restrictives de commerce au caractère multilatéral doit particulièrement être encouragé. En effet, ce développement serait porteur d'un message essentiel, à savoir l'engagement juridique de la Communauté internationale contre les produits issus d'une pêcherie ne respectant ni les exigences juridiques en vigueur sur la scène multilatérale ni les efforts honnêtes des personnes travaillant à tous les stades d'approvisionnement des produits de la pêche[4]. L'Union européenne elle-même a reconnu que ses mesures unilatérales ne seront plus utilisées que lorsque les solutions multilatérales qui

---

[1] CHURCHILL R., « International Trade Law Aspects of Measures to Combat IUU and Unsustainable Fishing », *in* CADDELL R., MOLENAAR E. J., (eds.), *« Strengthening International Fisheries Law in an Era of Changing Oceans »*, *op. cit.*

[2] BOYLE E., « EU Unilateralism and the Law of the Sea », *International Journal of Marine and Coastal Law*, vol. 21, Issue 1, 2006, pp. 15-32.

[3] HOSCH G., "Trade Measures to Combat IUU Fishing. Comparative Analysis of Unilateral and Multilateral Approaches", International Centre for Trade and Sustainable Development, October 2016.

[4] HOSCH G., "Trade Measures to Combat IUU Fishing. Comparative Analysis of Unilateral and Multilateral Approaches", *op. cit.*

auront été adoptées se seront révélées insuffisantes pour enrayer la pêche illégale[1].

L'importance de l'élaboration et de la prononciation de sanctions commerciales par les ORGP et les États est donc indéniable : c'est par ce type d'obstacles commerciaux que l'on touche au plus près les opérateurs impliqués dans la pêche INN. C'est d'ailleurs cette même logique qui justifie aujourd'hui l'existence de Systèmes de Documentation des Captures (SDC), qui viennent compléter ce schéma d'entrave au commerce illégal d'espèces marines sauvages en créant un système supplémentaire de protection du marché légal.

b. L'impossibilité pour les espèces visées par un SDC obtenues illégalement d'entrer sur le marché

Les SDC sont des outils complémentaires aux réglementations applicables à la lutte contre le trafic illégal d'espèces marines sauvages. En effet, ils jouent un rôle important dans la traçabilité des ressources halieutiques et empêchent les espèces couvertes par le système issues d'une pêche illégale d'être mises sur le marché[2].

Un SDC permet donc la certification par l'État du pavillon[3] de la légalité de la capture des espèces couvertes par celui-ci et fonctionne par la délivrance de deux types de certificats : un certificat de capture émis à chaque transbordement et débarquement, et un certificat de commerce émis lorsque le produit est débarqué et destiné au marché international[4]. Si un opérateur est dans l'incapacité de présenter

---

[1] European Commission Staff Working Document, SEC (2007) 1336, 17 October 2007, *cited in* VAN DER MAREL E. R., *op. cit.*

[2] XUECHAN M., *op. cit.*

[3] GUGGISBERG S., *op. cit.*, p. 66.

[4] HOSCH G., "Trade Measures to Combat IUU Fishing. Comparative Analysis of Unilateral and Multilateral Approaches", *op. cit. ;* Sur ce sujet, V. aussi VAN DER MAREL E. R., *op. cit.*

à l'État du port[1] de tels documents, ou s'il présente des certificats invalides, les produits ne pourront pas être commercialisés.

Trois stocks de poissons sont aujourd'hui concernés par des SDC. Il s'agit des stocks de thons rouges de l'Atlantique, du stock de thon rouge du Sud et du stock de légine de l'Antarctique[2]. L'efficacité des SDC est considérable sur la pêche illégale de ces espèces[3] et leur aspect commercial apparaît en outre déterminant sur le marché global. On estime par exemple que la légine certifiée par des SDC en Patagonie se négocie à des prix 20 à 30% supérieurs à ceux des produits non certifiés[4]. *A contrario* moins de 1% du volume des captures commerciales mondiales de thon est soumis à un SDC, ce qui a fait perdre à l'espèce 85% de sa valeur légale sur le marché international[5].

Par ailleurs, le système SDC jouit également de la position évolutive de l'OMC à l'égard des mesures de restriction et de contrôle du commerce. En effet, aucun SDC n'a à ce jour été remis en cause dans le cadre de l'OMC[6].

Ainsi, la reconnaissance par le droit international de la nécessité d'utiliser des entraves commerciales contribue largement à lutter contre le trafic illégal d'espèces marines sauvages. De surcroît, ces entraves pourraient être complétées par le rôle que les assurances sont amenées à jouer au sein du secteur de la pêche.

En effet, bien que rarement appréhendé, le rôle des assurances dans le développement de solutions destinées à

---

[1] GUGGISBERG S., *op. cit.*, p. 66.
[2] Respectivement mis en place par l'ICCAT, la CCSBT et la CCAMLR, HOSCH G., "Catch Documentation Scheme. Practices and applicability in combating IUU fishing", FAO, <http://www.fao.org/in-action/globefish/fishery-information/resource-detail/fr/c/426994/>.
[3] HOSCH G., "Catch Documentation Scheme. Practices and applicability in combating IUU fishing", FAO, <http://www.fao.org/in-action/globefish/fishery-information/resource-detail/fr/c/426994/>.
[4] HOSCH G., "Trade Measures to Combat IUU Fishing. Comparative Analysis of Unilateral and Multilateral Approaches", *op. cit*
[5] *Ibid.*
[6] TARASOFSKY R.G, *op. cit.*

accroître le coût des opérations de pêche illégale a été reconnu dès 2001 par le PAI-INDNR[1]. Le postulat de base dans la promotion de cette réponse au trafic illégal d'espèces marines trouve sa source dans une constatation simple : les navires opérant des activités de pêche INN n'ont à l'heure actuelle aucun mal à se doter d'une assurance[2]. Or, l'accroissement des coûts des pêcheries illégales survenant suite à un refus de couverture d'assurance permettrait de lutter contre les recours à la pêche INN[3].

Les assureurs maritimes s'inscriraient ainsi dans les efforts internationaux de lutte contre la pêche illégale et seraient orientés dans leurs actions par les différentes listes noires établies par les organisations régionales existantes[4]. En 2017, ceux-ci sont d'ailleurs venus reconnaître ce rôle critique dans la déclaration « Assiting ocean stewardship through marine insurance », qui met notamment en avant l'application du principe de « due diligence » dans l'accomplissement de cette mission[5].

L'importance capitale de la prise en compte de l'aspect économique du commerce des espèces sauvages exploitées dans l'élaboration de mécanismes juridiques a en outre été intégrée par certains États ou organisations régionales dans leurs réglementations en matière de bois.

---

[1]Article 73 du PAI-INDNR.

[2] SOYER B., « Tackling IUU Fishing: Developing a Holistic Legal Response », *Transnational Environmental Law*, vol. 7, Issue 1, 2018, pp. 139-163.

[3] *Ibid.*

[4] CADDELL R., LELOUDAS G., SOYER B., « Emerging Regulatory responses to IUU Fishing », *in* CADDELL R., MOLENAAR E. J., (eds.), *Strenghtening International Fisheries Law in an Era of Changing Oceans*, *op. cit.* ; Sur ce sujet, V. aussi « Assiting ocean stewardship through marine insurance », Oceana, Malte, 2017.

[5] « Assiting ocean stewardship through marine insurance », *op. cit.*

Paragraphe 2 : Un encadrement juridique du commerce des espèces forestières sauvages

Compléments indispensables à un cadre juridique international relativement faible en matière d'encadrement de l'exploitation et du commerce du bois, les réglementations et initiatives commerciales nées au sein de territoires étatiques et régionaux apparaissent comme des leviers incontournables à la promotion d'une démarche rigoureuse en faveur de l'éradication du phénomène de trafic illégal du bois.

Ainsi, le contrôle de la légalité du bois commercialisé à l'international est aujourd'hui assuré en grande partie grâce à des réglementations (A) et des accords commerciaux (B) spécifiques à des États ou des organisations régionales dont les caractéristiques approfondies peuvent servir de modèles sur la scène internationale.

A. Des réglementations nationales et régionales propres à lutter contre le trafic illégal d'espèces forestières sauvages

Dans la lutte contre le trafic illégal d'espèces forestières sauvages, les réglementations américaines et européennes s'illustrent en ce qu'elles représentent des initiatives approfondies destinées à assurer un approvisionnement légal en bois sur leurs territoires par le biais de politique de marché (1).

De surcroît, ces réglementations, grâce à leur fondement et leur structure s'inscrivent dans le respect des règles défendues par l'OMC et jouissent ainsi d'une certaine compatibilité avec celles-ci (2).

1. Des réglementations américaines et européennes, modèles de contrôle d'un approvisionnement légal en bois

Le Lacey Act figure comme une des réglementations nationales les plus abouties en matière de contrôle de la légalité des importations d'espèces sauvages. Son amendement en 2008 lui a notamment permis d'étendre ses dispositions au bois. Ainsi, désormais, tout commerce de bois et produits issus du bois est interdit sur le territoire américain lorsqu'ils ont été obtenus de manière illégale, que ce soit en vertu d'une loi américaine, mais aussi en vertu d'une loi nationale étrangère[1].

Des sanctions telles que la confiscation[2], le paiement d'une amende pouvant aller jusqu'à 250 000 dollars, mais aussi l'emprisonnement jusqu'à cinq ans sont prévues par la loi[3]. Le Lacey Act met également en place un principe destiné à orienter les individus quant à son application. Ainsi ceux-ci doivent faire preuve de « due care »[4], c'est-à-dire qu'ils doivent s'assurer de l'origine légale de leurs achats.

Dans un procès pour importation illégale de bois, les juges américains prononceront des sanctions civiles ou pénales en fonction de la conscience de l'individu de l'illégalité de son activité[5]. Les juges apprécieront également l'application du principe de « due care » par l'acheteur pour déterminer l'étendue

---

[1] §3372 of the Lacey Act. Sur ce sujet, V. notamment BRACK D., et *al.*, « Controlling the International Trade in illegally logged timber and wood products », a study prepared for the UK Department for International Development, Royal Institute of International Affairs, London, UK, February 2002.

[2] BRACK D., HAYMAN G., *op. cit.*

[3] "The US Lacey Act, Frequently Asked Questions About the World's First Ban on Trade in Illegal Wood", Environmental Investigation Agency, January 2009.

[4] Sur ce sujet, V. notamment OVERDEVEST C., ZEITLIN J., « Assembling an experimentalist regime: Transnational governance interactions in the forest sector », *Regulation & Governance*, vol. 8, n° 1, 2018, p. 25.

[5] "The US Lacey Act, Frequently Asked Questions About the World's First Ban on Trade in Illegal Wood", *op. cit.*

de sa responsabilité[1]. Cette appréciation se réalise notamment en fonction de plusieurs critères, parmi lesquels le contexte de la transaction, l'expérience de l'acheteur ou encore le prix auquel le bois a été vendu[2]. De surcroît, les juges doivent effectuer un travail rigoureux d'analyse des réglementations étrangères[3].

Parmi les exemples d'application du Lacey Act figure l'affaire *Gibson Case* où la compagnie Gibson a été condamnée en 2009 pour n'avoir pas exercé de « due care » lors de l'achat de bois en provenance de Madagascar. En plus de l'élaboration d'un programme de conformité à la loi en son sein, la compagnie Gibson a dû procéder au paiement de 50 000 dollars US au National Fish and Wildlife Foundation et d'une amende de 300 000 dollars US[4]. Elle a par la suite été sanctionnée une seconde fois en 2011 pour le même motif lors de l'achat de bois sur le territoire Indien[5]. Ces affaires mettent en exergue l'obligation qui incombe aux opérateurs économiques, en vertu du Lacey Act, de s'assurer que le bois qu'ils importent sur le territoire des États-Unis a bien été obtenu dans le respect des réglementations étrangères. Or, Gibson n'avait pas procédé à la recherche de telles informations lors de ses achats de bois.

De son côté, dans sa lutte régionale contre le trafic illégal d'espèces forestières sauvages, l'Union européenne a quant à elle développé un Plan d'action relatif à l'application des réglementations forestières, à la gouvernance et aux échanges commerciaux (FLEGT) en 2003. Ce Plan d'action a notamment permis la promulgation le 3 mars 2013 du règlement sur le bois

---

[1] « Les forêts, l'Histoire de Deux Lois », Environmental Investigation Agency, Février 2018.

[2] WAITE S., « Blood Forests: Post Lacey Act, Why Cohesive Global Governance Is Essential to Extinguish the Market for Illegally Harvested Timber », *Seattle Journal of Environmental Law*, 2012.

[3] OVERDEVEST C., ZEITLIN J., *op. cit.*

[4] SHELLY W., « Setting the Tone: The Lacey Act's Attempt to Combat the International Trade of Illegally Obtained Plant and Wildlife and its Effect on Musical Instrument Manufacturing », *Environmental Law Lewis & Clarck Law School*, 2012, p.557.

[5] SHELLY W., *op. cit.*

de l'Union européenne (RBUE)[1], destiné à interdire toute importation et commercialisation au sein du territoire communautaire de bois ou produits à base de bois issus de récoltes illégales. Il s'agit ici d'une politique régionale unilatérale de réglementation du commerce européen afférent aux forêts[2].

Notamment, le règlement européen promeut le principe de « due diligence » ou « diligence requise[3] », à savoir une obligation pour les opérateurs commerciaux de l'Union de s'assurer de l'origine du bois qu'ils importent au sein du territoire régional. Si le principe semble similaire à celui mis en place par le Lacey Act, il diffère en ce qu'il revêt un caractère plus rigoureux. En effet, au sein du RBUE l'inapplication du principe de diligence raisonnée est une infraction « de plein droit »[4] alors que ce n'est pas le cas dans le Lacey Act[5].

Toutefois, il convient de noter que le RBUE prévoit des exemptions pour les produits dotés d'un permis CITES[6]. Or, le Lacey Act ne prévoit pas de telles exemptions et figure ainsi comme un statut de filet de sécurité aux dispositions CITES en matière de végétaux et de bois[7]. De surcroît, le RBUE couvre un

---

[1] Règlement n° 995/2010 du Parlement européen et du Conseil du 20 octobre 2010 établissant les obligations des opérateurs qui mettent du bois et des produits dérivés sur le marché.
[2] ITUARTE-LIMA C., et *al.*, *op. cit.*
[3] Article 6, paragraphe 1 a) du règlement européen n° 995/2010. Pour une définition du principe de due diligence, voir l'Affaire relative à des usines de pâte à papier sur le fleuve Uruguay (Argentine c. Uruguay), 20 avril 2010, arrêt, C.I.J. Recueil, p. 14.
[4] « Les forêts, l'Histoire de Deux Lois », Environmental Investigation Agency, *op. cit.*
[5] *Ibid.*
[6] REEVE R., « The role of CITES in the governance of transnational timber trade », Occasional Paper 130, Centre for International Forestry Research, Indonesia, 2015.
[7] COONEY R., et *al.*, « Trading timbers: A comparison of import requirements under CITES, FLEGT and related EU legislation for timber species in trade », TRAFFIC report, 25 September 2012 ; Sur ce sujet, V. article 8, paragraphe 1 b) et paragraphe 3 du règlement (CE) n° 995/2010.

nombre plus restreint d'espèces végétales que le Lacey Act puisqu'il se tient à une liste précise[1].

Pour garantir l'application efficace de sa réglementation, l'Union rappelle l'obligation fondamentale incombant aux États membres d'établir des législations pénales dissuasives[2]. Celles-ci doivent notamment s'illustrer par des amendes proportionnelles « aux dommages environnementaux, à la valeur du bois ou aux produits de bois concernés et aux pertes fiscales et au détriment économique résultant de l'infraction »[3].

Parmi les exemples d'affaires conduites devant une Cour d'État membre de l'Union figure notamment celle de *l'Almtra Nordic,* société accusée par l'Agence suédoise des forêts d'avoir importé du bois en provenance de Myanmar en violation du principe de diligence raisonnée[4] et condamnée au paiement d'une amende de près de 1800 dollars US[5]. L'affaire est particulièrement révélatrice de l'importance d'obtenir des informations sur la provenance du bois émanant de plusieurs sources et d'évaluer la crédibilité de ces sources avant toute importation sur le territoire européen.

Ainsi, le tribunal administratif de Jonkoping a statué qu'en l'absence d'informations sur le lieu de récolte et les opérateurs impliqués[6], un simple certificat délivré par la Fédération des marchands forestiers de l'État du Myanmar ne suffisait pas à démontrer l'origine légale de l'importation en cause[7]. Le Tribunal a donc fait une application concrète de l'article 6 du RBUE en ce qu'il a considéré que des documents officiels seuls ne suffisent pas à démontrer la légalité de l'origine du bois[8]. En outre, l'arrêt énonce quelques exemples de

---

[1] « Comparison of illegal logging laws in the EU, the US, Australia and Japan », ClientEarth, October 2017.
[2] Article 19, paragraphe 1 du règlement (CE) n° 995/2010.
[3] Article 19, paragraphe 2 a) du règlement (CE) n° 995/2010.
[4] SAUNDERS J., « Swedish court rules Myanmar 'Green Book' inadequate for EU importers », *Forest Trends*, 2016.
[5] *Ibid.*
[6] « Actualités du RBUE — mars 2016 à mars 2017 », ClientEarth, 3 mars 2017.
[7] *Ibid.*
[8] *Ibid.*

techniques utiles destinées à s'assurer de la légalité des importations de bois, tels que la conduite d'audits indépendants ou encore le traçage scientifique du bois [1]. Récemment, en France, un arrêté préfectoral en date de 2019 est également venu confirmer l'importance de s'assurer de la crédibilité des sources d'informations et d'évaluation des risques dans l'application du règlement RBUE[2].

Finalement, s'ils sont quelque peu différents quant à leur précision et leurs exemptions, les principes américains de « due care » et européens de « diligence requise » créent néanmoins des modèles aboutis de contrôle des importations de bois sur un territoire donné. L'Environment Investigation Agency a notamment établi que depuis son adoption, le Lacey Act avait contribué à une décroissance globale du trafic illégal de bois de près de 22%, et avait même permis, par l'image positive qu'elle renvoie au monde, de renforcer l'industrie forestière du pays en créant une demande internationale de bois américain légalement géré[3].

Toutefois, au regard de leur impact sur les importations de bois et sur le commerce de celui-ci au sein de leur territoire, il convient de s'interroger sur la compatibilité des lois américaines et européennes avec les règles de l'OMC.

---

[1] Les techniques de traçage pouvant inclure « *bar coding, radio frequency identification, DNA sampling and isotopic sampling* », *in* SAUNDERS J., REEVE R., « The EU Timber Regulation and CITES », Energy, Environment and Resources PP EER 2014/08, The Royal Institute of International Affairs, CHATAM HOUSE, London, UK, 2014.

[2] L'arrêté préfectoral DDT 21 n° 428 portait mise en demeure de l'entreprise CARBON MARKET de mettre en place le principe de diligence raisonnée exigé par le RBUE, <http://www.jura.gouv.fr/content/download/17372/127943/file/BF-AMD_CarbonMarket_20190624.pdf>, cité dans « Actualités du RBUE — octobre à décembre 2019 », ClientEarth, 30 janvier 2020.

[3] « Gibson Guitar Held Accountable for Importing Illegal Wood in Landmark Lacey Case », Environmental Investigation Agency, 2012.

2. Des réglementations américaines et européennes compatibles avec les règles de l'OMC

Plusieurs éléments permettent d'établir que les interdictions d'importations définies par la Lacey Act et le règlement RBUE jouissent d'une compatibilité avec les règles de l'OMC[1].

Premièrement, pour définir leur interdiction d'importation du bois illégalement acquis, la Lacey Act et le RBUE s'appuient sur les critères de légalité d'obtention du bois élaborés par les réglementations des États exportateurs. Aussi, si le bois a été recueilli en violation des règles juridiques conçues par l'État exportateur, il ne pourra être importé sur les territoires américains et européens. À ce titre, il est intéressant de préciser qu'il est peu envisageable qu'un État exportateur engage devant l'OMC une procédure pour manquement au titre des réglementations américaines et européennes si l'objet de cette procédure met en cause une interdiction de commerce d'un bois que sa législation considère elle-même comme illégal[2].

Deuxièmement, les interdictions d'importations prévues par la Lacey Act et le RBUE sont appliquées en accord avec l'article I du GATT qui fait référence aux produits dits « similaires ». En effet, les lois en cause ne font une distinction qu'entre produit obtenu légalement et produits obtenus illégalement. Or, aucune relation concurrentielle n'existe entre produit légal et produit illégal[3].

Troisièmement, les interdictions d'importations prévues par la Lacey Act et le RBUE sont appliquées en accord avec l'article III du GATT qui fait référence au « traitement national ». En effet, ces mesures doivent être considérées comme

---

[1] GULBRANDSEN L. H., HUMPHREYS D., "International Initiatives to Address Tropical Timber Logging and Trade", a Report for the Norwegian Ministry of the Environment, The Fridjof Nansen Institute, 4/2006 ; Sur ce sujet, V. aussi BRACK D., "Combatting Illegal Logging: Interaction with WTO Rules", Energy, Environment and Resources BP 2013/01, The Royal Institute of International Affairs, May 2013.
[2] GERAETS D., NATENS B., "The WTO Consistency of the European Union Timber Regulation", KLIMOS-Policy Brief 4, KLIMOS, Leuven, 2014.
[3] GERAETS D., NATENS B., *op. cit.*

des mesures internes et non comme des mesures à la frontière puisqu'elles tendent à s'appliquer aussi bien au bois produit sur leur territoire qu'à celui produit à l'étranger[1].

Enfin, les interdictions d'importations prévues par la Lacey Act et le RBUE peuvent jouir de l'application de l'article XX paragraphes b) et g) du GATT. En effet, le paragraphe b) de l'article XX met en avant le critère de « nécessité ». Or, au regard des conséquences désastreuses que le commerce illégal international du bois fait naître partout dans le monde, il est plus que nécessaire de recourir à une promotion commerciale du bois légalement obtenu afin d'encourager les bonnes pratiques et de soutenir les acteurs économiques respectueux des lois. En outre, le paragraphe g) de l'article XX met en évidence le critère selon lequel la mesure doit « se rapporter à la conservation des ressources naturelles épuisables ».

Or, il peut être avancé que tant la Lacey Act que le RBUE « visent principalement » la conservation du bois en tant que ressources naturelles. En effet, compte tenu des implications écologiques néfastes que les coupes illégales de bois suscitent, notamment en termes de perte de biodiversité et de surexploitation, toute tentative d'enrayement des pratiques illégales favorise la conservation de cette ressource. Par ailleurs, la jurisprudence de l'OMC est venue admettre le recours au paragraphe g) de l'article XX du GATT dans la justification d'une mesure commerciale unilatérale dans l'affaire « Crevettes II » [2] . En outre, la jurisprudence de l'OMC s'est considérablement étendue sur les possibilités pour des mesures commerciales, multilatérales ou unilatérales, de bénéficier des exceptions prévues aux paragraphes b) et g) de l'article XX du GATT.

Ainsi, les interdictions d'importation de bois illégal prévues par la Lacey Act et le RBUE sont-elles suffisamment

---

[1] BRACK D., et *al.*, "The Australian Government's Illegal Logging Prohibition Bill: WTO implications", Trade Knowledge Network South East Asia, July 2012; Sur ce sujet V. aussi "Legal Analysis: WTO Implications of the Illegal-Timber Regulation", ClientEarth, September 20009.

[2] Rapport de l'Organe d'appel dans l'affaire « États-Unis — Prohibition à l'importation de certaines crevettes et de certains produits à base de crevettes », 12 octobre 1998.

bien élaborées pour être en conformité avec les règles défendues par l'OMC. À ce jour, aucun différend n'est donc venu remettre en cause ces réglementations au regard des principes de l'OMC[1].

Les démarches législatives des États-Unis de l'Union européenne sont donc deux exemples positifs d'un contrôle des importations de bois en ce qu'elles apparaissent propres à freiner le commerce illégal de cette ressource. Ces démarches peuvent donc – et devraient – influencer d'autres États. Ainsi, la multiplication d'initiatives législatives en matière de contrôle rigoureux de la légalité du bois importé permettrait *in fine* de créer un cadre global cohérent et palliant l'absence d'instrument multilatéral spécifique à la question du trafic illégal d'espèce forestière sauvage.

À ce titre, certains États se sont déjà inspirés des modèles américains et européens. Parmi eux figurent l'Australie, qui calque son Illegal Logging Prohibition Act sur celui de l'UE[2], ou encore le Japon, qui a élaboré au sein de son Clean Wood Act un système d'enregistrement volontaire où les entreprises procèdent à une vérification de la légalité du bois commercialisé[3]. Récemment, la Chine est également venue se joindre aux efforts d'enrayement du commerce illégal du bois par le biais d'une révision de sa Forest Law qui interdit désormais toute importation sur le territoire de bois illégalement perçu[4].

Outre ces modèles juridiques dont l'inspiration est laissée à discrétion des États, un autre type d'influence, plus directe, car directement liée à des accords commerciaux, peut également se révéler singulièrement utile dans le développement

---

[1] BRACK D., "Combatting Illegal Logging: Interaction with WTO Rules", *op. cit.*

[2] Sur ce sujet, V. notamment LEIPOLD S., et *al.*, « Protecting "First world" markets and "Third world" nature: The politics of illegal logging in Australia, the European Union and the United States », *Global Environmental Change*, vol. 39, july 2016, p. 294.

[3] Sur ce sujet, V. notamment "A comparison of the Japanese Clean Wood Act and the EU Timber Regulation", EUFLEGT Facility, 13 October 2017.

[4] Sur ce sujet, V. notamment "China introduces new law to safeguard forests and improve governance", ClientEarth, 8 July 2020.

de pratiques soucieuses d'assurer la légalité du bois commercialisé.

B. Les Accords de Partenariats européens, modèles de promotion d'un approvisionnement légal en bois

L'Union européenne, dans le cadre de son Plan d'action FLEGT, a développé un dispositif de conclusion volontaire d'accords commerciaux bilatéraux en vue d'encourager les États exportateurs à développer des pratiques légales en matière de commerce du bois. Ces accords, nommés Accords de Partenariat Volontaire (APV), reposent ainsi sur un Système d'Assurance de la Légalité[1] et figurent comme des outils complémentaires à l'objectif de contrôle de la légalité des importations de bois élaboré par la réglementation RBUE en ce qu'ils visent également l'élimination du bois illégal dans les transactions commerciales.

Aussi, le système APV s'appuie sur la délivrance de licences de légalité par les États exportateurs et engage notamment à la conduite d'audits indépendants de la récolte jusqu'à l'exportation [2] . Les APV prévoient également l'instauration d'une agence spécialisée dans la délivrance de licences FLEGT pour les produits de l'État signataire ayant fait l'objet des contrôles adéquats[3]. Ce système d'APV offre en outre de nombreux avantages.

Premièrement, le caractère volontaire de l'engagement dans des APV suscite de véritables avantages en termes d'image

---

[1] SAUNDERS J., « Qu'est-ce qu'un accord de partenariat volontaire ? L'approche de l'Union européenne », Le Cahier sur les politiques de l'EFI, EU FLEGT Facility.

[2] BRACK D., LEGER C., « Étudier les problèmes de crédibilité des Accords de Partenariat Volontaires. Examen d'initiatives d'observation indépendante et enseignements à en tirer », publié sur le site internet de Global Witness, septembre 2013 ; Sur ce sujet, V. aussi « Audit indépendant », EU FLEGT Facility et « Annexe de l'APV relative à l'audit indépendant », EU FLEGT Facility.

[3] OVERDEVEST C., ZEITLIN J., *op. cit.*

de marque pour les États exportateurs. Ceux-ci bénéficient ainsi d'une image positive quant à la lutte contre le trafic illégal international du bois[1], et jouissent incidemment d'une certaine confiance de la part des consommateurs[2].

Deuxièmement, le caractère contraignant que revêt l'accord une fois conclu permet quant à lui d'engager les États exportateurs dans des réformes juridiques et politiques nécessaires à un encadrement des pratiques et à une commercialisation des produits de bois en concordance avec les objectifs et dispositions contractuelles de l'APV [3] . Troisièmement, les industries forestières des États exportateurs jouissent d'un accès au marché européen, marché non négligeable en ce qu'il constitue l'un des plus importants au monde[4].

Pour l'instant, seuls sept États sont engagés dans ces APV, à savoir l'Indonésie, le Ghana, le Cameroun, le Liberia, le Congo et la République centrafricaine et le Honduras[5]. Cela peut être considéré comme un bon début étant donné que parmi ces États figurent des exportateurs phares de bois, notamment tropical[6]. Toutefois, à l'échelle internationale, cela reste un nombre qui doit nécessairement s'accroître en vue d'une promotion toujours plus globale du commerce légal du bois.

En outre, le cadre juridique destiné à contrôler un commerce légal du bois peut être renforcé par l'utilisation complémentaire d'instruments et d'outils juridiques particuliers.

---

[1] FISHMAN A., OBIDZINSKI K., « European Union Timber Regulation: Is it legal? », *Review of European Community & International Environmental Law*, vol. 23, n°2, 2014, p. 260 ; Sur ce sujet, V. aussi « Qu'est-ce qu'un accord de partenariat volontaire ? L'approche de l'Union européenne », *Les Cahiers sur les Politiques de l'EFI 3*, EU FLEGT Facility website, 2009.

[2] OVERDEVEST C., ZEITLIN J., *op. cit.*

[3] GNANGUI A., « Lutte contre l'exploitation sauvage des forêts et commerce illégal de bois : Accord de Partenariat Volontaire Ghana/Union européenne », *Revue juridique de l'environnement*, vol.36, 2011, pp.249-266.

[4] « L'Union européenne est le plus important consommateur de produits issus du bois du monde », « Évolution des marchés internationaux du bois et produits dérivés », *Le Cahier sur les Politiques de l'EU FLEGT Facility 5*, 2010.

[5] « FLEGT and VPA countries », <http://www.flegtlicence.org/vpa-countries>.

[6] *Ibid.*

Ces mécanismes trouvent également une application opportune à l'égard d'une promotion de commerce légal des espèces marines sauvages.

SECTION 2 :
DES UTILISATIONS COMMUNES DE MÉCANISMES JURIDIQUES DE DIE

Si les espèces marines et forestières sauvages bénéficient d'un encadrement juridique et opérationnel spécifique propre à définir et contrer leur trafic illégal, elles peuvent également tirer parti de l'application complémentaire d'instruments et d'outils juridiques issus du DIE dont les caractéristiques tendent à s'appliquer aussi bien aux unes qu'aux autres.

Ainsi, d'une part, la lutte contre le trafic illégal d'espèces marines et forestières sauvages peut passer par l'utilisation de la certification[1]. En effet, la certification est un outil juridique de régulation commerciale qui permet d'indiquer aux consommateurs des renseignements inhérents au produit, parmi lesquels peut figurer la légalité de l'obtention. Ainsi informés, les consommateurs ont l'opportunité d'opérer des choix responsables qui peuvent favoriser les pratiques d'opérateurs honnêtes et, à terme, participer de l'élaboration de nouvelles normes commerciales en matière de promotion de la légalité des produits[2] (Paragraphe 1).

D'autre part, la lutte contre le trafic illégal d'espèces marines et forestières sauvages bénéficierait grandement du développement des utilisations du principe de précaution et du système CITES en la matière. En effet, l'application de tels

---

[1] Pour une définition de la notion de certification, V. BASS S., et *al.*, « Certification's impacts on forests, stakeholders and supply chains. Instruments for Sustainable Private Sector Forestry Series », International Institute of Environment and Development, London, UK, 2001.

[2] Le chapitre 4 de l'Agenda 21 des Nations Unies adopté en 1992 lors du Sommet de la Terre fait notamment référence à cette importance des habitudes des consommateurs dans la définition de pratiques économiques globales.

instruments juridiques dans ce contexte sous-tend une appréhension perfectionnée du phénomène de trafic illégal d'espèces marines et forestières sauvages et participerait à l'effort global de la lutte en la matière (Paragraphe 2).

Paragraphe 1 : La certification comme outil déterminant dans la promotion d'une légalité des produits issus d'espèces marines et forestières sauvages

Dans le cadre de la lutte contre le trafic illégal d'espèces marines et forestières sauvages, la certification comme outil de régulation du commerce et de promotion de la légalité doit être mise en évidence. En effet, cet outil permet au consommateur de procéder à des choix éclairés propres à encourager les pratiques commerciales visant à contrôler la légalité des produits de la pêche et des forêts.

Le rôle de « super controler »[1] du consommateur en matière environnementale a notamment été illustré à de nombreuses reprises[2]. Aussi, en réponse à l'intérêt grandissant des consommateurs quant aux problématiques ayant trait aux espèces sauvages, les acteurs économiques ont manifesté leur volonté d'obtenir des certifications de légalité des produits issus d'espèces forestières (A) et marines (B) sauvages.

---

[1] SAMPSON R., et *al.*, « Super controllers and crime prevention: A routine activity explanation of crime prevention success and failure », *Security Journal*, vol.23, issue 1, February 2010, pp. 37-51.

[2] Par exemple, suite aux campagnes de sensibilisation relatives aux ailerons de requins, l'association WildAid a enregistré une chute de la demande de l'ordre de 50 à 70 %, BRACK D., HAYMAN G., *op. cit.* En outre, une étude nord-américaine a souligné la démarche positive des Américains en faveur du bois légal et durable en démontrant qu'ils étaient prêts à payer leurs produits plus chers si a qualité égale ceux-ci provenaient de sources certifiées respectueuses de l'environnement, BAHARUDDIN H.G., « Certification du bois : vue d'ensemble », *Unasylva*, vol. 46, n° 183, published by the Publications Division of FAO, 1995.

A. Une promotion de la légalité du bois grâce à la certification

La certification en matière de commerce international de bois revêt une importance capitale, notamment au regard de la difficulté à déterminer l'origine légale de la grande diversité des offres existantes sur le marché global. En la matière, le Forest Stewardship Council (FSC) apparaît comme la certification faisant autorité en termes de fiabilité[1] sur la scène multilatérale. Notamment, son renvoi à une exigence de traçabilité du bois la différencie principalement des deux autres procédés de certification internationale, à savoir le Programme for the Endorsement of Forest Certification schemes (PEFC) européen et du North American scheme (SFI)[2]. Cette exigence souligne ainsi l'importance que le FSC souhaite accorder à la provenance du bois, et ainsi à la légalité de son obtention.

Ainsi, l'objectif du FSC quant à une promotion globale de normes de gestion des forêts non seulement durables[3], par le biais du respect de critères détaillés, mais aussi légales, par le biais d'un respect des réglementations nationales et internationales en vigueur[4], en fait un outil incontournable du commerce international légal du bois. De surcroît, le FSC a créé une norme « bois contrôlé »[5]. En outre, la fiabilité du système FSC quant à la promotion d'un bois légal a notamment été

---

1 « Bois et marché du bois », WWF, <http://www.wwf.fr/nos_priorites/reduire_l_empreinte_ecologique/certifier_les_filieres_bois_et_papier/bois_illegal/>

2 BRACK D., et *al.*, « Controlling the International Trade in illegally logged timber and wood products », *op. cit.*

3 « Bois et marché du bois », *op. cit.*

4 « *Le Principe n° 1 des Principes et Critères exige des gestionnaires forestiers qu'ils soient en en conformité avec toutes les lois et tous les règlements applicables dans le pays de récolte, ainsi qu'avec les traités internationaux* », FSC.

5 « Combating illegal timber trade: Promoting sustainable development and good governance », EU FLEGT Facility website, October 10, 2018.

reconnue par le Département de l'Environnement, de l'Alimentation et des Affaires rurales britannique en 2003[1].

La certification FSC permet donc aux entreprises et aux consommateurs de s'affirmer en tant que garants du respect des dispositions internationales en faveur d'un commerce légal du bois. Par ailleurs, grâce à leur collaboration, le WWF a permis au modèle FSC de bénéficier d'une large promotion de la part de la Banque Mondiale[2]. Cela illustre le fait que le FSC jouit d'une approbation non négligeable de la part des ONG environnementales, démontrant son rôle en tant qu'outil fiable de promotion de la légalité du bois et de conservation des forêts. À ce titre, le FSC exerce d'ailleurs une surveillance indépendante du respect de certaines mesures auprès d'organismes de certification indépendants[3].

En outre, le succès du FSC a permis d'influencer l'élaboration d'un autre procédé de certification dans un secteur totalement différent : celui de la pêche.

B. Une promotion de la légalité des espèces marines sauvages grâce à la certification

La certification de l'origine légale des espèces marines sauvages revêt une importance fondamentale pour lutter contre leur commerce souterrain. En effet, une telle certification permet de promouvoir les pratiques honnêtes et réglementaires opérées dans le secteur de la pêche. À ce titre, le Marine Stewarship

---

[1] GULBRANDSEN L. H., *Transnational Environmental Governance. The Emergence and Effects of the Certification of Forests and Fisheries*, Edward Elgar Publishing Limited, 2010, 214 p.

[2] GULBRANDSEN L. H., HUMPHREYS D., *op. cit.*

[3] BRACK D., et *al.*, « Controlling the International Trade in illegally logged timber and wood products », *op. cit*

[3] CABARLE B., RAMOS DE FREITAS A., « Timber certification and the pursuit of credible claims », *Unasylva*, vol. 46, n°183, published by the Publications Division of FAO, 1995.

Council (MSC) apparaît comme la certification la plus courante au sein du commerce des produits issus de la mer.

Inspiré du modèle FSC[1], le MSC promeut notamment des pratiques de gestion « responsables », légales et durables dans le secteur de la pêche [2]. Néanmoins, les contextes d'élaboration de ces deux certifications diffèrent. En effet, si le FSC a notamment été conçu à l'époque pour pallier l'absence de traités encadrant le commerce légal du bois, le MSC a quant à lui été défini pour appuyer les dispositions des textes juridiques en matière de pêche et de contrôle de la légalité des espèces marines[3].

Les processus de certifications prévus par le MSC prévoient que celles-ci soient réalisées par des certificateurs accrédités de manière indépendante[4]. Ces certificateurs veillent alors au respect de trois principes phares : le respect de la durabilité des stocks des ressources marines, le respect de l'environnement marin, et la vérification de l'efficacité des systèmes de gestion[5]. En outre, le site internet MSC déclare que les consommateurs peuvent se fier à la certification MSC comme preuve de l'origine légale des produits[6].

---

1 GULBRANDSEN L. H., "Mark of Sustainability? Challenges for Fishery and Forestry Eco-labeling", *Environment Science and Policy for Sustainable Development*, 47 (5), pp. 8-23, 2005.

2 QOA MAGAZINE n° 8, juillet-septembre 2017 ; Sur ce sujet, V. aussi, *Stopping the high seas robbers. Coming to grips with illegal, unreported and unregulated fisheries on the high seas,* OCDE, 2003.

3 GULBRANDSEN L. H., "Mark of Sustainability? Challenges for Fishery and Forestry Eco-labeling", *op. cit.*

4 "Annual Report 2013-2014", MSC, <http://www.msc.org/documents/msc-brochures/annual-report-archive/annual-report-2013- 14-english>.

5 RIZZARDI, K. W., « Who says that fish filet is sustainable? Advocacy options and lessons of federal fisheries management », *in* ABATE R. S. (ed.), *What can animal law learn from environmental law,* Environmental Law Institute, Washington, D.C., August 2015, p.189-209.

6 "*These requirements mean that consumers can be confident that MSC certified seafood is free from IUU fishing activities and has not been transported on vessels on RFMO IUU blacklist*", "Tackling illegal fishing one certification at a time", site internet MSC.

Pour assurer cette affirmation, le MSC exige que soit connue la provenance des espèces marines. Ainsi, l'organisation prévoit un contrôle de l'origine à chaque étape de la chaîne d'approvisionnement [1]. L'importance de la traçabilité des ressources halieutiques a notamment été rappelée par le règlement européen n°1005/2008 du 29 novembre 2008[2] et son règlement d'application n°1010/2009 du 22 octobre 2009[3].

De surcroît, afin d'éviter les erreurs ou les mélanges, le MSC requiert que les poissons certifiés et non certifiés soient séparés sur les docks[4]. La certification offerte par le MSC permet donc au consommateur de s'assurer de la légalité d'obtention des espèces marines et encourage leur commerce légal.

Pour les entreprises, en termes d'amélioration de leur image de marque, les effets positifs des certifications MSC se sont rapidement fait sentir. Ainsi, Carrefour et Wal-Mart[5], respectivement chaînes d'hypermarchés français et américain, ainsi que la chaîne McDonald[6] se sont engagés auprès des consommateurs à utiliser des poissons sauvages issus de pêche labellisée MSC[7].

---

[1] GULBRANDSEN L. H., HUMPHREYS D., *op. cit.*

[2] Règlement (CE) n° 1005/2008 du Conseil du 28 septembre 2008 établissant un système communautaire destiné à prévenir, à décourager et à éradiquer la pêche illicite, non déclarée et non réglementée.

[3] Règlement (CE) n° 1010/2009 de la Commission du 22 octobre 2009 établissant un système communautaire destiné à prévenir, à décourager et à éradiquer la pêche illicite, non déclarée et non règlementée.

[4] « MSC Certification Metholody », Marine Stewardship Council, September 1998.

[5] « Wal-Mart Takes Lead on Supporting Sustainable Fisheries », Press Release on Walmart.com, February 3, 2006, <http://news.walmart.com/news-archive/2006/02/06/wal-mart-takes-lead-on-supporting-sustainable-fisheries>.

6 « McDonald's to Bring Sustainable Fish to Millions in Europe », MSC, June 8, 2011, <http://www.msc.org/newsroom/news/partner-release-mcdonald2019s-to-bring-sustainable-fish-to-millions-in-europe> ; Sur ce sujet, V. aussi TEPPER R., « McDonald's Sustainable Fish: All U.S. Locations to Serve MSC-Certified Seafood », Huffington Post, January 24, 2013.

[7] Pour les différents partenaires de la certification MSC, V. <https://www.msc.org/what-you-can-do/buy-sustainable-seafood>.

Les certifications de légalité des produits issus de la pêche ou du bois offrent ainsi au consommateur l'opportunité de participer de manière directe aux pratiques commerciales opérées dans le secteur forestier et dans le secteur de la pêche. Cela induit un cercle vertueux où les entreprises sont amenées à faire évoluer les pratiques commerciales en vue d'encourager la promotion de la norme de légalité sur le marché.

En outre, il convient de souligner que ces certifications ne font pas l'objet d'opposition particulière de la part de l'OMC. En effet, celles-ci sont considérées par le CCE de l'OMC comme « des instruments économiques volontaires, non discriminatoires et transparents efficaces pour informer les consommateurs sur les produits respectueux de l'environnement » [1]. De surcroît, dans l'affaire « États-Unis – Restrictions à l'importation de thon » de 1991, le panel arbitraire du GATT a considéré que les labels et certifications ne constituaient pas de restrictions au commerce puisque les produits qui en bénéficiaient étaient vendus au même titre que ceux qui n'en disposaient pas[2].

Reste qu'en matière de pêche ou de bois, les détaillants doivent jouer le jeu des conséquences de la certification. Ils peuvent d'une part choisir de ne commercialiser que des produits certifiés par des organismes fiables, créant ainsi un marché de produits légaux identifiables[3]. D'autre part, ils peuvent choisir de différencier dans une moindre mesure les prix de produits certifiés et non certifiés[4].

---

[1] "*Voluntary, participatory, market-based and transparent environmental labelling schemes are potentially efficient economic instruments in order to inform consumers about environmentally friendly products*", WTO document WT/CTE/8, 11 July 2003 cited *in* GULBRANDSEN L. H., HUMPHREYS D., *op. cit.*

[2] « États-Unis — Restrictions à l'importation de thon », rapport du Groupe spécial, non adopté, 1991 ; Sur ce sujet, V. notamment GULBRANDSEN L. H., "Mark of Sustainability? Challenges for Fishery and Forestry Eco-labeling", *op. cit.*.

[3] Concernant les propositions d'actions des détaillants de bois V. BRACK D., et *al.*, « Controlling the International Trade in illegally logged timber and wood products », *op. cit.*

[4] *Ibid.*

En effet, si la certification à un coût d'obtention pour les entreprises et répond à une volonté généralisée des consommateurs d'acheter des produits issus de sources légales et respectueuses de l'environnement, elle doit nécessairement conduire à un apport financier pour les entreprises qui dépasse le choix préférentiel des acheteurs vers leurs articles[1]. Aussi le prix des produits bénéficiant de certification, s'il ne doit évidemment pas dissuader le consommateur, peut néanmoins offrir une compensation supplémentaire et une incitation complémentaire pour les compagnies quant au respect de normes intelligentes.

Par ailleurs, outre l'utilisation de la certification dans la promotion de la légalité des produits issus de la pêche et du bois, la lutte contre le trafic illégal d'espèces marines et forestières sauvages peut également être complétée par le développement de l'utilisation de certains instruments juridiques.

Paragraphe 2 : Un nécessaire développement de l'utilisation d'instruments juridiques applicables à la lutte contre le trafic illégal d'espèces marines et forestières sauvages

Deux instruments juridiques sont susceptibles de trouver une utilisation opportune dans la lutte contre le trafic illégal d'espèces marines et forestières sauvages.

Ainsi, le développement de l'utilisation du principe de précaution[2], principe coutumier du droit international[3], dans les secteurs de la pêche et du bois peut contribuer à l'enrayement du

[1] BRACK D., et *al.*, « Controlling the International Trade in illegally logged timber and wood products », *op. cit.*

[2] Pour une définition du principe de précaution, V. notamment PRIEUR M., *Droit de l'environnement*, Édition Dalloz, 7e édition, 2016, p. 208.

[3] Notamment depuis la Demande d'examen de la situation au titre du paragraphe 63 de l'arrêt rendu par la Cour le 20 décembre 1974 dans l'affaire des Essais nucléaires (Nouvelle-Zélande c. France), C.I.J. Recueil 1995, p. 288.

trafic illégal des espèces marines et forestières sauvages[1]. En effet, l'application du principe de précaution sert de support à la promotion d'un commerce légal des espèces marines et forestières sauvages via la diminution de pratiques qui entretiennent leur trafic illégal (A).

En outre, l'utilisation du système CITES aux espèces marines et forestières sauvages doit nécessairement être développée. En effet, les craintes économiques justifiant le faible recours aux procédures élaborées par la Convention ne doivent plus servir d'excuse à un encadrement limité du commerce d'espèces marines et forestières sauvages menacées (B).

A. Le développement de l'utilisation du principe de précaution

Un certain nombre de pratiques intervenant dans les secteurs de la pêche et du bois entretiennent le trafic illégal des espèces marines et forestières sauvages. Il en est notamment ainsi des prélèvements trop importants ou de la surexploitation de ces ressources qui incitent les opérateurs à recourir au marché noir.

Or, l'application du principe de précaution entraîne une gestion plus rigoureuse des espèces marines et forestières. Le principe revêt notamment « une utilité certaine dans la détermination de nouveaux comportements à observer, destinés à mieux protéger aussi bien le milieu naturel, que les ressources naturelles (…) »[2].

---

[1] La pertinence de l'utilisation du principe de précaution par rapport au principe de prévention dans le cadre de cette étude s'illustre par les aspects écologiques présentés par celle-ci. En effet, « *l'incertitude [est] plus forte dans l'ordre public écologique que dans l'ordre public général, domaine de la prévention* », *in* MORAND-DEVILLER J., *Que sais-je ? Le droit de l'environnement*, Presse Universitaire de France, 2010, p. 16.

[2] LUCCHINI L., « Le principe de précaution en droit international de l'environnement : ombres plus que lumières », *Annuaire français de droit international*, vol. 35, 1999, pp. 710-731.

Le développement de son utilisation au sein des secteurs de la pêche (1) et du bois (2) apparaît ainsi de nature à diminuer les tentatives de recours au marché noir, et donc, dans une certaine mesure, à enrayer le commerce illégal des ressources marines et forestières sauvages.

1. Une application utile du principe de précaution dans la lutte contre le trafic d'espèces marines sauvages

Le principe de précaution participe à la promotion d'un flux commercial légal des espèces marines sauvages grâce à la diminution des pratiques qui facilitent le trafic illégal desdites espèces. Parmi ces pratiques figurent notamment les mesures de gestion trop laxistes et la surcapacité des navires entretenue par les subventions massives allouées au secteur de la pêche par les États[1].

Ces pratiques non durables encouragent le phénomène de la surpêche[2], qui conduit *in fine* les opérateurs à écouler leurs stocks excédentaires sur le marché noir[3]. De la même façon, la surpêche entraîne une raréfaction des espèces marines qui conduit à une augmentation de leurs prix et incidemment à des incitations de trafic illégal chez les opérateurs malhonnêtes[4].

Le lien entre surcapacité des flottes, surpêche et commerce illégal a été reconnu au sein du PAI-INDNR. En conséquence, le Plan d'action demande aux États d'appliquer le principe de précaution lors de contrôles de la capacité de leurs flottes de pêche. Ainsi, le développement de l'utilisation du

---

[1] « Excess capacity and illegal fishing: challenges to sustainable fisheries », FAO Newsroom, 2014.

[2] La surpêche renvoie communément à des prélèvements trop importants d'espèces marines, notamment en dépit de toute notion de durabilité. À ce sujet, V. notamment STANDING A., « Corruption and Commercial Fisheries in Africa », CHR, Michelsen Institute (CMI), U4 Anti-Corruption Resource Centre, n° 23, December 2008.

[3] "Fisheries management. 3. Managing fishing capacity" in "Technical Guidelines for Responsible Fisheries.", FAO, n°4, supply 4, 2008, 104 p.

[4] LINDLEY J., TECHERA E., *op. cit.*

principe de précaution au sein du secteur de la pêche permettrait de réduire les opportunités de trafic illégal par le biais de mesures de gestion adaptées à la capacité des stocks halieutiques et à la demande légale.

Outre le PAI-INDNR, le développement de l'utilisation du principe de précaution en matière d'exploitation des espèces marines sauvages peut s'appuyer sur de nombreux textes juridiques. Ainsi, la Convention des Nations Unies sur le droit de la mer faisait déjà référence à l'utilisation des « meilleures informations disponibles » [1] par les États dans l'établissement des quotas de pêche dans leur ZEE[2] ou en haute mer[3]. Toutefois, c'est au sein de textes adoptés postérieurement que le principe de précaution et son utilité dans la gestion des espèces marines ont été véritablement promu[4].

Notamment, l'Accord des Nations Unies sur les stocks de poissons chevauchants fait référence à l'importance du principe de précaution[5] au sein du secteur de la pêche lorsqu'il déclare que « le manque de données scientifiques adéquates ne saurait être invoqué pour ne pas prendre de mesures de conservation et de gestion ou pour en différer l'adoption » [6] .

De surcroît, l'article 6 paragraphe 5 du Code de conduite pour une pêche responsable dispose pour les États que « l'insuffisance d'informations scientifiques appropriées ne devrait pas être une raison de remettre à plus tard ou de s'abstenir de prendre des mesures pour conserver les espèces visées, celles qui leur sont associées ou qui en dépendent, et les espèces non

---

[1] Articles 11 pour la Zone Economique Exclusive (ZEE) et 61 paragraphe 2 concernant la haute mer de la Convention des Nations Unies sur le droit de la mer.

[2] Article 11 de la Convention des Nations Unies sur le droit de la mer.

[3] Article 61, paragraphe 2 de la Convention des Nations Unies sur le droit de la mer.

[4] Au sujet de la promotion du principe de précaution, V. également LUCCHINI L., *op. cit.,* pp. 710-731.

[5] Articles 5, paragraphe et 6 de l'Accord des Nations Unies sur les stocks de poissons chevauchants.

[6] *Ibid,* article 6, paragraphe 2.

visées, ainsi que leur environnement »[1]. Dans le cadre de ce Code de conduite, l'application efficace du principe de précaution passe notamment par « un cadre d'aménagement juridique et social pour toutes les formes de pêche. Des cadres de ce genre devraient, à tout le moins, établir des règles concernant l'accès aux pêcheries (…), les conditions de déclaration des données, et les méthodes de planification et de mise en œuvre d'un aménagement plus complet des pêcheries »[2].

Par ailleurs, le principe de précaution peut également être mis en œuvre au sein des ORGP. Les articles 7 paragraphe 5 du Code de conduite pour une pêche responsable[3] et 5 et 6 de l'Accord sur les stocks de poissons chevauchants[4] prévoient ainsi que les ORGP, en tant qu'acteurs majeurs du secteur global de la pêche, utilisent ce principe[5].

Ainsi, la majorité des ORGP promeuvent en leur sein l'utilisation du principe de précaution[6]. À titre d'exemple, l'ICCAT[7] et la Northwest Atlantic Fisheries Organization (NAFO)[8] font explicitement référence dans leur résolution ou convention à l'utilisation du principe de précaution et disposent à ce titre d'un groupe de travail *ad hoc* en la matière. L'ICCAT a notamment utilisé le principe de précaution dans la définition de ses mesures de gestion du germon de la Méditerranée[9] et la NAFO a fait application du principe lors de l'élaboration des

---

[1] Article 6, paragraphe 5 du Code de conduite pour une pêche responsable.

[2] « Directives techniques pour une pêche responsable, n° 2, L'approche de précaution appliquée aux pêches de captures et aux introductions d'espèces », FAO, Lysekil, Suède, juin 1995.

[3] Article 7, paragraphe 5 du Code de conduite pour une pêche responsable.

[4] Articles 5 et 6 de l'Accord des Nations Unies sur les stocks de poissons chevauchants.

[5] WILLOCK A., LACK M., « Follow the leader: Learning from experience and best practice in regional fisheries management organizations », WWF International and TRAFFIC International, 2006.

[6] GUGGISBERG S., *op. cit.,* p. 196.

[7] Résolution 15-12 de l'ICCAT concernant l'utilisation d'une approche de précaution lors de la mise en œuvre des mesures de conservation et de gestion de l'ICCAT.

[8] Article 3 c) de la Convention de la Northwest Atlantic Fisheries Organization.

[9] Recommandation 17-05 de l'ICCAT établissant des mesures de gestion pour le stock du germon de la Méditerranée.

quotas de pêche de la limanda ferruginea et de la crevette nordique du Canada[1].

De son côté, la CCAMLR, bien qu'elle ne fasse pas directement référence au principe de précaution au sein de sa Convention, s'illustre par son utilisation aboutie du principe au sein de ses mesures de gestion en application de son article II paragraphe 3 c). Elle définit ainsi ses totaux de captures admissibles à la lumière du principe de précaution. La Commission a notamment développé le « Krill Yield Model », à savoir un système de capture du krill basé sur le principe de précaution qui prend en compte l'état des données sur les stocks disponibles[2]. En outre, elle prévoit que les pêcheries nouvelles et exploratoires ne soient autorisées à se développer que si la quantité de données nécessaires pour les gérer efficacement et durablement sont disponibles[3]. Pour exemple, on ne retrouve pas de telles précisions au sein de la majeure partie des ORGP[4].

Enfin, le principe de précaution peut être utilisé dans la détermination de l'entrée des produits sur le marché international. Selon le modèle définit par Linda Chaves, il serait ainsi utile à la lutte contre le trafic illégal d'espèces marines sauvages de considérer comme illégaux les produits dont l'origine peine à être établie et, sur la base de ce doute, de leur refuser l'entrée sur les marchés multilatéraux[5].

Dans le cadre de la lutte contre le trafic illégal d'espèces marines sauvages, l'utilisation du principe de précaution trouve donc sa légitimité dans le soutien dont elle jouit de nombres de textes multilatéraux applicables à la pêche et en ce qu'elle permet

---

[1] WILLOCK A., LACK M., *op. cit.*

[2] KOCK K-H. (ed.), "Understanding CCAMLR's Approach to Management", Commission for the Conservation of Antarctic Marine Living Resources, May 2000.

[3] MILLER D.G.M., DE LA MARE W. K., « Application of the precautionary approach – new and exploratory fisheries », *in* KOCK K. H., (ed.), « Understanding CCAMLR's approach to management », 2000, p.28.

[4] WILLOCK A., LACK M., *op. cit.*

[5] CHAVES L. A., « Illegal, Unreported and Unregulated Fishing: WTO Consistent Trade Related Measures to Address IUU Fishing », *in* « FAO Fisheries Report n° 666 », FAO, Sydney, Australia, 15-19 May 2000.

la suppression des pratiques non durables susceptibles d'entraîner des ventes illégales sur le marché noir. Ce même constat légitime le développement de l'utilisation de ce principe au sein du secteur forestier.

2. Une application utile du principe de précaution dans la lutte contre le trafic d'espèces forestières sauvages

Le développement de l'utilisation du principe de précaution au sein du secteur forestier peut s'avérer singulièrement utile dans l'enrayement du trafic illégal des espèces forestières sauvages. En effet, il existe de par le monde un nombre important de mesures de gestion des forêts laxistes. Or, ces gestions non durables conduisent à des coupes trop importantes qui suscitent l'apparition de stocks de bois excédentaires, souvent écoulés sur le marché noir.

De surcroît, la surexploitation des forêts entraîne conjointement la raréfaction de certaines espèces d'arbres qui voient leur prix grimper, et l'augmentation des incitations au commerce illégal de ces espèces. L'application du principe de précaution au sein des mesures de gestion des forêts permettrait de réduire les opportunités de recours au marché noir par le biais de prélèvements adaptés aux capacités des forêts et à la demande légale.

Pourtant, l'utilisation du principe de précaution n'est pas préconisée au sein des textes juridiques spécifiques aux forêts, tels que la Déclaration des forêts de 1992 ou l'Accord international sur les bois tropicaux. En l'absence de textes internationaux précis portant sur l'application du principe de précaution en matière de gestion des forêts, les États et autres organisations régionales doivent alors assumer leur part de responsabilité dans le jeu de la promotion du commerce légal.

Ainsi, le principe de « diligence raisonnée » mis en place par l'Union européenne oblige ses membres à exercer toutes les précautions possibles afin de vérifier que le bois commercialisé est bien issu d'une source légale. Outre le principe de « due care » mis en place par le Lacey Act américain, d'autres États, tels que le Royaume-Uni, se sont orientés vers une démarche positive en matière de commerce légal du bois en reconnaissant le FSC comme acteur majeur de la mise sur le marché de produits de bois issus de sources légales[1]. Ce faisant, l'État a admis l'importance d'une démarche précautionneuse liant à la fois durabilité et légalité dans le commerce du bois.

Enfin, l'utilisation du principe de précaution dans la lutte contre le trafic illégal d'espèces forestières sauvages peut également s'inscrire dans le modèle établi par Linda Chaves précédemment présenté. Le principe de précaution peut en outre être complété par une utilisation accrue du système CITES aux espèces marines et forestières sauvages.

B. Une nécessaire utilisation accrue du système CITES

Un certain nombre d'espèces marines et forestières sauvages jouissent aujourd'hui du cadre réglementaire mis en place par la CITES. La légalité de leur commerce des espèces bénéficie ainsi d'un encadrement double basé à la fois sur le respect des textes multilatéraux organisant l'exploitation de l'espèce, et à la fois sur le respect des dispositions de la CITES.

Toutefois, il apparaît regrettable que ce double encadrement ne bénéficie pas à plus d'espèces marines et forestières sauvages, alors même que nombre d'entre elles répondent aux critères d'inscription au sein des annexes CITES[2]. Or, les États se montrent souvent réticents à inscrire les espèces hautement exploitées commercialement au sein des annexes de la Convention, redoutant qu'elles ne fassent l'objet d'une protection trop stricte qui diminuerait les opportunités

[1] « Combating illegal timber trade: Promoting sustainable development and good governance », EU FLEGTFacility website,10 October 2018.

[2] Comme c'est le cas notamment pour l'emblématique espèce de thon rouge de l'Atlantique.

économiques[1]. Pourtant, c'est précisément la grande valeur marchande de ces espèces qui devrait justifier le recours à des protections spécifiques, afin de garantir la durabilité du commerce qui leur est associé[2].

Pourtant, la CITES revêt un caractère grandement complémentaire aux cadres réglementaires définissant les règles à respecter pour garantir la légalité d'obtention et de commercialisation des espèces marines et forestières sauvages. En effet, son système de permis et de certificats constitue un moyen supplémentaire de s'assurer de l'origine légale des produits issus de l'exploitation forestière et de la pêche[3].

Le dispositif de la CITES offre ainsi un système de surveillance complémentaire aux procédés mis en place par les textes applicables à l'exploitation des espèces marines et forestières sauvages[4], et figure en cela comme un vrai « filet de sécurité »[5] au contrôle de la légalité des prélèvements[6].

L'utilisation étendue de la CITES pourrait en outre permettre de consolider et compléter l'utilisation du principe de précaution par les secteurs forestiers et de la pêche dans le cadre de la lutte contre le trafic illégal des espèces forestières et marines sauvages.

De surcroît, le nécessaire accroissement de l'utilisation du système CITES aux espèces marines et forestières sauvages trouve une justification toute particulière au regard de deux conjonctures distinctes.

---

[1] Sur ce sujet, V. aussi AMILIEN C., "Conflicting international policies in tropical timber trade", *Environmental Conservation,* vol. 23, n° 1, March 1996, pp. 29-33.

[2] Sur ce sujet, V. "CITES at sea", Steven Broad, directeur exécutif de l'organisation TRAFFIC, TRAFFIC organization website, 21 August 2019.

[3] VINCENT A. C. J., et *al.*, "The role of CITES in the conservation of marine fishes subject to international trade", *Fish and Fisheries*, vol. 15, issue 4, 2013, pp. 563-592.

[4] "CITES and marine species: How the Convention has dealt with marine species and what's coming up at CoP15", WWF.

[5] TACCONI L., et *al.*, "National and International Policies to Control Illegal Forest Activities", a Report for the Ministry of Foreign Affairs, Government of Japan, published by the Centre for International Forestry Research, July 2003, pp. 37-38.

[6] XUECHAN M., *op. cit.*

Ainsi, d'une part, une utilisation accrue du système CITES apparaît opportune pour garantir la légalité des espèces marines, et particulièrement lorsqu'elles sont obtenues en haute mer. En effet, la CITES prévoit des dispositions particulières pour les espèces pêchées dans un environnement marin n'étant pas sous la juridiction d'un État[1]. Un certificat « introduction en provenance de la mer » peut ainsi être délivré sur la base d'un avis de commerce non préjudiciable « de l'autorité scientifique prit après consultation des autres autorités scientifiques nationales, et, le cas échéant, des autorités scientifiques internationales, pour le nombre total de spécimens dont l'introduction est autorisée pendant des périodes n'excédant pas un an »[2].

Les dispositions relatives au certificat d'« introduction en provenance de la mer » ne s'appliquent que lorsque l'État du pavillon est également l'État du port[3]. Dans le cas contraire, l'État du pavillon est considéré comme l'État exportateur et l'État du port comme l'État importateur[4]. Dans ce cas de figure, les permis d'importations pour les espèces inscrites en annexe I seront délivrés par l'organe de gestion de l'État importateur[5], et les permis d'exportations pour les espèces des annexes I[6] et II[7] seront délivrés par l'organe de gestion de l'État exportateur après vérification du respect des législations en vigueur et des mesures définies par les ORGP le cas échéant[8]. Les dispositions conventionnelles constituent donc une passerelle juridique substantielle vers un renforcement du contrôle de la légalité des

---

[1] Article I paragraphe e) de la CITES, complété par la suite par la Conf. 14.6 (Rev. CoP16) « Introduction from the sea ».

[2] Article IV, paragraphe 7 de la CITES.

[3] « Introduction from the Sea », CITES ; V. également Article III paragraphe 5 pour les espèces inscrites en annexe I et article IV paragraphes 6 et 7 pour les espèces inscrites en annexe II.

[4] « Introduction from the Sea », CITES.

[5] Article III, paragraphe 3 de la CITES.

[6] Article III, paragraphe 2 de la CITES.

[7] Article IV, paragraphe 2 de la CITES.

[8] « Resources for implementation: Legality », site internet de la CITES.

prises en haute mer, y compris et surtout lorsque certains espaces ne sont pas couverts par des mesures de gestion d'ORGP[1].

En outre, le recours à la CITES au sein des ORGP permet également d'assurer une coopération avantageuse où celles-ci bénéficient de la « collaboration des Parties CITES dans la mise en œuvre de leurs mesures de gestion »[2], et *in fine*, dans leur lutte contre le trafic illégal des espèces marines sauvages qu'elles sont amenées à gérer[3]. Un tel cas a notamment pu être observé avec la CCAMLR [4] et devrait pouvoir être observé plus communément.

Par ailleurs, il convient de noter que le dispositif CITES n'affecte pas les dispositions de la Convention sur le droit de la mer[5]. Les dispositions des deux conventions peuvent donc s'articuler efficacement. Par ailleurs, des aménagements peuvent être élaborés afin d'éviter une superposition des mesures, notamment entre ORGP et CITES. Par exemple, lorsqu'un CDS est en place, il n'est pas besoin d'obtenir un permis CITES, étant entendu que le CDS recueille la majeure partie des informations qui conditionnent l'obtention d'un tel permis[6].

D'autre part, une utilisation accrue du système CITES apparaît aujourd'hui indispensable pour assurer la légalité du bois sur le marché international. En effet, au regard de l'absence de traité multilatéral précis sur les modes d'exploitation des forêts et/ou encadrant la commercialisation du bois, les permis CITES apparaissent comme les seuls instruments juridiques

---

[1] VINCENT A. C. J., et *al.*, "The role of CITES in the conservation of marine fishes subject to international trade", *op. cit.*

[2] AGUILAR S., "Regulatory Tools for the Management of Fish and Timber Species through CITES", *Review of European Community and International Environmental Law*, 22 (3), 2013.

[3] Sur ce sujet, V. notamment GUGGISBERG S., *op. cit.,* p. 271.

[4] *Ibid.*

[5] Article XIV, paragraphe 6 de la CITES ; Sur ce sujet, V. notamment FRANCKX E., "The Relationship Between CITES, FAO and Related Agreements: Legal Issues", FAO Fisheries and Aquaculture Circular n°C 1062, 2011, 63 p.

[6] WILLOCK A., "Uncharted Waters, Implementation Issues and Potential Benefits of Listing Toothfish in Appendix II of CITES", a TRAFFIC Report, TRAFFIC International, Cambridge, UK and TRAFFIC Oceania, Sydney, Australia, 2002.

internationaux capables de garantir la légalité du bois commercialisé[1].

Ainsi, si d'une façon générale l'utilisation de la CITES aux espèces marines et forestières sauvages est toujours largement freinée par les États, il n'en demeure pas moins que l'application des dispositions conventionnelles à ces espèces revêt un intérêt certain dans le renforcement de la lutte contre leur trafic illégal. Par exemple, l'utilisation complémentaire de la CITES aux instruments juridiques encadrant l'exploitation de certaines espèces de requins s'est montrée utile dans la diminution de leur commerce illégal[2]. De même, l'utilisation du système CITES au bois de ramin, qui faisait jusqu'alors l'objet d'un trafic souterrain de grande ampleur, a permis d'atténuer les prélèvements illégaux de l'espèce[3]. Aussi, il apparaît nécessaire d'accroître l'utilisation de l'instrument CITES aux espèces marines et forestières sauvages afin de renforcer le cadre réglementaire applicable à la lutte contre leur trafic illégal.

Par ailleurs, les ressources génétiques issues d'espèces sauvages et faisant l'objet d'un savoir traditionnel font elles aussi l'objet d'un trafic illégal. De la même manière que les espèces marines et forestières sauvages, leur prélèvement fait l'objet de dispositions particulières dont la violation entraîne une mise sur le marché illégale des produits obtenus.

---

[1] "The Ramin Racket, The Role of CITES in Curbing Illegal Timber Trade", Environmental Investigation Agency, September 2004 ; Sur ce sujet, V. aussi MULLIKEN T., *op. cit.*

[2] FRIEDMAN K., et *al.*, "Examining the impact of CITES listing of sharks and rays in Southeast Asian fisheries", *Fish and Fisheries*, vol. 19, issue 4, July 2018, pp. 662-676.

[3] "The Ramin Racket, The Role of CITES in Curbing Illegal Timber Trade", *op. cit.*

CHAPITRE II : UN ENCADREMENT JURIDIQUE DE L'EXPLOITATION ET DU COMMERCE DES RESSOURCES GÉNÉTIQUES

L'importance des ressources génétiques issues d'espèces sauvages est déterminante dans nombre de secteurs industriels[1]. Or, les découvertes scientifiques portant sur les propriétés génétiques d'espèces sauvages sont souvent liées à l'étude préalable des usages traditionnels des peuples autochtones en la matière[2]. Ces peuples sont en outre considérés comme les « stewards of 99 percent of the world's genetic resources »[3] et participent en ce sens au développement de l'économie globale et du progrès scientifique mondial. La promotion des peuples autochtones et de leurs savoirs traditionnels au sein du commerce multilatéral des ressources génétiques est donc apparue essentielle. À ce titre, le droit international est venu fournir un cadre « défensif »[4] destiné à valoriser les peuples autochtones.

Aussi, en vertu des règles juridiques en vigueur, lorsque l'accès et la commercialisation de ressources génétiques s'opèrent sans l'accord ni le versement de bénéfices aux peuples autochtones qui utilisent les propriétés de ces ressources depuis de nombreuses années, un trafic illégal de ressources génétiques est caractérisé (Section 1).

---

[1] On considère par exemple qu'entre 1981 et 2006 47 % des médicaments utilisés contre le cancer et 34 % de ceux utilisés pour combattre des affections diverses étaient issus de produits naturels ou de leurs dérivés, NEWMANN D. J., CRAGG G. M., « Natural Products as Sources of New Drugs over the Last 25 Years », *Journal of Natural Products*, 70, 3, April 2007, p. 461-477 cité dans ROBINSON D. F., *op. cit.*

[2] LAIRD KERRY S. A., KATE K. T., « Biodiversity Prospecting: The Commercial use of Genetic Resources and Best Practice in Benefit-Sharing », *in* LAIRD S. A., (ed.), *Biodiversity and Traditional Knowledge. Equitable Partnerships in Practice*, WWF, Earthscan Publications Ltd., 2002.

[3] Déclaration de Belém.

[4] DUTFIELD G., *op. cit. ;* Sur ce sujet, V. aussi DUMESNIL C., « Les savoirs traditionnels médicinaux pillés par le droit des brevets ? », *Revue Internationale de Droit Economique*, vol. t. xxvi, n° 3, 2012, pp. 321-343.

Compléments essentiels des dispositions juridiques fondamentales, des instruments juridiques tels que les contrats et les accords volontaires jouent les rôles de cadres où les dispositions réglementaires viennent trouver une application positive (Section 2).

SECTION 1 : UN ENCADREMENT CONVENTIONNEL

L'accès et le partage des avantages quant aux ressources génétiques et aux connaissances traditionnelles associées a tardé à être considérés par le droit international. Pourtant, très tôt, de nombreuses situations clairement inéquitables mettant en évidence un déséquilibre majeur dans les rapports entre entreprises et communautés locales ont vu le jour. Notamment, il a été observé une mauvaise, voire inexistante, valorisation par certaines entreprises de l'apport des savoirs traditionnels de communautés locales étrangères.

C'est cette iniquité qui a finalement justifié le recours du droit international. Aussi, un certain nombre de textes multilatéraux ont été élaborés afin de définir un cadre juridique propice à l'organisation d'un commerce des ressources génétiques plus transparent (Paragraphe 1) et structuré (Paragraphe 2).

Paragraphe 1 : L'innovation de la CDB dans la réglementation de l'accès aux ressources génétiques issues d'espèces sauvages

La Déclaration de Belém, tenue au Brésil en 1988, figure comme la première déclaration internationale mettant en exergue l'obligation pour les communautés locales d'être indemnisées de l'utilisation de leurs connaissances et de l'accès aux ressources biologiques associées. L'impérieuse nécessité de créer un cadre juridique en la matière s'est alors plus que jamais matérialisée.

La CDB élaborée quelques années plus tard tient ainsi lieu de première convention internationale à s'intéresser à la prise en compte des communautés locales et de leurs savoirs traditionnels dans les processus d'accès et de partage des ressources génétiques. Ainsi, la Convention prévoit la reconnaissance des utilisations ancestrales d'une ressource biologique par les communautés locales comme point de départ de toute transaction liée à celle-ci[1].

En outre, la CDB rappelle en son article 15 paragraphe 1 le principe de souveraineté des États sur leurs ressources naturelles, et fait ainsi référence à leur obligation d'élaborer des législations propres à assurer un accès et une exploitation raisonnée, à savoir durable et légale, de leurs ressources génétiques, afin de s'insérer dans la lutte contre leur trafic illégal sur la scène internationale[2].

Par la suite, la Conférence des Parties à la CDB a entamé une procédure visant à créer un régime international d'accès aux ressources génétiques et de partage des avantages qui prit en 2010 la forme du Protocole de Nagoya. Ce Protocole, destiné à développer les articles 8 j) et 15 de la CDB[3], est venu renforcer la reconnaissance du lien d'interdépendance entre connaissances traditionnelles et ressources génétiques[4], venant ainsi agrémenter le cadre international en matière de commerce des ressources génétiques.

Le Protocole de Nagoya renvoie notamment à la nomination par les Parties d'un correspondant local[5] et d'une ou plusieurs autorité(s) nationale(s)[6]. Le correspondant national délivre des informations quant aux procédures à respecter pour obtenir un « consentement préalable donné en connaissance de cause »[7]. Les autorités nationales quant à elles « sont chargées d'accorder l'accès ou, s'il y a lieu, de délivrer une preuve écrite que les conditions d'accès ont été respectées »[8].

---

[1] Article 8 alinéa j) de la CDB.
[2] Article 15 paragraphe 1 de la CDB.
[3] Introduction du Protocole de Nagoya.
[4] Paragraphe 22 du Préambule du Protocole de Nagoya.
[5] Article 13 paragraphe 1 du Protocole de Nagoya.
[6] *Ibid.*, paragraphe 2.
[7] *Ibid.*, paragraphe 1.
[8] *Ibid.*, paragraphe 2.

De même, le Protocole de Nagoya prévoit l'enregistrement auprès du Centre d'échange sur l'accès et le partage des avantages, créé par l'article 14 [1], des permis « attestant de l'adoption de la décision d'accorder le consentement préalable en connaissance de cause »[2]. Enfin, le Protocole prévoit un système de suivi par l'élaboration de certificat de conformité relatif à l'accès et le partage des avantages des ressources génétiques et des connaissances traditionnelles associées[3].

Ainsi, par la reconnaissance du rôle capital des communautés locales dans le développement des connaissances scientifiques et techniques modernes, la CDB et le Protocole de Nagoya s'inscrivent dans une démarche juridique transparente et innovante qui vient définir les contours de la notion de légalité telle qu'appliquée à l'accès et au commerce des ressources génétiques. Au regard de l'absence de reconnaissance des savoirs traditionnels comme source d'innovation par l'Accord sur les ADPIC[4], ces textes multilatéraux figurent donc comme les piliers juridiques autour desquels doit s'inscrire toute transaction commerciale d'une ressource génétique faisant l'objet d'un savoir traditionnel.

En outre, les dispositions de la CDB et du Protocole de Nagoya peuvent être complétées par celles du Traité international sur les ressources phytogénétiques pour l'alimentation et l'agriculture (TIRPAA). En effet, le Traité reconnaît en son article 9 paragraphe 1 « l'énorme contribution que les communautés locales et autochtones (…) de toutes les régions du monde (…) ont apporté et continueront d'apporter à la conservation et à la mise en valeur des ressources phytogénétiques ». Aussi, le paragraphe 2 de cet article appelle à la nécessaire protection des connaissances traditionnelles dans le cadre des ressources phytogénétiques pour l'alimentation et l'agriculture.

---

[1] *Ibid*, article 14.

[2] *Ibid*, article 6 paragraphe 3 e).

[3] *Ibid.*, article 17 paragraphes 3 et 4.

[4] Sur ce sujet, V. notamment MGBEOJI I., *op. cit.*

Dans ce contexte, la légalité d'un accès et d'un commerce des ressources génétiques issus d'espèces sauvages passe donc, selon les réglementations internationales en vigueur, par la prise en compte des communautés locales et des États fournisseurs. Or cette reconnaissance s'accompagne nécessairement du respect de notions phares destinées à structurer ce commerce.

Paragraphe 2 : Des notions phares structurant le commerce des ressources génétiques

La CDB et le Protocole de Nagoya ont développé des notions phares destinées à structurer la procédure d'accès et de commerce des ressources génétiques. Ainsi les principes de « consentement préalable donné en connaissance de cause » (A) et de « partage juste et équitable des avantages » (B) apparaissent comme les pivots autour desquels doit s'articuler tout commerce de ressource génétique issue d'espèces sauvages et faisant l'objet d'un savoir traditionnel.

A. Un principe de « consentement préalable donné en connaissance de cause », essentiel à toute transaction commerciale

En 2016, suite à l'absence de consultation des communautés locales guyanaises sur l'utilisation de leurs connaissances des effets antipaludiques d'une espèce végétale sauvage, l'organisation France Liberté s'est opposée à la demande de brevet déposé par l'Institut de Recherche et de Développement (IRD) qui dédaignait clairement le rôle originaire des communautés dans leur découverte scientifique[1].

---

[1] GABOULAUD A., « La France va (enfin) lutter contre la biopiraterie », *Paris Match*, juin 2016.

D'un côté, il s'agit d'une victoire mitigée pour les communautés locales qui ont vu dans un premier leurs traditions et connaissances bafouées sur l'autel de l'appât économique. Elles ont ainsi constaté le mépris que les entreprises étrangères accordent souvent aux parties qu'ils considèrent comme négligeables.

D'un autre côté, il s'agit d'une perte de ressources techniques et financières considérable pour l'IRD qui aurait pu éviter ces désagréments en se soumettant aux règles juridiques en vigueur. Des exemples tels que celui-ci sont légion en matière de commerce des ressources génétiques, et représentent donc l'intérêt prépondérant du principe de « consentement préalable donné en connaissance de cause » du pays et/ou des communautés locales.

C'est au sein de l'article 15 paragraphe 5 de la CDB que le principe majeur de « consentement préalable donné en connaissance de cause » est mis en avant. Dix ans plus tard, il a été développé par les Lignes directrices de Bonn. Destinées à accompagner les Parties dans l'élaboration d'un « cadre transparent facilitant l'accès aux ressources génétiques, et à faire en sorte que les avantages découlant de leur utilisation soient partagés justement et équitablement »[1], ces Lignes directrices sont ainsi venues compléter la notion de « consentement préalable donné en connaissance de cause ».

Aussi, ces Lignes directrices de Bonn prévoient que le « consentement préalable donné en connaissance de cause » doit être caractérisé par une « clarté et une certitude juridique »[2], et par des « mécanismes de consultation des parties prenantes concernées »[3], parmi lesquelles figurent les communautés locales. Notamment, le paragraphe 31 prévoit que ce consentement préalable des populations locales doit être obtenu

---

[1] Lignes directrices de Bonn sur l'accès aux ressources génétiques, adoptées par la Conférence des Parties de la CDB en 2002.
[2] *Ibid.*
[3] *Ibid.*

dans le respect de « leurs pratiques coutumières, [des] politiques nationales d'accès et (…) des lois internes »[1].

Le Protocole de Nagoya quant à lui rappelle également cette notion de « consentement préalable donné en connaissance de cause » dans la relation unissant les Parties à un accès aux ressources génétiques[2]. Ainsi, le Protocole prévoit que les procédures d'obtention du consentement préalable soient claires et transparentes[3].

Le « consentement préalable donné en connaissance de cause » est donc la pierre angulaire de toute transaction liée à une ressource génétique faisant l'objet d'un savoir traditionnel et a même fait l'objet d'une promotion au sein de l'article 31 de la Déclaration des Nations Unies sur les droits des peuples autochtones. En outre, il apparaît nécessaire de souligner l'importance majeure de l'indissociation des deux notions présentes en ce principe.

En effet, la première partie du principe, à savoir celle de l'obligation d'un « consentement préalable », reconnaît le rôle capital des communautés locales dans le développement de savoirs et pratiques aux utilités multiples pour la société contemporaine globale. De la même façon, il s'agit également de reconnaître le caractère de l'État sur le territoire duquel ces ressources sont présentes comme véritable « fournisseur »[4] de celles-ci.

Néanmoins, c'est dans la seconde partie de la formule, faisant référence à un consentement « donné en connaissance de cause » que réside toute l'utilité et la pertinence de ce principe tel qu'appliqué au commerce international des ressources génétiques. En effet, cet ajout renvoie à la prise en compte de réalités pratiques axées autour du fait que les communautés

---

[1] Lignes directrices de Bonn, *op. cit.*

[2] Article 6 paragraphe 2 du Protocole de Nagoya.

[3] *Ibid.*, paragraphe 3 d).

[4] Il s'agit de « *tout pays qui fournit des ressources génétiques récoltées auprès de sources in situ, y compris les populations d'espèces sauvages ou domestiquées, ou prélevées auprès de sources ex-situ, qu'elles soient ou non originaires de ce pays* », article 2 de la CDB.

locales ne disposent pas souvent des connaissances suffisantes ainsi que des moyens techniques et théoriques pour donner à leur consentement un caractère véritablement représentatif de leur compréhension des enjeux. Aussi cette seconde partie du principe revêt un caractère majeur et son absence conduirait l'obtention d'un simple « consentement préalable » à n'être qu'une obligation aux vertus obsolètes et aux effets pervers alimentant *in fine* le trafic illégal des ressources génétiques issues d'espèces sauvages.

Cette notion de consentement préalable donnée en connaissance de cause revêt donc un caractère essentiel et déterminant quant au prélude d'un commerce légal des ressources génétiques. L'encadrement renforcé de cette notion grâce à des conventions internationales aux dispositions complémentaires favorise quant à lui son application sous les auspices d'une effectivité toujours plus grande. En outre, ce principe est complété par un autre, sans lequel la valorisation des communautés locales au sein du commerce de ressources génétiques ne revêtirait qu'un rôle symbolique.

B. Un principe de partage juste et équitable des avantages, suite logique de toute transaction commerciale

Le principe de « partage juste et équitable des avantages » liés à la commercialisation des ressources génétiques trouve sa source dans les articles 8 aliéna j) et 15 paragraphe 7 de la CBD. Outre le versement de rétributions financières, la Convention prévoit également quelques exemples d'avantages non monétaires[1]. Ainsi, le transfert de technologies entre Parties[2] et l'accès prioritaire aux résultats et avantages résultant des

[1] BELLIVIER F., NOIVILLE C., *Contrats et vivant : Le droit de la circulation des ressources biologiques*, Editions LGDJ, 1er mars 2006, p.272.
[2] Article 16, paragraphe 3 de la CDB.

avancées technologiques et scientifiques[1] figurent parmi les avantages attendus.

Nous sommes alors loin des conditions obscures et déplorables de l'échange de 1986 où la communauté Secoya originaire d'Équateur échangea ses connaissances traditionnelles sur les propriétés du *yagé* contre deux paquets de Malboro[2].

Par la suite, le principe de « partage juste et équitable » sera repris par le Protocole de Nagoya, qui reconnaît son caractère ultime dès son article premier. Son article 5 paragraphe 1 prévoit notamment l'organisation du principe autour de conditions « convenues d'un commun accord ». En outre, il est à noter que les dispositions du Protocole sont rédigées d'une façon très précautionneuse au regard du droit de l'OMC[3]. De surcroît, il n'impose pas de restriction au commerce, mais fixe simplement un cadre dans lequel celui-ci doit s'inscrire pour être légal au sens de ses dispositions. Enfin, il n'impose pas d'obligation de divulgation des origines de la ressource génétique ni du savoir traditionnel associé[4].

Le « partage juste et équitable » des avantages liés à l'accès et la commercialisation internationale des ressources génétiques apparaît donc comme la suite évidente de la mise en œuvre du principe de « consentement préalable donné en connaissance de cause ». En effet, ce dernier ne soulève aucun intérêt financier pour les communautés locales, tout au plus un intérêt d'ordre éthique dans le respect de la reconnaissance de leur tradition et notamment de leur rôle dans la découverte des vertus de certaines ressources naturelles. Or, une simple reconnaissance, dans le cadre d'une société globale aux règles commerciales complexes, ne suffit pas. Ainsi, le principe de « partage juste et équitable » des avantages représente l'aspect économique découlant logiquement du critère éthique posé par

---

[1] Article 19, paragraphe 2 de la CDB.
[2] MGBEOJI I., *op cit.*
[3] PAVONI R., "The Nagoya Protocol and WTO Law", *in* MORGERA E., et al. (eds.), *The 2010 Nagoya Protocol on Access and Benefit-Sharing in Perspective*, Editions Brill / Nijhoff, 2012, 542 p.
[4] PAVONI R., *op. cit.*

le principe de « consentement préalable donné en connaissance de cause ».

Néanmoins, les États fournisseurs et les communautés locales en particulier doivent nécessairement être accompagnés par des individus aux compétences spécifiques en la matière, que ce soit des ONG[1], des passeurs institutionnels[2] ou des avocats, afin de pouvoir exprimer clairement leurs attentes. On trouve donc ici une gouvernance à plusieurs niveaux[3]. En effet, le partage juste et équitable des avantages, même convenu d'un commun accord, peut ne pas réellement l'être. Notamment, sans les connaissances économiques et une argumentation d'anticipation solide, les communautés passent à côté de redevances importantes et restent lésées dans des accords commerciaux ayant supposément respecté les conditions établies par les dispositions multilatérales et nationales[4].

En outre, le partage « juste et équitable » des avantages doit prendre en compte l'éventuelle absence de lien avec ces peuples avec l'économie de marché, et donc la perception d'inutilité de certaines redevances[5]. Ainsi, c'est en termes de projets sociaux que le partage « juste et équitable » doit pouvoir être appréhendé. Figure donc ici le caractère essentiel du développement des populations locales, avec une aide financière à la construction d'écoles ou d'équipements sanitaires[6].

---

[1] L'ONG Cultural Survival a ainsi joué le rôle d'observateur du respect des engagements de l'entreprise « The Body Shop » dans le contrat lié à l'utilisation de noix de Brésil qui unissait la multinationale au peuple Kayapo, NUZZO V. « Médiateurs et Partenariats équitables : une lecture critique des accords de bioprospection », *in* NEGRE C., (ed.), *La Convention internationale sur la biodiversité. Enjeux de la mise en œuvre*, La Documentation Française Édition, 2010, p. 139.
[2] *Ibid.*
[3] A "multi-level governance", MORGERA E., et *al.*, *The 2010 Nagoya Protocol on Access and Benefit-Sharing in perspective: implications for international law and implementation challenges*, *op. cit.*
[4] Sur ce sujet, V. notamment NUZZO V. « Médiateurs et Partenariats équitables : une lecture critique des accords de bioprospection », *op. cit.*
[5] GUIGNIER A., *op. cit.*, p.107.
[6] BELLIVIER F., NOIVILLE C., *op. cit.*, p.152.

De même, la restauration des milieux dégradés doit pouvoir être envisagée en ce sens, en vertu de l'article 10 (d) de la CBD, afin de préserver la continuité de l'utilisation par ces communautés des ressources biologiques de leur territoire[1]. De surcroît, afin de contrer le phénomène de surexploitation des espèces dont les gènes font l'objet d'une valorisation marchande, certaines entreprises telles que *Plantecam Medicam* achètent les plantes à un prix plus élevé que d'ordinaire à la condition que les cueilleurs respectent une quantité propre à ne pas menacer la durabilité de l'espèce[2].

Ainsi, la CDB et le Protocole de Nagoya figurent comme les textes multilatéraux ayant permis l'émergence de principes essentiels en matière de commerce des ressources génétiques. Toutefois, l'application effective de ces principes, relativement généraux, est soumise à l'élaboration de cadres privilégiés.

SECTION 2 : UN RECOURS NÉCESSAIRE À DES INSTRUMENTS JURIDIQUES COMPLÉMENTAIRES

Peu d'instruments juridiques représentent aussi bien une application positive aux réglementations défensives[3] en matière de protection des savoirs traditionnels associés à l'utilisation d'espèces sauvages ayant une valeur génétique marchande que les contrats et les normes dites volontaires. En effet, si l'utilisation des dispositions de l'Accord sur les ADPIC sur les brevets a été soulevée pour faire face au problème d'appropriation illégale de ces savoirs traditionnels, il semble que les caractéristiques inhérentes à ces connaissances

---

[1] GUIGNIER A., *op. cit.*, p. 109.

[2] BELLIVIER F., NOIVILLE C., *op. cit.*, p.240.

[3] DUMESNIL C., « Les savoirs traditionnels médicinaux pillés par le droit des brevets ? », *Revue Internationale de Droit Economique*, vol. t. xxvi, n° 3, 2012, pp. 321-343.

ancestrales ne leur permettent pas de bénéficier substantiellement de la protection des brevets[1].

Promus par la Convention sur la diversité biologique et le Protocole de Nagoya, les contrats fournissent ainsi le cadre légal par excellence permettant une application concrète des dispositions juridiques en matière de commerce des ressources génétiques (Paragraphe 1).

Complémentaires de ce processus contractuel ou jouissant d'un intérêt inhérent à leurs seules existences, les normes volontaires mises en avant par les réglementations internationales et développées par certaines compagnies et instituts participent, elles aussi, de l'application des dispositions multilatérales en matière de commerce de ressources génétiques (Paragraphe 2).

Paragraphe 1 : Le contrat, un cadre concret d'application des dispositions internationales

Les contrats sont particulièrement appréciables pour donner une direction et une application plus astreignante aux principes fondamentaux mis en avant par les règles multilatérales en matière de commerce de ressources génétiques[2]. Ainsi, ils peuvent être considérés comme les cadres juridiques les plus appropriés pour préciser les conditions de l'accès et du partage des avantages des ressources génétiques et des connaissances traditionnelles associées.

---

[1] Pour un approfondissement des raisons expliquant ce postulat, V. l'intégralité de la thèse.
V. également DUTFIELD G., « TRIPS-Related Aspects of Traditional Knowledge », *Case Western Reserve Journal of International Law*, vol. 33, Issue 2, 2001 et GAYET A-C., « La protection du savoir traditionnel comme partie intégrante d'une nouvelle approche de la propriété intellectuelle », *Lex Electronica Revue du Centre de recherche en droit public*, vol. 14, n° 2, Automne 2009.

[2] Sur ce sujet, V. notamment BELLIVIER F., NOIVILLE C., *op. cit.*, p.239 et p. 243.

Ces contrats reposent sur l'accord d'une partie (souvent État fournisseur, agence spécialisée ou communauté locale) quant à la possibilité pour l'autre partie (État utilisateur, entreprises ou institut de recherche)[1] de prospecter ou recevoir des ressources « susceptibles d'être valorisées sur le plan industriel et commercial »[2]. Il existe aujourd'hui une multitude de contrats d'accès et de partage des avantages des ressources génétiques et des connaissances traditionnelles associées, tous plus ou moins respectueux de l'esprit que le droit international y ayant trait a souhaité donner à la question.

Néanmoins, cette diversité et les différences de succès incidentes quant à l'application effective des principes fondamentaux énoncés par les réglementations en vigueur ouvrent une réflexion intéressante quant à la nécessité de créer un cadre contractuel référentiel. En effet, les notions de « juste » et « équitable » ouvrent la voie pour les multinationales à diverses interprétations qui nécessitent un cadrage cohérent et global. Ainsi la solution des « contrats type » a-t-elle été abordée[3]. Un tel contrat servirait de référence, essentielle en ce qu'elle illustrerait de ce qui se fait de mieux en matière d'application des conventions internationales, notamment en termes d'obtention de « consentement préalable donné en connaissance de cause » ou encore de partage des avantages selon des modalités équitables. Ce contrat devrait ainsi servir de modèle quant à la promotion des meilleures pratiques en la matière.

En outre, ce contrat type devra également préciser la nature et la distribution des avantages afin d'éviter toute surprise déplaisante ainsi que favoriser l'utilisation de « *Trust Funds*[4] ».

---

[1] BELLIVIER F., NOIVILLE C., *op. cit.*, p.147.

[2] *Ibid*, p.145.

[3] POSEY D. A., DUTFIELD G., *op. cit.*, p. 79.

[4] MITIKIN K., "Issues and Options in the Design of GEF Supported Trust Funds for Biodiversity Conservation", *Environment Department Papers,* Biodiversity Series, Paper n°011, Global Environment Division, The World Bank, Washington DC, 1995, *cited in* GUERIN-MCMANUS M., et *al.*, « Sharing Financial Benefits : Trust Funds for Biodiversity Prospecting », *in* LAIRD S. A., (ed.), *Biodiversity and Traditional Knowledge. Equitable Partnerships in Practice, op. cit.*

Ceux-ci sont en effet pertinents en ce qu'ils prennent en compte les années qui séparent les recherches des possibles gains financiers et permettent ainsi d'affecter sur le long terme les sommes d'argent prévues en fonction des priorités spécifiques définies par les lignes directrices du fonds[1].

L'OCDE considère la création d'un contrat type comme le « moyen le plus prometteur de favoriser la coopération entre fournisseurs et utilisateurs de ressources génétiques »[2]. Par ailleurs, le Protocole de Nagoya fait référence à des « clauses types »[3] dans les contrats. Toutefois, de tels contrats doivent pouvoir rester optionnels et/ou servir un rôle de modèle plus que de schéma arbitraire afin d'éviter les éventuels manques de « souplesse »[4] liés à des clauses non spécifiques à tel ou tel cas d'espèce[5].

Le TIRPAA a quant à lui mis en place un système multilatéral en la matière où les contrats de transfert de matériel (ATM) représentent des contrats types facilitant la circulation des ressources biologiques[6]. Il est à préciser que les ATM sont régulièrement utilisés en matière de bioprospection, même en dehors du cadre élaboré par le TIRPAA. Ainsi, un ATM « concède l'usage »[7] du matériel biologique et définit des règles d'encadrement du transfert et du partage des avantages ultérieurs[8]. Ce type de contrat figure ainsi parmi les contrats

---

[1] GUERIN-MCMANUS M., et *al.*, « Sharing Financial Benefits: Trust Funds for Biodiversity Prospecting », *op. cit.*

[2] « Aspects économiques du partage des avantages : concepts et expériences pratiques », OCDE, 1999, <http://www.oecd.org/officialdocuments/publicdisplaydocumentpdf/?cote=ENV/EPOC/GEEI/BIO (98) 7/FINAL&docLanguage=Fr>.

[3] Article 12, paragraphe 3 c), article 14, paragraphe 3 b) et surtout article 19 du Protocole de Nagoya.

[4] GREIBER T., et *al.*, en coopération avec ALI N. et WILLIAMS C., « Guide explicatif du Protocole de Nagoya sur l'accès et le partage des avantages », UICN, Gland, Suisse, 406 pp.

[5] *Ibid.*

[6] Article 12, paragraphe 4 du TIRPAA.

[7] BELLIVIER F., NOIVILLE C., *op. cit.*, p. 165.

[8] POSEY D. A., DUTFIELD G., *op. cit.*, p. 74.

d'accès aux ressources et savoirs traditionnels afférents les plus intéressants[1].

Dans tous les cas, quel que soit le type de contrat adopté, la présence d'un observateur indépendant choisi sur un consensus des parties devrait permettre d'atténuer l'existence d'un rapport de force et d'assurer un respect des termes contractuels[2].

Les contrats figurent donc parmi les cadres les plus pertinents dans la mise en œuvre des dispositions juridiques en matière d'accès et de partage des avantages des ressources génétiques. Leurs caractères contraignants insère un caractère concret au respect desdites réglementations, et, pourvu qu'ils soient rédigés sous les meilleurs auspices, fournissent un espace juridique promoteur d'un commerce légal.

Par ailleurs, il convient de noter que les négociations initiales de ces contrats peuvent parfois trouver leur source dans des normes volontaires, alors complémentaires du système contractuel. Toutefois, ces normes peuvent également se suffirent à elles même et tenir lieu de charte selon laquelle les opérations d'accès et de partage des avantages doivent se dérouler.

Paragraphe 2 : Les normes volontaires, des *guidelines* utiles à l'action des opérateurs

Les normes volontaires comme instrument alternatif ou complémentaire aux contrats et/ou aux législations nationales sont promues à l'article 20 du Protocole de Nagoya. Parmi ces normes, peut-on trouver dans la pratique les codes de conduite, ou code d'éthique.

---

1 LAIRD KERRY S. A., KATE K. T., « Biodiversity Prospecting: The Commercial use of Genetic Resources and Best Practice in Benefit-Sharing », *in* LAIRD S. A., (ed.), *Biodiversity and Traditional Knowledge. Equitable Partnerships in Practice*, *op. cit.*

2 POSEY D. A., DUTFIELD G., *op. cit.*, p. 81.

Le code de conduite est un instrument volontaire destiné à préciser les normes en vigueur et à élaborer, le cas échéant, des règles plus spécifiques. Dans une certaine mesure, un bon code de conduite doit définir clairement les modalités d'obtention du consentement préalable des communautés locales avant toute opération de bioprospection et précise les formes que doit revêtir selon lui le partage juste et équitable des avantages[1]. Il en est ainsi du code de conduite MOSAICC qui précise la notion de « consentement préalable donné en connaissance de cause » en sa section I paragraphe 1 et la notion de « partage des avantages » en sa section I paragraphe 7.

Le code de conduite remplit donc des objectifs d'information en formulant des principes obligatoirement mis à disposition des parties prenantes, mais aussi des objectifs de portée juridique, soit en ce qu'il peut être qualifié d'« acte unilatéral de volonté » [2], soit en ce qu'il sert de base à l'établissement d'un contrat ultérieur. Ainsi, « par le truchement du contrat, (…) le code de conduite acquiert donc une portée juridique » [3].

Par ailleurs, les normes volontaires visées par le Protocole de Nagoya peuvent également concerner l'établissement de lignes directrices. Celles-ci sont destinées à établir des principes généraux en vue d'obtenir des autorisations d'accès aux ressources, et même des financements de projets. Tel est notamment le cas avec les lignes directrices préparées par la

---

[1] Sur ce sujet, V. notamment LAIRD S. A., POSEY D.A., "Professional Society Standards for Biodiversity Research: Codes of Ethics and Research Guidelines", *in* LAIRD S. A., (ed.), *Biodiversity and Traditional Knowledge. Equitable Partnerships in Practice, op. cit.*

[2] FRYDMAN B., LEWKOWIC G., « Les codes de conduite : source du droit global ? », *in* CARTUYVELS Y., et *al.*, (eds.), *Les sources du droit revisitées*, Presses des Facultés Universitaires de Saint Louis, Bruxelles, 2013, pp. 179-210 ; Sur ce sujet, V. également FARJAT G., « Réflexions sur les codes de conduite privés », *in* Mélanges GOLDMAN B., « *Le droit des relations économiques internationales* », Études offertes à Berthold Goldman, Litec, Paris, 1982, p. 47.

[3] BELLIVIER F., NOIVILLE C., « Code de conduite et équité des échanges de ressources biologiques », Institut du développement durable et des relations internationales, n° 15/2006, 2006, 20 p.

fondation allemande pour la recherche, qui soumettent le financement de projet de recherche au respect des principes énoncés dans lesdites lignes [1]. Le Centre de coopération internationale en recherche agronomique pour le développement (CIRAD) a également établi des lignes directrices[2].

Finalement, outre leur portée symbolique et juridique, l'intérêt de ces normes volontaires réside non seulement dans la promotion de politiques d'action par les entreprises, mais aussi dans l'éveil d'une conscience scientifique et commerciale particulièrement nécessaire dans le cadre du commerce des ressources génétiques issues d'espèces végétales. Maui Solomon parle ainsi de ces instruments en ces termes : « the greatest strength of any code of ethics or conduct is its appeal to the moral conscience of the researcher»[3].

Ainsi, le droit international ne laisse pas en suspens la question de l'intégration des communautés locales et de leurs savoirs aux processus d'accès à la ressource génétique et de partage des bénéfices. En effet, la CDB et le Protocole de Nagoya viennent définir des principes phares et promouvoir l'utilisation d'instruments juridiques propres à encadrer l'application de leurs dispositions. En outre, les dispositions de ces textes multilatéraux pourraient être renforcées par le développement de libellés sur les permis d'importation et d'exportation CITES mentionnant qu'ils n'autorisent pas en eux-mêmes l'utilisation génétique des espèces visées[4]. De même, bien que le système de brevets ne semble pas adéquat pour protéger substantiellement les ressources génétiques faisant l'objet d'un savoir traditionnel, l'Accord sur les ADPIC a toutefois le potentiel de jouer un

---

[1] GREIBER T., et al,. *op. cit.*

[2] Ces Lignes directrices font notamment référence au « consentement préalable donné en connaissance de cause » p.25 et au « partage juste et équitable des avantages » p. 26.

[3] LAIRD S.A., POSEY D.A., "Professional Society Standards for Biodiversity Research: Codes of Ethics and Research Guidelines", *op. cit.*, p. 21.

[4] RUIZ M., FERNANDEZ C., YOUNG T., "Regional Workshop on the Synergies Between the Convention on Biological Diversity and the CITES Regarding Access to Genetic Resources and Distribution of Benefits: The Role of the Certificates of Origin", Lima, Peru, 17-18 November 2003.

certain rôle dans le renforcement de l'efficacité des dispositions de la CDB et du Protocole de Nagoya en la matière.

Ainsi, au regard de l'opposition entre les mandats de la CDB et de l'Accord sur les ADPIC quant à l'encadrement des ressources génétiques faisant l'objet d'un savoir traditionnel, des propositions visant à instaurer une collaboration entre ces deux instruments, notamment via une évolution de la démarche de l'Accord sur les ADPIC en la matière, ont vu le jour[1].

Ainsi, de nombreux auteurs ont souligné le nécessaire développement de la notion de « divulgation » des sources[2] de la ressource biologique et du savoir traditionnel qui lui est associé dans les demandes de brevet[3]. Une telle divulgation a également été promue par les Lignes directrices de Bonn qui font référence à la nécessité d'« encourager la divulgation du pays d'origine des ressources génétiques et (...) des connaissances (...) traditionnelles dans les demandes de droits de propriété intellectuelle »[4]. Surtout, la notion de divulgation a été réfléchie au sein du Comité des négociations commerciales de l'OMC[5].

La divulgation revêtirait deux avantages majeurs. D'une part, elle viendrait compléter les dispositions de l'article 29 de l'Accord sur les ADPIC qui soumettent les demandes de brevet aux critères de clarté et de complétude[6]. D'autre part, elle

---

[1] GREIBER T., et *al., op. cit.*

[2] Compte tenu du fait qu'il peut y avoir plusieurs pays d'« origine » de la ressource biologique ou du savoir traditionnel en cause, l'utilisation du terme « source » paraît plus précise, DUTFIELD G., "Disclosure of origin: time for a reality check?", *in* CHOUCHENA-ROJAS M., et *al.*, (eds.), *Disclosure Requirements: Ensuring mutual supportiveness between the WTO TRIPS Agreement and the CBD*, International Union for Conservation of Nature and International Centre for Trade and Sustainable Development, 2005, pp. 43-45.

[3] Sur ce sujet, V. aussi FILOCHE G., « Les connaissances, innovations et pratiques traditionnelles en matière de biodiversité : un kaléidoscope juridique », *Droit et société*, n° 72, 2009/2, pp. 433-456.

[4] Article 16 d) ii) des Lignes directrices de Bonn.

[5] "Draft Decision to Enhance Mutual Supportiveness between the TRIPS Agreement and the Convention on Biological Diversity", WTO Trade Negotiations Committee, TN/C/W/59, 19 April 2011.

[6] FENG W., "Appropriation without Benefit-Sharing: Origin-of-Resource Disclosure Requirements and Enforcement under TRIPS and the Nagoya Protocol", *Chicago Journal of International Law*, vol. 18, n° 1, 2017.

viendrait renforcer les dispositions de la CDB et du Protocole de Nagoya en permettant de déceler les demandes de brevets indues à temps[1] afin d'assurer une légalité du commerce des ressources génétiques[2]. Ainsi, sans une divulgation précise et complète, les demandes de brevets seraient suspendues ou annulées[3].

---

[1] « Relation entre l'Accord sur les ADPIC et la Convention sur la diversité biologique — Résumé des questions qui ont été soulevées et des observations qui ont été formulées », Note du Secrétariat de l'OMC, 8 février 2006 ; Sur ce sujet, V. aussi COLLOT P-A., « La protection des savoirs traditionnels, du droit international de la propriété intellectuelle au système de protection *sui generis », Droit et Cultures,* vol. 53, 2007/1, pp. 181-209.
[2] FENG W., *op. cit.*
[3] « Relation entre l'Accord sur les ADPIC et la Convention sur la diversité biologique », *op. cit. ;* Sur ce sujet, V. notamment TARASOSKY R. G., « The Relationship Between the TRIPs Agreement and the Convention on Biological Diversity: Towards a Pragmatic Approach », *Review of European Community and International Environmental Law*, vol. 6, n° 2, 1997.

La transversalité des mécanismes utilisés de par le monde pour faire face au trafic illégal de biodiversité sauvage, si elle est fondamentalement nécessaire compte tenu des enjeux en cause, apparaît également comme rassurante quant à la capacité du droit international de se mobiliser pour des thèmes contemporains à la visibilité générale relativement faible.

Ainsi, d'une part, l'encadrement juridique international instauré par la CITES offre la possibilité aux États de s'inscrire dans une dynamique active de lutte contre le trafic illégal d'espèces sauvages menacées via un système approfondi d'autorisation du commerce. En outre, dans le cadre de son application de la CITES, l'Union européenne se distingue et s'érige en modèle d'ambition par des dispositions plus strictes que celles issues du texte conventionnel. L'Union illustre ainsi tout l'apport que revêtent des dispositions régionales rigoureuses aux réglementations internationales et au cadre juridique existant.

D'autre part, les instruments et outils juridiques destinés à encadrer l'exploitation d'espèces sauvages visées par des secteurs économiques importants, tels que ceux de la pêche, du bois ou encore les industries pharmaceutiques ou agricoles, viennent utilement compléter le cadre juridique global applicable au trafic illégal de biodiversité sauvage.

La diversité et la complémentarité des mécanismes au service de la Communauté internationale dans son combat contre le trafic illégal d'espèces sauvages participent donc de l'élaboration d'un cadre relativement exhaustif en la matière. Toutefois, ce constat positif doit être mis en perspective avec la portée limitée des textes multilatéraux en vigueur.

En effet, les principaux organes d'application des textes multilatéraux, à savoir les États, peinent à illustrer rigoureusement leurs engagements sur leur territoire. Par ailleurs, l'existence parallèle d'obstacles opérationnels termine de menacer l'efficacité et l'effectivité des normes applicables au trafic illégal de biodiversité sauvage, et *in fine*, l'essor positif initialement aménagé par le droit international.

PARTIE II : UN CADRE JURIDIQUE INTERNATIONAL A LA PORTÉE LIMITÉE

D'une façon générale, et au regard de la cadence à laquelle les espèces sauvages faisant l'objet d'un commerce déclinent, force est de constater que le droit international peine à créer un système global efficace en matière de lutte contre le trafic illégal de biodiversité sauvage. Deux raisons majeures expliquent la portée relativement limitée de ce cadre juridique.

D'une part, il est à noter que malgré la création de multiples textes et accords internationaux applicables à la lutte contre le trafic illégal d'espèces sauvages, la portée de leurs dispositions se trouve compromise par des limites normatives venues créer une marge discrétionnaire pour des États peu engagés en la matière. En effet, ceux-ci profitent rarement de leur relative liberté d'interprétation et d'application pour s'inscrire dans une dynamique de renforcement des textes multilatéraux et viennent *in fine* menacer la mise en œuvre effective de leurs objectifs (Titre I).

D'autre part, ce sont également des limites normatives liées à des obstacles opérationnels qui entachent la bonne application des règles internationales en matière de lutte contre le trafic illégal d'espèces sauvages. Les multiples caractéristiques et enjeux de ce phénomène menaçant dépassent en effet largement le seul cadre du droit, et cela est particulièrement vrai lorsqu'on s'attache à considérer l'application opérationnelle des dispositions CITES. Ainsi, diverses causes pratiques menacent l'efficacité des normes en vigueur et de certaines initiatives visant à leur perfectionnement (Titre II).

TITRE I :
DES LIMITES NORMATIVES LIÉES A UN ENGAGEMENT RELATIF DES ÉTATS

La mise en œuvre du droit international est foncièrement dépendante des législations nationales de transposition pour assurer sa mise en œuvre. Ainsi, « international par vocation, il reste en grande partie national dans les faits »[1]. Les dispositions des textes multilatéraux se doivent donc d'être suffisamment claires et rigoureuses afin de ne pas offrir de possibilité à leurs Parties de s'inscrire faiblement dans leurs engagements multilatéraux. Pourtant, dans le cadre des textes applicables au trafic illégal de biodiversité sauvage, les États bénéficient d'une grande marge discrétionnaire dans l'interprétation et l'application des dispositions auxquelles ils ont souscrit.

Il est entendu qu'une marge de manœuvre n'est une limite uniquement lorsqu'elle sert de justification à une action restreinte. En ce sens, la relative liberté offerte aux États par les textes internationaux applicables au trafic illégal d'espèces sauvages aurait pu ne pas être un frein majeur à leur mise en œuvre si toutefois les États s'illustraient de manière positive en la matière. Or c'est ici que le bât blesse, tant on constate la peine qu'ont les États à s'engager rigoureusement dans ce combat. À la lumière de cet état de fait, toute disposition multilatérale offrant aux États une latitude dans leur interprétation et leur application apparaît donc comme une limite normative.

Aussi, dans le cadre international applicable au trafic illégal de biodiversité sauvage, les limites normatives s'illustrent dans la fragilité du contenu des textes multilatéraux (Chapitre 1).

Par ailleurs, ces limites normatives s'illustrent également au regard de la diversité et de la faiblesse des législations pénales

---

[1] BACHAND R., *Théories critiques et droit international*, Édition Bruylant, juin 2013, 278 p.

et des mesures élaborées par les États, qui menacent l'effectivité du cadre international en matière de lutte contre le trafic illégal de biodiversité sauvage (Chapitre 2).

CHAPITRE I :
UN CONTENU FRAGILE DES TEXTES INTERNATIONAUX

La fragilité du contenu des textes internationaux applicables au trafic illégal de biodiversité sauvage se caractérise par leur création d'une marge discrétionnaire offerte aux États dans l'interprétation et l'application de leurs dispositions. Or, dans un contexte où les États peinent à appréhender sérieusement les enjeux entourant le trafic illégal de biodiversité sauvage, cette relative liberté porte un grave coup à l'efficacité des normes en vigueur. Aussi ces textes participent directement de la création d'un cadre international fragilisé (Section 1).

Par ailleurs, cette fragilité des normes internationales est également illustrée dans le domaine du bois. Contrairement aux autres espèces étudiées, aucun texte multilatéral d'envergure ne vient encadrer et garantir la légalité du commerce des espèces forestières sauvages dans le cadre de leur exploitation. Le droit international manque ainsi de s'adresser directement et précisément à la problématique posée par le trafic illégal du bois (Section 2).

SECTION 1 :

LE RÔLE DES TEXTES INTERNATIONAUX DANS LA CRÉATION D'UN CADRE INTERNATIONAL FRAGILISÉ

Les textes internationaux relatifs au commerce d'espèces sauvages jouent hélas un rôle non négligeable dans la création d'un cadre international relativement fragilisé en la matière.

Tout d'abord, la norme internationale en matière d'exploitation et de commerce de biodiversité sauvage est affaiblie par un défaut de précision. Comme toutes notions laissées floues, celles-ci sont ouvertes aux interprétations les plus diverses, créant un champ de possible qui nuit gravement à une application rigoureuse des dispositions en vigueur (Paragraphe 1).

Ensuite, la possibilité laissée aux Parties d'émettre des clauses de réserves aux mesures conventionnelles, si elle offre une certaine liberté appréciée des États en matière d'engagements internationaux, réduit en parallèle le potentiel d'efficacité des accords multilatéraux desquels elles sont issues (Paragraphe 2).

Enfin, le caractère non contraignant de certains instruments juridiques en la matière soulève des problématiques d'application de bonne foi de leurs dispositions par les États Parties (Paragraphe 3).

Paragraphe 1 : Un préjudiciable manque de précision dans le contenu des dispositions internationales

En matière de lutte contre le trafic illégal de biodiversité sauvage, force est de constater que les textes multilatéraux applicables, qu'il s'agisse de la CITES (A) ou des textes relatifs aux espèces sauvages marines, forestières ou génétiques (B), souffrent d'une rédaction laxiste de certaines de leurs dispositions clés qui empêche leur valorisation.

A. Un défaut de précision du texte CITES

Le défaut de précision de certains termes utilisés dans le texte CITES ouvre une marge discrétionnaire d'interprétation importante aux États Parties et aux individus. Pourtant, ces termes, compte tenu des enjeux qu'ils couvrent ne devraient pas être sujets à appréciation.

Aussi les abus nés des interprétations diverses quant aux « produits facilement identifiables » (1) et aux « objets personnels » (2) témoignent de la dangerosité d'un défaut de précision des notions usitées par la Convention.

1. Un défaut de précision quant aux « produits facilement identifiables »

L'ambiguïté du terme « facilement identifiable » utilisé dans l'article I pour désigner les parties ou produits issus d'espèces sauvages[1], a fait naître de nombreux abus de la part de certains États, peu soucieux de profiter du flou des termes pour s'engager dans une dynamique positive. Ce fut notamment le cas du Royaume-Uni, qui ne reconnaissait pas les soupes de tortues comme des produits « facilement identifiables » alors que les conserves mentionnaient clairement leurs contenus[2].

Aussi, face à si peu de bonne foi de la part des États, la Conférence des Parties de la CITES a dû intervenir et procéder à une interprétation de cette notion. Aussi considère-t-on aujourd'hui que tout « document justificatif, (..) emballage ou

[1] Article I, b) ii) et iii) de la CITES.
[2] LAMBERT-HABIB M-L., *op. cit.*, p.86.

(…) marque ou (…) étiquette ou (…) toute autre circonstance »[1] doit servir de base à l'identification d'une espèce CITES.

Le cas des espèces « facilement identifiables » illustre donc les abus auxquels peut donner naissance une absence de définition par la CITES. Or, si, fort heureusement, la Conférence des Parties est venue clarifier la situation, d'autres termes usités par le texte conventionnel souffrent toujours d'un défaut de précision entraînant la survenance de situations abusives.

2. Un défaut de précision quant aux objets dits « personnels »

Les objets considérés comme « personnels » ou à « usage domestique » [2] figurent parmi les exceptions à la présentation de documents CITES lors de l'entrée ou de la sortie d'une espèce CITES d'un territoire. Or, le manque d'encadrement de cette notion[3], incapable de faire la distinction entre souvenirs frauduleux et réelles possessions personnelles, est venu faire apparaître des comportements illégaux auprès d'individus profitant de ces imprécisions pour échafauder des abus[4].

Soulignons également que l'existence d'une telle dérogation est pernicieuse tant il est par la suite difficile

---

[1] Résolution Conférence des Parties. 9.6 (Rev. CoP16), « Commerce des parties et produits facilement identifiables ».

[2] Article VII paragraphe 3 de la CITES.

[3] La Conf. 13.7 (Rev. CoP17) sur le contrôle du commerce des spécimens constituant des objets personnels ou à usage domestique rappelle « *que la Convention ne définit pas l'expression « objets personnels ou à usage domestique »*.

[4] Sur ce sujet, V. YOUNG s., « Contemporary issues of the convention on international trade in endangered species of wild fauna and flora (cites) and the debate over sustainable use", *Colorado Journal of International Environmental Law and Policy*, vol. 14, n° 1 pp. 167-190, 2003 ; Sur ce sujet, V. également MEYERS G. D., BENNETT K. S., "Answering "The Call of the Wild": An Examination of U.S Participation in International Wildlife Law", *Pace Environmental Law Review*, vol. 7, Issue 1, Fall 1989, pp. 75-116.

d'inspecter les valises de chaque passager aux points d'entrée et de sortie des territoires. C'est ainsi qu'aujourd'hui nombre de touristes transportent en toute quiétude des espèces ou produits issus d'espèces CITES[1] dans l'intention finale et cachée d'en tirer profit ultérieurement, notamment en violation de l'article III paragraphe 3 c) de la CITES[2].

Or, bien que la Conférence 13.7 sur le contrôle du commerce des espèces constituant des objets personnels ou à usage domestique[3] a tenté de donner une définition de cette notion, force est de constater que la Convention et les résolutions des Conférences des Parties ont maintenu une dérogation dont elles ne maîtrisent pas les déviances. En effet, il reste toujours difficile de distinguer les situations de transport légales d'un objet personnel d'un pays à un autre, de celles, illégales, d'achat d'espèces listées en annexe I de la CITES en vue de les revendre sur un territoire différent[4].

Il convient de noter que la dérogation concernant les trophées de chasse doit être mise en lumière dans ce contexte en ce qu'elle renvoie au même problème d'honnêteté des particuliers. En effet, certains chasseurs procèdent à des ventes de leurs « trophées » une fois ceux-ci arrivés sur leur territoire de résidence, alimentant ainsi un commerce illégal en tirant profit d'une exception conventionnelle.

De surcroît, il existe encore d'autres zones d'ombres dans certaines dispositions de la CITES, voire dans ses résolutions postérieures, telles que la notion d'« espèces commercialement exploitées » qui ne fait toujours pas l'objet

---

[1] Alinéa 13 de la résolution 13.7 (Rev. CoP17), « *Reconnaissant que des parties et produits d'espèces inscrites aux Annexes I et II continuent d'être vendus en grandes quantités comme spécimens constituant des souvenirs pour touristes (...)* ».

[2] Article III, paragraphe 3 c) de la CITES. Sur ce sujet, V. également l'alinéa 14 de la résolution 13.7 (Rev. CoP17).

[3] Paragraphe 1 de la Resolution Conf. 13—7 « Contrôle du commerce des spécimens constituant des objets personnels ou à usage domestiques ».

[4] Sur ce sujet, V. notamment SOLLUND R. A., *The crimes of wildlife trafficking. Issue of justice, legality and morality*, Edition Routledge, 2019, 288 p.

d'une interprétation faisant autorité[1]. De même, le défaut de structure précise dans la rédaction des critères relatifs à l'inscription des « espèces commercialement exploitées » au sein de l'annexe II a entraîné des interprétations discordantes entre la CITES et la FAO[2].

La CITES, malgré son rôle de texte international de référence en matière de lutte contre le trafic d'espèces sauvages menacées, a ainsi permis la perpétration d'abus en manquant de venir préciser certaines de ses notions. Or, de la même façon, l'imprécision de certaines dispositions des textes applicables à l'encadrement de l'exploitation et du commerce des espèces marines, forestières et génétiques amoindrit leur portée.

B. Un défaut de précision par les textes applicables à l'encadrement de l'exploitation et du commerce des espèces marines, forestières et génétiques

En matière de lutte contre la pêche illégale et le commerce qui lui est associé, le PAI-INDNR fait référence à la nécessité pour les États d'établir des législations nationales portant « de manière effective sur tous les aspects de la pêche illicite, non déclarée et non réglementée »[3]. Cette disposition, en ne précisant pas les formalités et critères d'effectivités supposés caractériser les législations nationales, peine à engendrer une dynamique étatique pertinente en matière de lutte contre le trafic illégal d'espèces marines sauvages sur la scène globale. Par ailleurs, le Code de conduite pour une pêche responsable élaboré par la FAO fait état en son article 6.3 de la nécessité pour les États d'« empêcher la surexploitation »[4]. Or, la surpêche participe à la pêche illégale et au commerce qui lui est associée en ce que les prises dépassant les quotas fixés trouvent souvent leur entrée sur le marché international, en dépit des violations des

---

[1] GUGGISBERG S., *op. cit.*, p. 256.
[2] Sur ce sujet, V. GUGGISBERG S., *op. cit.* p. 257.
[3] Point 16 du PAI-INDNR.
[4] Article 6, paragraphe 3 du Code de conduite pour une pêche responsable.

normes en vigueur. Néanmoins, le Code ne donne aucune précision sur les caractères que doivent revêtir ces mesures afin d'être efficaces[1].

En matière de bois, bien que l'Accord international sur les bois tropicaux de 2006 fasse mention de sa volonté de lutter contre l'exploitation et le commerce illégaux des produits forestiers[2], il ne définit aucune mesure à prendre par les États Parties afin de mettre en œuvre ces objectifs.

Enfin, en matière de commerce et d'exploitation des ressources génétiques issues d'espèces prélevées *in situ*, la CDB et le Protocole de Nagoya s'inscrivent également dans cette lacune de précision normative. Ainsi les principes fondamentaux que sont le « partage juste et équitable » et l'« accord donné en connaissance de cause » ont-ils besoin d'être précisés dans des instruments contractuels ou volontaires complémentaires. Ce cadre réglementaire promeut donc plus *« d'objectifs (…) que des mécanismes spécifiques »* [3]. L'absence d'encadrement spécifique par les réglementations en vigueur laisse donc ouverte une marge de manœuvre aux opérateurs et contribue à maintenir, dans certains cas, les communautés locales dans une situation défavorables par rapport aux entreprises. L'application des dispositions conventionnelles et contractuelles doit donc souvent être surveillée par des opérateurs indépendants afin d'être correctement mise en œuvre.

Ainsi, l'ambiguïté de certains termes dans les textes œuvrant pour lutter contre le trafic illégal d'espèces sauvages participe activement de la création d'une liberté des États hautement nuisible dans leur mise en œuvre desdits textes. Cette latitude des États dans l'interprétation des termes apparaît donc comme dommageable à une application de bonne foi des textes multilatéraux applicables au trafic illégal de biodiversité

---

[1] BRATSPIES R., "Finessing King Neptune: Fisheries Management and the Limits of International Law", *Harvard Environmental Law Review*, 213, 2001, p. 241.

[2] Article 1 k) et n) de l'Accord international de 2006 sur les bois tropicaux.

[3] BURELLI T., « Faut-il se réjouir de la conclusion du Protocole de Nagoya ? », *Revue juridique de l'environnement*, vol. 37, 2012, p. 58.

sauvage. L'imprécision de ces réglementations, entourant pourtant des notions clés, devrait être traitée avec toutes les précautions que leurs statuts requièrent.

À défaut, ces dispositions vagues conduisent à un défaut d'homogénéité dans les interprétations que les États membres choisissent de leur donner et par la même dans les procédures de vérifications aux douanes. Une meilleure définition enjoignant un meilleur encadrement, des termes précis permettraient d'éviter que les États se contentent d'une application superficielle des conventions et accords auxquels ils sont Parties.

Par ailleurs, ce constat de manque d'engagement de la démarche étatique vis-à-vis des objectifs internationaux de lutte contre le trafic illégal de biodiversité sauvage se retrouve également dans les réserves qui peuvent être faites à ces textes. Ainsi si les textes prévoient de telles possibilités, l'utilisation quelque peu abusive de celles-ci par les États Parties nuit là encore à l'efficacité de leurs dispositions.

Paragraphe 2 : Des réserves aux textes multilatéraux nuisibles à leur application rigoureuse

La CITES prévoit une opportunité de réserve pour ses États Parties en ses articles XV[1], XVI[2] et XXIII[3] conformément à la Convention de Vienne sur le droit des traités. Or, cette possibilité offerte aux États d'émettre des réserves à la Convention apparaît comme un frein à l'application efficace et homogène des dispositions de la Convention. L'on pourrait s'attendre à ce que cette Convention d'envergure globale, et d'importance majeure à bien des égards, ne puisse pas connaître de réticences dans l'application totale de son contenu.

---

[1] Article XV, paragraphe 3 de la CITES.
[2] Article XVI, paragraphe 2 de la CITES.
[3] Article XXIII de la CITES.

Or, bien que le texte conventionnel en lui-même ne puisse pas faire l'objet de réserves[1], le pouvoir d'en émettre vis-à-vis des annexes contenant la liste des espèces soumises à réglementation conduit à un affaiblissement d'efficacité important dans l'application des dispositions conventionnelles.

En effet, les États émettant des réserves sur certaines espèces CITES ne sont plus considérés comme Parties à la Convention pour les transactions concernant lesdites espèces[2], créant ainsi une déviation des flux commerciaux de l'espèce en cause sur leur territoire non réglementé. Cet effet pervers des réserves peut être aisément illustré avec l'exemple du ramin indonésien, qui malgré son inscription à l'annexe III de la CITES, a vu son commerce légal comme illégal s'accroître conséquemment en Malaisie, où existe une réserve à sa réglementation[3].

De surcroît, lorsqu'une même espèce est visée par des réserves émises par de multiples États Parties, cela ôte toute cohérence à la protection de celles-ci par la Convention. De la même façon, lorsqu'un amendement transfère une espèce de l'annexe II à l'annexe I et qu'un État y émet une réserve, il n'est alors plus tenu ni par ses obligations liées au commerce d'espèces inscrites en annexe II ni par celles relatives aux espèces d'annexes I[4]. On peut ainsi trouver au sein même du dispositif CITES des systèmes commerciaux bien différents et pour certains d'entre eux, ineptes, lorsqu'est considérée l'orientation réelle de la Convention.

En outre, la protection émise par l'article X ne trouve pas à s'appliquer dans les rapports entre deux États ayant émis les mêmes réserves ou lorsqu'un État ayant émis une réserve commerce avec un État non-Partie[5]. Ainsi, de graves brèches

---

[1] Article XXIII de la CITES.
[2] Article XXIII, paragraphe 3 de la CITES.
[3] BRACK D., HAYMAN G., *op. cit.*
[4] STEWART G. G., « Enforcement Problems in the Endangered Species Convention: Reservations Regarding the Reservation Clauses », *Cornell International Law Journal* 429, vol 14, issue 2, article 8, 1981, p. 446-447 ; Sur ce sujet, V. aussi LAMBERT-HABIB., *op. cit.,* p. 76.
[5] STEWART G. G., *op. cit.*

existent dans l'application des dispositions de la CITES. Par ailleurs, cette possibilité offerte aux États Parties a ouvert la voie à des situations abusives au regard des États ayant émis un nombre inquiétant de réserves[1].

Ce même problème se retrouve au sein des systèmes mis en place par les ORGP. Organisations majeures dans la lutte contre la pêche illégale dans des zones de haute mer et incidemment, contre le commerce illégal associé, les dispositions élaborées au sein des ORGP sont des appuis puissants à la mise en œuvre d'un cadre réglementaire multilatéral efficace en la matière. Or, celles-ci ont également élaboré des possibilités pour leurs Parties d'émettre des réserves à leurs résolutions[2]. Ces ORGP souffrent ainsi d'une participation édulcorée de certains États à leurs principes qui vient *in fine* déstabiliser l'efficacité de la mise en place de leurs dispositions et orientations au sein de la zone géographique concernée.

Bien qu'il soit peu probable que la CITES et les ORGP retirent cette possibilité offerte aux États d'élaborer des réserves, non seulement pour des raisons de ratification plus ouverte, mais aussi parce qu'il est bien plus difficile de retirer un pouvoir que de ne pas le donner en premier lieu, les amendements de leur Conférence des Parties peuvent au moins encadrer cette pratique. Ainsi, la Conférence des Parties de la CITES recommande à ses Parties d'appliquer les mesures commerciales prescrites pour les espèces inscrites en annexe II aux espèces de l'annexe I pour lesquelles elles ont émis des réserves[3].

Néanmoins, cette possibilité d'émettre des réserves aux réglementations CITES et à celles liées à l'encadrement de l'exploitation des espèces marines sauvages et de leur commerce reste quelque peu problématique à la lumière des abus et des failles d'application qu'elles ont fait naître. De la même façon, le

---

[1] À ce jour, le Japon compte par exemple 24 réserves, l'Islande 23 et l'Arabie Saoudite et la Suisse 17, « Réserves formulées par les Parties en vigueur dès le 26 novembre 2019 », <https://cites.org/sites/default/files/fra/app/2019/F-Reserv-2019-11-26.pdf>.

[2] Par exemple, l'article IX paragraphe 6 c) du texte de la Convention CAMLR.

[3] Conf. 4.25 (Rev. CoP18) de la CITES, "Réserves".

caractère non contraignant de certains textes applicables à la lutte contre le trafic d'espèces marines et forestières sauvages participe de la création d'une liberté préjudiciable offerte aux États dans l'élaboration de législations pertinentes.

Paragraphe 3 : Une dommageable abondance de textes non contraignants

Selon le Doyen Jean Carbonnier, « en matière environnementale, l'abondance de la soft law est le symptôme pathologique (…) d'une matière encore récente et bien loin d'être consensuelle à l'échelle mondiale » [1] . Cette remarque fait état du caractère innovant que revêtait, à l'époque de son écriture, l'intérêt au domaine du droit international de l'environnement. Or, force est de constater que la lutte pour préserver l'environnement et ses ramifications, parmi lesquelles peut-on trouver la lutte contre le trafic illégal d'espèces sauvages, est toujours considérée à l'heure actuelle comme un enjeu de moindre envergure par les politiques étatiques. Cela s'illustre en la matière par l'absence relative d'engagements étatiques dynamiques et ambitieux dépassant le cadre minimum imposé lorsque des dispositions conventionnelles leur offrent une marge discrétionnaire dans leur mise en œuvre.

Or, le caractère non contraignant de certains textes relatifs à la lutte contre le trafic illégal d'espèces marines et forestières sauvages participe de la création de marges discrétionnaires importantes aux États et leur offre ainsi la possibilité de s'engager d'une manière relativement faible. Compte tenu de cette observation et des graves conséquences et implications de ce trafic, de telles libertés ne devraient plus avoir cours. Pourtant, depuis la remarque du Doyen Carbonnier, l'élaboration de *soft law* n'a pas fléchi et a peu cédé le pas à l'élaboration de textes juridiques contraignants.

---

[1] CARBONNIER J., *L'hypothèse de non-droit*, Archives de philosophie du droit, 1963 p. 553.

Ainsi les textes de la FAO en matière d'encadrement des opérations d'exploitation des espèces marines sauvages, tels que le Code de Conduite pour une pêche responsable et le PAI-INDNR, sont non contraignants alors même qu'ils dégagent des principes pertinents dont le suivi, s'il devenait obligatoire, permettrait de renforcer effectivement la lutte contre le trafic illégal d'espèces marines sauvages.

En matière de commerce du bois, à l'exception de l'Accord international sur les bois tropicaux, l'ensemble des textes internationaux souffrent d'une absence de caractère obligatoire dans leurs dispositions, créant ainsi un cadre juridique en la matière à la portée très limitée. Tout au plus le cadre réglementaire général en matière d'exploitation des forêts et du commerce afférent illustre-t-il en la matière une « expression sociologique ou politique de tendances, d'intentions, de souhaits » [1], pour reprendre la formule de Prosper Weil.

Certes, toute la problématique du DIE actuel réside dans une dialectique entre dispositions précises et risques de peu de ratifications et au contraire dispositions souples et généralisation des appuis. Toutefois, « il est regrettable de voir qu'il faille négocier pour tenter d'aboutir à une protection de notre environnement, qui ne sera que relative » [2].

Au regard de l'ampleur du trafic illégal d'espèces marines et forestières sauvages, force est de constater que cette « baisse (…) de la pression juridique » [3], peine à freiner les activités frauduleuses et participe *in fine* de la création d'un cadre juridique international relativement fragile en la matière. Ainsi, les textes applicables au trafic illégal de biodiversité sauvage ne font donc pas exception à la lacune générale frappant les

[1] WEIL P., « Vers une normativité relative en droit international ? », *Revue Générale de Droit International Public*, Tome LXXXVI, Editions Pedone, 1982, p.12.

[2] DOUMBE-BILLE S., et *al.*, *Droit international de l'environnement*, Editions Larcier, Bruxelles, Belgique, 2013, p. 42.

[3] Formule usitée par CARBONNIER J., *Flexible droit — Pour une sociologie du droit sans rigueur*, LGDJ, Paris, 10e ed., 2001, p. 26, dans un contexte différent, celui de « l'hypothèse de « non-droit » ».

conventions relatives à la protection de l'environnement en cela qu'ils privilégient l'accès au plus grand nombre.

Par ailleurs, la fragilité des réglementations internationales applicables au trafic illégal d'espèces sauvages se retrouve également, voire s'illustre plus drastiquement, dans le cadre multilatéral lié au secteur forestier et spécifiquement dans sa lutte contre le trafic illégal du bois.

SECTION 2 :
L'absence d'une approche juridique globale rigoureuse applicable au trafic illégal du bois

Dire que l'encadrement du commerce des espèces forestières dans le cadre de leur commerce multilatéral est fragile est un euphémisme. Le principe de souveraineté des États sur leurs ressources naturelles, combiné à une volonté ne souffrant relativement aucune limite de garder un pouvoir de gestion sur celles-ci, apparaît comme un frein majeur au développement d'un cadre transnational pertinent en matière de commerce de bois. Aussi le droit international en la matière reste-t-il lacunaire à bien des égards[1]. Il souffre dans un premier temps de l'absence d'un texte international exhaustif et/ou rigoureux en la matière[2] (Paragraphe 1).

Dans un second temps, la rareté des accords régionaux relatifs à l'encadrement d'un commerce du bois légal minimise l'effet global de la lutte contre le trafic illégal d'espèces forestières sauvages (Paragraphe 2).

---

[1] BARDEN C., « Combating the Illegal Timber Trade—Is There a Role for ITTO? », *In « Green Globe Yeatbook of International Co-operation on Environment and Development 1994 »*, BERGESEN H. O., PARMANN G., (eds.), Oxford : Oxford University Press, 1994, p. 55-65.

[2] « Illegal Logging and the Illegal Wildlife Trade: Synergies and Lessons », The Royal Institute of International Affairs, Chatam House, London, UK, 25 September 2018.

Paragraphe 1 : Des textes juridiques internationaux non rigoureux

Les forêts font l'objet d'une gestion étatique hautement cloisonnée, où peu de compromis quant à un encadrement international du commerce des produits issus de l'exploitation de celles-ci ont été trouvés. Cette souveraineté des États sur leurs ressources naturelles a été affirmée et confirmée par de nombreux instruments juridiques, du principe 21 de la Déclaration Stockholm de 1972, à la Convention africaine sur la conversation de la nature et des ressources naturelles[1] en passant par la Déclaration sur les forêts[2].

En 1994, l'Accord international sur les bois tropicaux, spécifiquement conçu pour répondre aux enjeux liés aux forêts tropicales, à leur exploitation et la commercialisation des produits qui en sont issus, a lui aussi réaffirmé l'application de ce principe.

L'exercice de la souveraineté étatique est donc le principe phare régissant le cadre international relatif aux forêts, de même qu'il est la cause principale de l'absence d'un instrument juridique mondial de gestion de l'exploitation des forêts et du commerce des produits qui en sont issus. Aussi, les conventions internationales en la matière n'offrent qu'un paravent juridique fragile qui se caractérise soit par son caractère indirect, soit par son caractère non contraignant ou encore modéré.

En effet, d'une part, les forêts sont indirectement protégées via la conservation première d'espèces d'animaux ou de plantes sauvages vivant en leur sein. En témoigne la Convention sur la diversité biologique de 1992 et la Convention

---

[1] Alinéa 5 de la Convention africaine sur la conversation de la nature et des ressources naturelles.

[2] Article 1 a), 2 a) et 8 g) de la Déclaration de principes, non juridiquement contraignante mais faisant autorité, pour un consensus mondial sur la gestion, la conservation et l'exploitation écologiquement viable de tous les types de forêts.

des Nations Unies sur la lutte contre la désertification de 1994 qui prévoient la définition de zones de forêts protégées afin de conserver l'habitat naturel de telles ou telles espèces.

D'autre part, lorsque certains instruments juridiques transnationaux s'intéressent bel et bien aux forêts en tant que telles, comme le Chapitre 11 de l'Agenda 21 relatif à la lutte contre le déboisement[1] ou la Déclaration sur les forêts de 1992[2], ceux-ci ne font souvent office que de rappels internationaux d'une nécessaire gestion rationnelle des forêts. De même, la Déclaration de New York sur les forêts de 2014 ne fait état que d'une possibilité pour les États d'interdire les importations de bois illégal sur leur territoire. Tout au plus, la Déclaration énonce-t-elle l'utilité d'images satellites pour lutter contre l'exploitation illégale du bois[3].

L'ensemble de ces textes de droit souples reste donc aussi limité dans les obligations qu'il prévoit pour les États que dans leur caractère non contraignant.

En outre, même lorsqu'un texte international spécifique aux forêts, à leur exploitation et au commerce des produits qui en sont issus revêt un caractère contraignant, celui-ci s'illustre par son manque de rigueur[4]. Il en est ainsi de l'Accord international sur les bois tropicaux de 2006. Cet accord est pourtant l'un des rares instruments juridiques multilatéraux en matière de commerce du bois. Parmi ses objectifs figurent notamment l'importance et la nécessité d'assurer un commerce international légal[5] et durable[6] du bois tropical. Toutefois, ces objectifs ne sont pas accompagnés par des dispositions relatives aux obligations

---

[1] L'Objectif d'action 11.12 c) fait mention de la nécessité d'« *assurer une gestion rationnelle à long terme* », Agenda 21, Chapitre 11 « Lutte contre le déboisement ». L'Agenda 21 est un plan d'action pour le développement durable initié lors du Sommet de la Terre de Rio en 1992.

[2] L'article 7 a) de la Déclaration.

[3] Déclaration de New York sur les forêts, 2014.

[4] Sur ce sujet, V. notamment le Rapport Sénat n° 254 (2009-2010) de M. René BEAUMONT déposé le 3 février 2010 au nom de la Commission des Affaires étrangères, <https://www.senat.fr/rap/l09-254/l09-2541.pdf>.

[5] Article 1 k) et n) de l'AIBT.

[6] Article 1 d) de l'AIBT.

des États en matière de commerce de bois tropical. Pourtant, ces principes directeurs auraient pu et dû servir de support à la création d'obligations précises et rigoureuses non seulement au regard des enjeux entourant le commerce illégal du bois tropical de par le monde, mais aussi au regard de l'absence d'autres textes contraignants en la matière.

En outre, bien que l'Accord soit appuyé par l'Organisation internationale des bois tropicaux (OIT), celle-ci fait plus office de guide pour les États Parties que de mécanisme de contrôle quant à l'application des dispositions conventionnelles en la matière. Ainsi l'Accord international sur les bois tropicaux de 2006 a-t-il raté une occasion d'inscrire ses objectifs, pourtant louables, dans une dynamique rigoureuse qui aurait pu tenter de faire fléchir le commerce international illégal du bois par la soumission des États à leurs engagements multilatéraux. Enfin, cet Accord ne concerne que les bois tropicaux, laissant la question des bois issus des forêts boréales ou tempérées en suspens.

Ainsi, l'absence d'une approche internationalisée globale, directe, contraignante et rigoureuse en matière de commerce légal du bois joue le jeu du trafic illégal d'espèces forestières sauvages [1]. En effet, sans un signal fort de la communauté internationale prenant la forme d'un accord multilatéral aux effets contraignants, le trafic illégal du bois sera toujours considéré comme secondaire dans les agendas politiques. Or cet état de fait se trouve confirmé par la regrettable rareté des instruments juridiques régionaux en la matière.

[1] Sur ce sujet, V. SCHLOENHARDT A., "The illegal trade in timber and timber products in the Asia-Pacific region", Australian Institute of Criminology, Research and Public Policy Series, n°89, 2008.

Paragraphe 2 : Une regrettable rareté des instruments juridiques régionaux

Si le cadre multilatéral applicable au trafic illégal d'espèces forestières sauvages peut être qualifié de fragile en raison du défaut de l'existence de textes internationaux propres à définir de véritables obligations pour les États en matière d'exploitation et de commerce légaux, ce constat est en outre appuyé par le peu d'initiatives régionales développées en la matière.

Outre l'initiative de l'Union européenne en matière d'importation du bois, le Traité de Brazzaville négocié en 2005 apparaît comme l'un des rares instruments régionaux permettant réellement de définir et promouvoir des bonnes pratiques en matière de contrôle de la légalité des produits issus des forêts. Le Traité de Brazzaville offre en effet un bon exemple de coopération en la matière au sein des États de l'Afrique centrale. Ce Traité prévoit en outre un système de certification du bois afin de lutter contre le trafic illégal de cette ressource à toutes les échelles. De surcroît, il vient encourager ses membres à élaborer des politiques de gestion durable des forêts[1].

Le Traité de coopération amazonienne peut être mis en parallèle avec le Traité de Brazzaville. En effet, il a mis en place en 2005 une Organisation pour la coopération amazonienne destinée à assurer une collaboration entre États bordant la forêt amazonienne quant au contrôle de la légalité des sources des produits issus de ladite forêt[2].

Néanmoins, l'efficacité de ces démarches régionales est amoindrie par l'absence de référence à une obligation de contrôle de la légalité du bois dans le cadre de zones régionales de libre-échange. Ainsi peut-on regretter que l'Accord régional asiatique

---

[1] Articles 1 et 2 du Traité relatif à la Conservation et à la Gestion durable des Écosystèmes forestiers d'Afrique Centrale et instituant la Commission des Forets d'Afrique Centrale (COMIFAC).

[2] Article A. 1. x) du Strategic Plan of the Amazon Cooperation Treaty Organization (2004–2012), ACTO. 2004, DOC/XII ACC-ACTO/04.

sur la conservation de la nature et des ressources naturelles mis en place en 1985, destiné à lier les États de l'Association des nations de l'Asie du Sud-Est (ASEAN) par de vraies obligations quant aux questions environnementales[1], ne soit pas entré en vigueur.

Les forêts régionales de la zone couverte par l'ASEAN auraient pu jouir des objectifs ambitieux que l'Accord tendait à mettre en place. Notamment, il mettait en évidence l'importance d'une exploitation durable des forêts[2], atténuant ainsi le principe de souveraineté nationale des États sur leurs ressources naturelles, qui, bien qu'il ait été rappelé au sein des articles du texte, trouvait une modération bienvenue dans le cadre de ces nouvelles règles juridiques.

De la même façon, il est regrettable de constater l'absence de référence à une obligation de contrôle des sources de provenance des produits issus de l'exploitation des forêts dans de nombreux accords de libre-échange. Même les accords les plus récents, dont l'Accord de Partenariat Transpacifique Global et Progressiste (PTPGP) et le projet de Partenariat Economique Régional Global (RCEP), font fit de ces considérations. Or le caractère récent de ces accords et projets de libre-échange doit être mis en exergue compte tenu du fait qu'il est aujourd'hui plus que jamais impossible de nier l'existence de l'exploitation forestière illégale et du commerce qui lui est associé. Aussi la création actuelle d'accords commerciaux régionaux ne visant pas expressément à réduire les pratiques illégales dans un secteur économique aussi important que celui du bois faillit à enrayer le développement d'un trafic illégal en la matière.

Cette absence d'encouragement ou d'obligation quant à une promotion du commerce légal du bois empêche ainsi un développement de pratiques forestières légales dans les États intégrés dans les vastes zones géographiques définies par lesdits

---

[1] BOWMAN M., et *al.*, *Lysters's International Widllife Law*, Cambridge University Press, New York, 2010, pp. 377-379 et p. 637.

[2] Article 6 et notamment paragraphe g) de l'Accord régional asiatique sur la conservation de la nature et des ressources naturelles.

accords[1] et qui sont en outre de gros consommateurs de produits issus de l'industrie forestière.

Enfin, même les lignes directrices agroenvironnementales proposées par la FAO au sein des régions d'Amérique latine et des Caraïbes échouent à mettre en valeur la nécessité d'une exploitation et d'un commerce légaux issus du bois[2]. Pourtant, l'importance économique du secteur forestier dans ces régions, conjuguée à l'ampleur inquiétante des coupes illégales en leur sein, justifiait la mise en valeur de mesures pertinentes de contrôle des exploitations et du commerce en la matière.

À l'heure actuelle, il n'existe donc pas de texte international propre à assurer un encadrement rigoureux et effectif du commerce légal du bois[3]. Conventions et dispositions indirectes, textes spécifiques, mais non contraignants ou non rigoureux, la promotion à l'échelle internationale de l'importance d'assurer une légalité du commerce des espèces forestières sauvages peine à s'illustrer. En outre, au niveau régional, certains dispositifs encourageants en matière de gestion durable et légale des forêts ont pu voir le jour, espoirs nécessaires, mais encore trop rares à un futur encadrement efficace et généralisé des forêts.

Par ailleurs, force est de constater que même lorsque le droit international s'intéresse précisément à l'encadrement du commerce de certaines espèces sauvages, la liberté offerte aux États dans l'interprétation et l'application des dispositions des textes participe à la création d'une ineffectivité des réglementations en vigueur.

---

[1] REDD Monitor, "Stop the Transpacific Partnership", 2014.

[2] "Voluntary guidelines for agro-environmental policies", FAO, Santiago, Chili, 2016, <http://www.fao.org/3/a-i5462e.pdf>.

[3] COUZENS E., et *al.*, "Legal aspects of the protection of forest and marine biodiversity: understanding the context", *in* COUZENS E., et *al.*, (eds.), *Protecting Forest and Marine Biodiversity. The Role of Law*, The IUCN Academy of Environmental Law Series, Edward Elgar Publishing, 2017, pp.14-16.

CHAPITRE II :
UNE INNEFECTIVITÉ DU CADRE INTERNATIONAL APPLICABLE AU TRAFIC ILLÉGAL DE BIODIVERSITÉ SAUVAGE

Le cadre international applicable au trafic illégal de biodiversité sauvage peut être qualifié d'ineffectif en ce qu'il souffre de deux limites fondamentales.

Ainsi, l'ineffectivité de ce cadre découle des sanctions pénales non dissuasives établies au sein des législations pénales et destinées à exécuter et faire respecter les dispositions multilatérales[1]. En effet, la légitimité du droit international dépend grandement des sanctions prévues pour assurer son respect[2]. Or, le caractère dissuasif de celles-ci apparaît comme fondamental pour assurer l'effectivité des normes internationales (Section1).

En outre, l'ineffectivité de ce cadre découle de son manque d'harmonisation, caractérisé par la diversité des législations et mesures adoptées par les États du fait de leur marge discrétionnaire. Cela vient ainsi créer un cadre juridique global hétérogène qui provoque l'apparition du phénomène de déviation des flux commerciaux illégaux (Section 2).

---

[1] En effet ici les sanctions commerciales ne sont pas envisagées car elles revêtent souvent un caractère subsidiaire par rapport à la prononciation initiale de sanctions pénales.

[2] COMBACAU J., « Sanctions », *in* BERNHARDT R., (ed.), *Encyclopedia of Public International Law*, vol. 4, 2000, p. 311, *cited in* SAND P. H., « Enforcing CITES: The Rise and Fall of Trade Sanctions », *op. cit.*, p. 252.

SECTION 1 : UNE ABSENCE DE CARACTÉRISATION DE LA NOTION DE DISSUASION DANS LA SANCTION PÉNALE

L'effectivité de la norme est sous-tendue par le caractère dissuasif de la sanction pénale qui la protège[1]. En effet, si la sanction demeure « *l'instrument principal de nécessaire mise en conformité du réel avec la norme* »[2], la dissuasion doit quant à elle être l'objectif premier de la sanction pénale[3].

Aussi « *la sanction ne remplit sa fonction à l'intérieur du système juridique que si elle parvient à dissuader les violations de la norme* »[4]. Or, comme l'avançait déjà Beccaria[5], une sanction pénale peut être considérée comme dissuasive dès lors que la certitude de son application est avérée. De même, la sanction pénale apparaît-elle comme dissuasive lorsqu'elle est suffisamment rigoureuse pour empêcher toute tentative de violation de la norme qu'elle tend à faire appliquer. Cela est notamment démontré par l'exemple donné par Steve Levitt mettant en évidence la chute des délits commis par les jeunes Américains lors de leur passage à la majorité, quand les peines deviennent plus strictes[6].

Dans le cadre de la lutte contre le trafic illégal d'espèces sauvages, les sanctions pénales définies par les États Parties aux textes multilatéraux applicables en la matière doivent figurer

---

[1] Dans ce contexte, on considère que l'effectivité des normes est menacée par l'inexécution des sanctions prononcées et/ou par l'insignifiance des sanctions, à ce sujet V. LASCOUMES P., SERVERIN E., « Théories et pratiques de l'effectivité du droit », *Droit et Société*, n° 2, 1986, pp. 101-124.

[2] RIVERO J., « Sur l'effet dissuasif de la sanction juridique », in *Mélanges offerts à Pierre Raynaud*, Édition Dalloz-Sirey, 1985, p. 675, cité dans LEROY Y., « La notion d'effectivité du droit », *Droit et Société*, 2011/3, n° 79, pp. 715-732.

[3] BEBIN X., *Pourquoi punir ? L'approche utilitariste de la sanction pénale*, Editions Harmattan, 2006, 236 p.

[4] BETAILLE J., « Répression et effectivité de la norme environnementale », *Revue juridique de l'environnement*, 2014/HS01, vol. 39, 2014, pp. 47-59.

[5] BECCARIA C., *Des délits et des peines*, Editions Flammarion, 2006, 187 p.

[6] LEVITT S. D., « Juvenile Crime and Punishment », *Journal of Political Economy*, vol. 106, issue 6, 1998, p.1156-1185.

comme les vecteurs déterminants à la mise en œuvre effective des dispositions en vigueur. Dans ce contexte, la sévérité de la peine et la certitude de sa prononciation doivent être considérées comme des éléments cumulatifs caractérisant la notion de dissuasion de la sanction pénale. En effet, au regard de l'ampleur du phénomène, des législations pénales faibles apparaissent comme insuffisantes à son enrayement.

Pourtant, force est de constater que les sanctions prévues par les législations nationales en la matière ont souvent peine à se révéler réellement dissuasives. Ce constat s'explique en grande partie par l'absence de caractérisation de la notion par les textes internationaux (Paragraphe 1) et régionaux (Paragraphe 2), ouvrant ainsi la voie à l'élaboration de législations pénales faibles par les États, et, *in fine,* à un défaut d'effectivité des normes en vigueur.

Paragraphe 1 : Une absence de caractérisation de la notion de dissuasion par les textes internationaux

Dans le cadre du trafic illégal d'espèces sauvages, c'est la fameuse « théorie de la rationalité »[1], qui est reprise au compte des individus et entreprises tentés de s'engager dans des activités illégales de commerce d'espèces sauvages. Cette théorie part du postulat selon lequel les individus procèdent en faveur d'une action d'une façon rationnelle, logique, c'est-à-dire en fonction d'une balance avantages/inconvénients. Ainsi, dans ce contexte, la crainte des peines encourues et la certitude de leur prononciation doivent jouer le rôle principal dans le processus de dissuasion[2] afin de donner aux normes en vigueur toutes leurs effectivités[3].

---

[1] LEVITT, S. D., « Deterrence », *in* WILSON J.Q., PETERSILIA J., (eds.), *Crime Public Policies for Crime Control*, ICS Press, 2002, p.442.

[2] GASSIN R., *Criminologie*, Editions Dalloz, 5e édition, Paris, 2003, 752 p. ; Sur ce sujet, V. aussi VIRALLY M., *La pensée juridique*, Editions Panthéon Assas, Paris, 2010, 226 p.

[3] RANGEON R., « Réflexions sur l'effectivité du droit », In CURRAP, *Les usages sociaux du droit*, Editions PUF, 1989, P. 130.

Pourtant les textes internationaux relatifs aux espèces menacées (A), aux espèces sauvages exploitées telles que les espèces marines (B), forestières (C) et génétiques (D), peinent à venir caractériser la notion de dissuasion telle qu'elle doit apparaître dans ce contexte. En cela, ces textes multilatéraux participent à la création de législations pénales insuffisantes qui empêchent leurs dispositions d'atteindre leurs pleines effectivités.

A. Une imprécision de la sanction dans la CITES

Le texte conventionnel CITES peine à orienter les États Parties vers un modèle de sanctions défini[1]. En effet la CITES ne fait référence qu'à l'établissement de « sanctions pénales frappant soit le commerce, soit la détention »[2] d'espèces illégalement détenues, et à des mesures de confiscation ou de renvoi aux pays d'exportation[3]. Le caractère dissuasif de la sanction pénale dans de telles dispositions peine donc à être concrètement défini. Aucun indice n'est fourni par la Convention quant à l'élaboration de principes encadrant la notion de sanction pénale telle qu'elle l'envisage.

Aussi en Afrique, des États comme le Cameroun ou le Congo-Brazzaville illustrent cette absence de rigueur dans l'élaboration de législations pénales dissuasives en matière de crimes liés à la biodiversité sauvage. En effet, le Cameroun prévoit des servitudes pénales aussi faibles qu'elles sont comprises entre 10 jours et 3 ans ainsi qu'une amende oscillant entre 5.000 et 10.000.000 francs CFA[4]. De son côté, le Congo-Brazzaville a établi des amendes fluctuant entre 5.000 et

---

[1] BOWMAN M., DAVIES P. REDGWELL C., LYSTER S., *op. cit.*

[2] Article VIII 1. a) de la CITES « Mesures à prendre par les Parties ».

[3] *Ibid.*, article VIII 1. b).

[4] NGEH C.P., et *al.*, « La répression des crimes fauniques en RDC : comment améliorer les poursuites judiciaires ? », TRAFFIC International Publishing, Yaoundé, Cameroun et Cambridge, Royaume-Uni, 2018.

5.000.000 francs CFA et des peines de prison comprises entre 2 mois à 5 ans[1].

En Asie, des pays comme la Thaïlande, pourtant grands consommateurs de produits issus d'espèces menacées, s'illustrent par leur manque d'engagement en matière de contrôle du commerce et de respect des réglementations internationales auxquelles ils ont souscrit[2]. Le constat d'une faiblesse des législations pénales se retrouve également en Amérique du Sud, et notamment au Brésil[3].

Pour illustrer ce propos d'une façon plus générale encore, une étude du cabinet d'avocats international DLA Piper en date de 2015 a cité pas moins de quinze États, dont le Cambodge, la République Démocratique du Congo, la Namibie, le Zimbabwe, le Laos, la Mongolie, l'Indonésie, le Gabon, l'Angola, le Sri Lanka, l'Afrique du Sud et la Zambie comme Parties à la CITES dotés d'une législation pénale insuffisante[4].

Finalement, l'enquête menée dans l'État de Washington, aux États-Unis, par le détective Vandivert de l'US Fish and Wildlife Department, illustre de façon assez générale l'attitude des individus engagés dans le trafic des espèces sauvages, quelles qu'elles soient. Ainsi, la majeure partie des trafiquants d'espèces sauvages menacées résidant sur le territoire américain ont souvent connaissance des réglementations en vigueur. Ils les appréhendent peut-être trop bien puisqu'en faveur de la « théorie de la rationalité », ils ne sont pas dissuadés de modifier leur comportement[5].

---

[1] NGEH C.P., et *al.*

[2] DOAK N., « Polishing off the ivory: surveys of Thailand's ivory market », a TRAFFIC REPORT, TRAFFIC International Publishing, Cambridge, UK, 2014.

[3] CHARITY S., MACHADO FERREIRA J., "Wildlife trafficking in Brazil", TRAFFIC organization, July 2020.

[4] « Empty threat: Does the law combat illegal wildlife trade? A review of legislative and judicial approaches in fifteen jurisdictions », DLA Piper, 2015.

[5] VANDIVERT T. A., *Operation Cody, an Undercover Investigation of Illegal Wildlife Trafficking in Washington State, Fish & Wildlife*, CreateSpace Independent Publishing Platform, 2013, 358 p.

Ainsi, au regard des faibles pénalités encourues et des faibles probabilités d'inculpation, les bénéfices générés par le trafic illégal d'espèces sauvages menacées, qui peuvent aller jusqu'à 66000 dollars pour un kilogramme de corne de rhinocéros [1], surpassant le prix de l'or ou de la cocaïne [2], apparaissent comme largement compensatoires.

L'absence de précision dans l'établissement d'un modèle de sanction précis prévu pour pénaliser les manquements aux dispositions CITES manque à venir renforcer, voire tout simplement appuyer, l'application de ses dispositions sur les territoires nationaux. Cet état de fait s'illustre également quant aux textes applicables à l'exploitation et au commerce illégaux des espèces marines sauvages.

B. Une imprécision de la sanction dans les textes relatifs à l'exploitation et au commerce des espèces marines sauvages

En matière de pêche INN et du commerce illégal associé, le Plan d'action international visant à prévenir, à contrecarrer et à éliminer la pêche illicite, non déclarée et non réglementée établit lui-même le constat d'une absence du caractère dissuasif des législations pénales nationales prévues en matière de lutte contre la pêche INN dès son paragraphe 1[3].

Pourtant le Plan d'action lui-même peine à définir ce qu'il entend par « sanctions (…) d'une sévérité suffisante pour contrecarrer efficacement » [4] la pêche INN. De même, l'Accord des Nations Unies sur les stocks de poissons chevauchants et le

---

[1] "*Rhino horn can sell for $66,139 per kilogram – more than the price of gold or platinum – on the China black market*", LAWSON K., VINES A., "Global Impacts of the Illegal Wildlife Trade. The costs of Crime and Institutional Erosion", The Royal Institute of International Affairs, 2014.

[2] LAWSON K., VINES A., *op. cit.*, Sur ce sujet, V. aussi « Rhinocéros : des cornes à prix d'or », WWF.

[3] Paragraphe 1 du PAI-INDNR.

[4] Article 21 du PAI-INDNR.

Code de conduite pour une pêche responsable font-ils également référence à des sanctions « rigoureuses » [1], sans pour autant donner la mesure que doit revêtir cette rigueur compte tenu des enjeux financiers et sociaux associés à la pêche INN et au commerce des prélèvements illégaux afférents.

Ainsi, les sanctions pénales définies par les États Parties en matière de pêche illégale et de trafic illégal d'espèces marines sauvages continuent d'être caractérisées par leur faiblesse. D'une manière générale, il est estimé que les amendes définies par les textes nationaux ou prononcées par les juges en matière de pêche INN et du commerce illégal afférent ne sont pas assez dissuasives comparées aux gains potentiels[2]. Ces amendes devraient ainsi être augmentées jusqu'à vingt-quatre fois pour respecter les objectifs des textes juridiques en vigueur et garantir la pertinence de leurs efforts à l'échelle globale[3].

L'illustration criante de ce constat peut être trouvée avec le cas du Sénégal. Pays côtier bénéficiant de la présence de grandes ressources halieutiques au large de ses terres, le secteur de la pêche lui offre un potentiel de développement économique important. Pourtant, ses législations en la matière souffrent d'un manque de rigueur[4], et ses sanctions d'un défaut d'effet dissuasif. Il est ainsi inquiétant d'observer que même les États dont les intérêts à la gestion des espèces marines sauvages et à la protection de leur commerce légal sont directs n'établissent pas de dispositions pertinentes à cet égard.

L'absence de précision dans l'établissement d'un modèle de sanction précis prévu pour pénaliser la pêche illégale et le commerce associé peine à promouvoir le caractère majeur d'une lutte efficace en la matière. Cette absence d'indication se retrouve également quant à l'exploitation et au commerce illégaux des espèces forestières sauvages.

---

[1] Article 19, paragraphe 2 de l'Accord Nations Unies sur les stocks de poissons chevauchants et Article 8.2.7 du Code de conduite pour une pêche responsable.
[2] LINDLEY J., TECHERA E., *op. cit.*
[3] LOVE P., « Pirate Fishing », *in* OECD, *Fisheries: While Stocks Last?*, OECD Publishing, 2010, 148 p.
[4] DIOUF F., *op. cit.*, p.253.

C. Une imprécision de la sanction dans les textes relatifs à l'exploitation et au commerce des espèces forestières sauvages

En matière de commerce de bois, aucune disposition ne vient renseigner sur le caractère que doit revêtir la sanction pénale. Pire, les instruments juridiques en vigueur ne font souvent même pas référence à la nécessité pour les États d'établir des sanctions en cas de violations de leurs dispositions. Il en est ainsi notamment de l'Accord international sur le commerce des bois tropicaux de 2006 ou encore de la Déclaration de Brazzaville.

Ainsi, non seulement une grande majorité des États ont à ce jour introduit sur leur territoire des pénalités faibles[1] en cas de violation des dispositions liées aux transactions de bois, mais le caractère certain de la prononciation de la peine prévue est quant à lui tout relatif. Il a notamment été estimé en 2010 que 49 des 92 procès en la matière en Indonésie ont été acquittés, le reste ayant été conclu par des peines d'un à deux ans maximum[2].

Une révision de leurs textes nationaux[3] par les États laxistes serait la bienvenue dans un contexte international où toute coopération entre les législations est vitale pour assurer une coordination de la lutte contre le trafic illégal du bois.

La lacune du droit international en matière d'exploitation et de commerce du bois à venir définir des sanctions pertinentes applicables en cas de violations des dispositions en vigueur participe de la faiblesse du cadre multilatéral en la matière. Or, cette fragilité des dispositions juridiques, non protégées par des sanctions préalablement et concrètement définies au niveau

---

[1] « La répression des infractions forestières en RDC : évaluation des amendes, et des dommages et intérêts », Ressource Extraction Monitoring (REM), OI-FLEGT, Kinshasa, 2012, p. 11.

[2] GONCALVES M.P., et *al.*, *op. cit.*

[3] BRACK D., HAYMAN G., *op. cit.*

international, se retrouve quant au commerce illégal de ressources génétiques issues d'espèces sauvages.

D. Une imprécision de la sanction dans les textes relatifs au commerce des ressources génétiques issues d'espèces sauvages

Les textes internationaux encadrant l'accès aux ressources génétiques prélevées *in situ* souffrent d'un manque de précision quant aux sanctions supposées encadrer leurs dispositions, affaiblissant ainsi leur impact sur la scène multilatérale.

En effet, le Protocole de Nagoya, seul instrument contraignant du corpus général lié aux ressources génétiques, prévoit ainsi en son article 5 que ses dispositions sont mises en œuvre par les Parties « selon qu'il convient » [1]. De surcroît, son article 15 paragraphe 1 que « chaque partie prend des mesures législatives, administratives ou de politique générale appropriée, efficaces et proportionnées ».

Les dispositions du Protocole ne permettent donc pas de dégager un modèle de sanction destiné à faire respecter aux États leurs engagements, ce qui est notamment venu justifier le recours à des mécanismes complémentaires tels que les contrats et autres accords de bonne volonté, fondamentaux pour une application concrète de ces principes multilatéraux.

L'absence de caractérisation de la notion de dissuasion dans les réglementations internationales participe donc de la création de législations régionales et nationales peinant à refléter l'importance des crimes en cause. *In fine,* cela empêche les normes multilatérales d'atteindre leur potentiel d'effectivité. Même l'Union européenne, dont la réglementation sur le commerce d'espèces sauvages est pourtant particulièrement

[1] SOHNLE J., « Le droit international de l'environnement : 2010-2014 et le syndrome de la toile de pénélope », *Revue juridique de l'environnement*, vol.40, 2015, pp. 100-114.

ambitieuse, a manqué son devoir d'orientation de ses États membres vers le sens qu'elle entend donner à la notion de dissuasion de la sanction pénale, notamment en ce qui concerne le trafic d'espèces sauvages menacées.

Paragraphe 2 : Une absence de caractérisation de la notion de dissuasion par la réglementation européenne

Le cas de la transposition juridique des dispositions CITES par l'Union européenne fournit un exemple notable des conséquences dommageables que revêt un défaut de précision à l'échelle internationale sur la transposition régionale et nationale ultérieure des dispositions en cause.

Ainsi, dans un premier temps, l'Union européenne a souffert de l'absence de principes directeurs dans les dispositions CITES quant à l'élaboration de sanctions pénales par ses Parties. Pourtant, dans un second temps, loin de venir combler cette lacune, elle a elle-même failli à cette nécessité.

Aussi le défaut de la réglementation de l'Union quant à la définition d'une sanction pénale dissuasive (A) ainsi que l'absence de la promotion de la notion de dissuasion par les institutions juridiques et la jurisprudence européenne (B) illustrent cette démonstration.

A. Une absence de définition européenne de la notion de sanction pénale dissuasive

Souffrant du défaut de précision de la CITES sur les caractères que doit revêtir la sanction pénale en matière de trafic illégal d'espèces menacées, l'Union européenne manque à son tour de guider ses États membres vers la promotion de sanctions pénales dissuasives.

Aussi, le fait que le règlement (CE) n°338/97 et à la directive n°2008/99 [1] fassent de l'élaboration de sanctions pénales au sein de leur législation nationale une obligation pour les États membres, sans pour autant donner de tranche minimum et maximum financière ou carcérale en fonction des infractions ou crimes commis, participe de l'élaboration d'un cadre communautaire limité dans sa lutte contre le trafic illégal d'espèces menacées.

En effet, l'article 16 du règlement n°338/97 prévoit que « les États membres prennent les mesures nécessaires pour sanctionner » les infractions listées dans l'article. Parmi ces infractions figurent notamment l'introduction, l'exportation ou la réexportation d'espèces menacées sans le permis ou certificat approprié[2], la communication délibérée d'informations erronées en vue d'obtenir un permis ou un certificat [3] ou encore l'utilisation d'espèces figurant à l'Annexe A dans un but lucratif [4].

Les dispositions du règlement n°338/97 sont reprises par la directive n°2008/99 qui fait référence à des sanctions « efficaces, proportionnelles et dissuasives » [5] en cas de « mise à mort, destruction, possession et prise illégales d'animaux protégés en tant qu'agissements criminels » [6]. Bien que la directive fasse référence à la notion de « dissuasion », aucune échelle de sanctions en fonction de la gravité des crimes commis en matière de commerce d'espèces sauvages ne vient orienter les États quant à l'établissement de législations adéquates.

Or, de ce défaut de précision des textes juridiques européens en matière de sanction pénale a découlé l'élaboration

---

[1] Directive n° 2008/99 du Parlement européen et du Conseil relative à la protection de l'environnement par le droit pénal, 19 novembre 2008, entrée en vigueur en décembre 2010.

[2] Article 16 (1) a) de la directive n° 2008/99.

[3] *Ibid.*, article 16 (1) c).

[4] *Ibid.*, article 16 (1) j).

[5] *Ibid.*, article 5.

[6] *Ibid.*, article 3 f).

de nombreuses législations pénales faibles au sein des États membres[1].

Ainsi, de nombreux rapports ont pointé du doigt la rareté de la prononciation de peines maximum définies au sein des législations nationales par les juridictions des États membres. Pour exemple, entre 2013 et 2014, quatre États membres auraient imposé des sanctions financières ne dépassant pas 1000 euros[2].

L'exemple de la saisie en 2000 de 138 châles en shahtoosh au Royaume-Uni illustre ce propos. La peine maximale nationale pour cette offense prévoit le paiement de 5000 livres et peut être éventuellement assortie d'une peine de prison d'une durée de trois mois[3]. Or, comparativement à la valeur de ces châles sur le marché noir[4], le plafond prévu par la législation anglaise apparaît comme non seulement dérisoire, mais aussi éminemment dangereux quant à l'application effective de la CITES.

Pire, la sentence prononcée par le juge correspondait au paiement d'une amende de 1500 livres[5], anéantissant par la même tous les efforts de la CITES et de l'Union dans l'enrayement du trafic illégal des espèces menacées. Bien que l'amende maximale soit de toute façon bien désuète par rapport aux gains éventuellement engendrés par la vente de ces châles sur le marché noir, remarquons également que le fait que le juge ait prononcé une pénalité financière bien inférieure à ce maximum déjà fragile marque le manque d'expérience[6] et de

---

[1] SOLLUND R., MAHER J., "The illegal wildlife trade. Report: A Case Study report on the Illegal Wildlife Trade in the United Kingdom, Norway, Colombia and Brazil", available on European Union Action to Fight Environmental Crime, January 2015.

[2] "Analysis and Evidence in support of the EU Action Plan against Wildlife Trafficking…", 2016, *op. cit.*

[3] LOWTHER J., et *al.*, « Crime and punishment in the wildlife trade », WWF-UK, May 2002, p. 16.

[4] Les châles étaient vendus entre 5000 et 12000 livres chacun, HOLDEN J., *op. cit.*

[5] HOLDEN J., *op. cit.*

[6] FREYA A.V. ST JOHN., et *al.*, « Opinions of the public, conservationists and magistrates on sentencing wildlife trade crimes in the UK », *Environmental Conservation*, 39 (2), pp. 154-161, 2012.

formation des magistrats dans le traitement d'affaires ayant trait à la biodiversité.

Par ailleurs, des États comme la Suède ou l'Autriche prévoient des sanctions en fonction de la situation financière du prévenu, indépendamment de la valeur commerciale de l'espèce saisie. La méthode la plus utilisée en ce sens est le *day-fines*, calculée en fonction de la gravité de l'infraction et du revenu journalier du prévenu[1].

Outre le fait qu'elles n'apparaissent pas réellement dissuasives en ce qu'elles ne tiennent ni compte de la menace pesant sur l'espèce illégalement détenue, ni de sa valeur commerciale, ces sanctions sont particulièrement difficiles à transposer aux entreprises responsables d'un commerce illégal d'espèces menacées[2].

L'Union européenne n'a donc pas su tirer profit de l'absence de précision des dispositions CITES quant aux contours que doivent revêtir les sanctions pénales élaborées par les Parties pour appuyer sa démarche pourtant si rigoureuse en matière de commerce d'espèces menacées. La notion de dissuasion dans le cadre du trafic illégal d'espèces menacées telle que défini dans la démonstration plus haut n'apparaît donc pas clairement au sein de la réglementation européenne, et conséquemment, au sein des législations nationales d'États membres qui peinent souvent à comprendre l'intérêt du sujet. Or cette lacune menace l'effectivité de la réglementation européenne en la matière. Conscientes de cet état de fait, les réglementations européennes devraient venir définir un certain standard de dissuasion au sein du territoire afin de garantir l'effectivité de l'ensemble des règles juridiques en vigueur.

---

[1] ANTON M., et *al.*, (eds.), « Proceedings of the International Expert Workshop on the Enforcement of Wildlife Trade Controls in the EU », 5-6 November 2001 », Frankfurt/Germany, TRAFFIC Europe, Brussels, Belgium and IUCN - The World Conservation Union, Gland, Switzerland and Cambridge, UK, 2002.

[2] GARSTECKI T., « Implementation of Article 16, Council Regulation (EC) No. 338/97, in the 25 Member States of the European Union », a TRAFFIC Europe Report for the European Commission, Brussels, Belgium, 2006.

Outre cette faiblesse des textes européens quant à la définition de la notion de dissuasion de la sanction pénale, celle-ci peine également à être promue au sein du territoire communautaire du fait du manque de formation des services juridiques et de la faible diffusion jurisprudentielle en matière de trafic illégal d'espèces menacées.

B. Une absence de promotion du caractère dissuasif de la sanction pénale par les institutions et la jurisprudence européennes

Pour que les peines prononcées reflètent l'ampleur de la gravité des crimes commis, il est non seulement nécessaire qu'une législation prévoie des mesures répressives dissuasives, donc qu'une conscience par le législateur des différents aspects entourant le trafic illicite d'espèces sauvages existe, mais aussi que se développe une formation appropriée des institutions juridiques chargées de prononcer les peines.

La Commission européenne est venue rappeler cette nécessité dans sa recommandation du 13 juin 2007[1] en indiquant aux États qu'il leur incombait de fournir des formations et d'opérer des opérations de sensibilisation à la lutte contre le trafic illégal d'espèces menacées à toutes les échelles du système judiciaire. Le Plan d'action de l'Union de 2016 a également corroboré cette exigence. Ainsi éduqués sur l'ampleur du phénomène, les membres de la Cour et du Tribunal européens peuvent alors participer à la promotion de la notion de dissuasion de la sanction pénale sur le territoire communautaire en prononçant des peines à la hauteur des enjeux en cause.

Certains États membres ont d'ores et déjà procédé à des formations de juges et de procureurs au sein de leur territoire, de même qu'il existe des polices spécialement dédiées à la lutte contre la criminalité liée à la faune et à l'environnement, telles

---

[1] Recommandation II d) et c) de la Commission définissant un ensemble de mesures de mise en œuvre du règlement (CE) n° 338/97, *op. cit.*

qu'en Espagne, au Royaume-Uni ou encore en France. Toutefois, ces initiatives restent encore des exceptions au sein du territoire communautaire[1].

Par ailleurs, le recours à l'utilisation du site internet EU-TWIX, qui fournit des indications sur la valeur marchande des espèces sauvages sur le marché noir, doit se développer en ce que ces données permettent aux juges de tenir compte des réalités financières du trafic d'espèces sauvages et de prononcer des amendes réellement dissuasives.

En outre, le site internet devrait se perfectionner en intégrant en son sein une page destinée à diffuser l'expérience jurisprudentielle au sein du territoire communautaire. Cela permettrait de faire connaître les procédures et sanctions appliquées dans d'autres États communautaires dans un souci de nivellement par le haut dans le traitement de ces affaires. Ainsi, certains dossiers, s'ils sont traités avec les égards qu'il convient de prendre face à ce type de cas, pourraient servir de référence pour les autres juridictions européennes, et venir créer une véritable jurisprudence à l'échelle communautaire en la matière.

Cette diffusion de l'expérience jurisprudentielle sur le territoire européen participerait à la promotion de la notion de dissuasion telle qu'elle doit être entendue dans le cadre du trafic illégal d'espèces sauvages en créant des repères pertinents pour les futures affaires en la matière[2]. La création d'un tel réseau d'information nécessiterait toutefois un meilleur respect par les États membres de leur devoir d'information à la Commission concernant les cas de trafics illégaux d'espèces sauvages protégées et les commerçants sanctionnés.

Cette remarque européenne sur l'obstacle majeur inhérent aux services juridiques et judiciaires peut sensiblement être étendue à l'échelle globale, par exemple jusqu'en

---

[1] GARSTECKI T., *op. cit.*

[2] Sur l'utilité d'une coordination des jurisprudences afin de garantir une unité d'interprétation au droit, V. notamment DUPUY M., « Unité d'application du Droit international à l'échelle Globale et responsabilité des Juges », *European Journal of Legal Studies*, 1 (2), 2007, p. 1-2.

République Démocratique du Congo[1], tant il peut être constaté que les tribunaux des États du monde peinent à sanctionner de manière stricte et dissuasive les criminels violant les réglementations liées au commerce d'espèces menacées.

Ainsi, sans une définition précise de la notion de dissuasion dans la sanction pénale applicable au trafic illégal d'espèces sauvages et une promotion pertinente de celle-ci dans les institutions juridiques, les objectifs énoncés aux échelles internationales et régionales ne trouvent que peu d'application concrète aux niveaux nationaux et voient ainsi leurs effectivités réduites. Aussi, des révisions des textes en vigueur destinées à définir les contours de la sanction pénale en matière de trafic illégal de biodiversité sauvage doivent nécessairement voir le jour afin de créer un modèle d'exigence en matière de dissuasion. De même, des formations adéquates des juges régionaux et nationaux en la matière doivent être développées.

En outre, la diversité des législations, des mesures et des sanctions définies à l'échelle internationale participe *in fine* de la création d'un cadre international applicable au trafic illégal de biodiversité sauvage relativement discordant.

SECTION 2 : UN MANQUE D'HARMONISATION DU CADRE INTERNATIONAL

Afin d'être effectif, le droit international doit être appliqué de manière relativement harmonieuse. En effet, le caractère « *unifié* » [2] de sa mise en œuvre participe de

[1] NGEH C.P., et *al.*, « La répression des crimes fauniques en RDC : comment améliorer les poursuites judiciaires ? », TRAFFIC Publishing, Yaoundé, Cameroun et Cambridge, Royaume-Uni, 2018.
[2] DELMAS-MARTY M., *Trois défis pour un droit mondial*, Editions Seuil, 1998, 200 p.

l'établissement d'une certaine sécurité juridique,[1] mais aussi et surtout de son effectivité[2].

Pourtant, le cadre juridique global visant à enrayer le trafic illégal de biodiversité sauvage est caractérisé par une importante diversité des législations, notamment pénales, et des mesures adoptées par les États. Ce manque d'harmonisation des règles en la matière a ainsi conduit à la création d'un phénomène grave, à savoir celui de la déviation des flux commerciaux illégaux. En effet, face à des législations strictes, les trafiquants choisissent tout simplement d'autres routes d'acheminement pour leurs produits, et se dirigent vers des territoires plus laxistes. C'est ce qui a été observé en Asie du Sud-Est où, suite aux contrôles plus stricts mis en place par les autorités chinoises, la Malaisie est désormais utilisée comme point d'entrée du territoire chinois des espèces illégalement obtenues[3].

Ce problème de déviation des flux commerciaux peut également se rencontrer au sein d'un même État. En effet, lorsqu'il s'agit d'un État fédéral, plusieurs organes de gestion existent sur son territoire. Confrontés à des avis divers de la part d'organes de gestion émanant de provinces différentes, les commerçants et trafiquants seront tentés de se diriger vers les États les plus permissifs[4].

Aussi le défaut d'harmonisation du cadre international en matière de trafic illégal de biodiversité sauvage est-il caractérisé par l'hétérogénéité des mesures étatiques qui sape les efforts des États les plus rigoureux (Paragraphe 1).

---

[1] KOSKENNIEMI M., *op. cit.*.

[2] Ici, la notion d'effectivité est comprise selon les travaux de Romain Le Bœuf pour qui l'harmonisation des législations nationales est un facteur d'effectivité du droit international qu'elles transposent, LE BŒUF R., « Peut-on « Mieux légiférer » en droit international ? », *in* RUBIO N. (ed.), *La fabrication du droit de l'Union européenne dans le contexte du « Mieux légiférer »*, Éditions UMR Droits international, Comparé et Européen, 2017.

[3] Statement of SCANLON J., *in* "*Ivory and Insecurity: The Global Implications of Poaching in Africa*", *op. cit.*, p. 35.

[4] DE KLEMM C., *op. cit.*, p. 115 ; Sur ce sujet, V. aussi LAMBERT-HABIB, *op. cit.*, p. 99.

En outre, ce défaut d'harmonisation du cadre international en matière de trafic illégal de biodiversité sauvage est favorisé par le caractère relativement arbitraire de la prononciation de sanctions commerciales qui mine l'élaboration d'un système équitable (Paragraphe 2).

Paragraphe 1 : Un manque d'harmonisation des législations créateur de déviations des flux commerciaux

Le phénomène de déviation des flux commerciaux illégaux vers des États laxistes en matière de lutte contre le trafic illégal de biodiversité sauvage peut s'illustrer au travers des exemples présentés par les diverses législations adoptées par les États membres de l'Union européenne en matière de commerce d'espèces sauvages menacées (A).

De même, ce phénomène se caractérise également tant au regard de la diversité des mesures adoptées par les États du pavillon et les États du port en vue de lutter contre l'exploitation illégale d'espèces marines sauvages (B), qu'au regard de la multitude des moyens de contrôle du commerce d'espèces sauvages existants (C).

Enfin, le phénomène de déviation des flux illégaux s'illustre également au regard de l'hétérogénéité des procédés de certifications appliquées aux produits marins ou forestiers sauvages définis par les États. En effet, bien que les certifications soient des modèles de promotion de légalité des produits d'espèces marines et forestières sauvages présentant des intérêts importants, celles-ci souffrent d'un difficile contrôle quant à leur fiabilité (D).

A. Une diversité des législations pénales européennes en matière de commerce d'espèces sauvages menacées

Au regard de la marge discrétionnaire offerte par la CITES, puis à l'échelle européenne par le règlement (CE) n°338/97 et la directive n°2008/99[1], une grande hétérogénéité existe entre les méthodes de répression élaborées par les États membres.

Au sein du territoire communautaire, peut-on donc observer des amendes oscillant entre 1200 et 450 000 euros et des peines de prison allant de six mois à huit ans[2]. Il est ainsi considéré comme plus aisé de transiter ou d'importer illégalement des espèces menacées sur des territoires espagnols ou luxembourgeois[3] que sur des territoires français ou grecs[4].

De la même façon, bien que certains États s'appuient sur un même mode de calcul quant à la définition des amendes, des différences notables existent entre les législations. Il en est ainsi de l'Espagne et de l'Italie, qui se réfèrent à la valeur du marché des espèces saisies et calculent les amendes en la multipliant par autant de fois la valeur du marché de ces espèces qu'ils le souhaitent pour établir une sanction proportionnelle à la gravité de la violation. Ce sera par exemple multiplié par une fois en Espagne pour les délits au titre de sa législation anti-braconnage, ou multiplié par six fois en Italie pour les violations répétées relatives à des espèces extrêmement menacées au titre de sa loi 150/1992[5].

En outre, la pertinence du système italien peut être mise en lumière au regard de certaines affaires traitées dans d'autres États communautaires. Par exemple, en 2000, à Londres, une compagnie écopa d'une amende de 1500 livres suite à la vente

---

[1] Directive européenne n° 2008/99 *op. cit.*

[2] GARSTECKI T., *op. cit.*

[3] *Ibid.*

[4] VAN UHM D., *op. cit.*

[5] *Ibid.*

de 138 écharpes en laine shahtoosh, issue de l'antilope du Tibet inscrite à l'annexe I CITES et A du règlement européen[1]. Or, en Italie, l'amende aurait été fixée à plus de trois millions d'euros[2]. Aussi les flux commerciaux illégaux d'espèces sauvages menacées ont-ils avantage à se tourner vers l'Angleterre plutôt que vers l'Italie. De tels contournements sapent les efforts des États européens réellement impliqués dans la lutte contre le trafic illégal des espèces menacées.

Enfin, d'une certaine manière, le marché unique européen, et, *in fine,* le principe de reconnaissance mutuelle des permis[3] au sein du territoire communautaire jouent aussi le jeu d'une déviation des flux commerciaux illégaux puisque l'organe de gestion d'un État membre jugeant l'importation d'une espèce menacée inopportune serait tenu de l'accepter en tout état de cause du moment que cette transaction a été validée par un autre État membre[4].

Finalement, le trafic illégal d'espèces sauvages menacées continue d'avoir cours au sein du territoire communautaire alors même que l'Union promeut une action ambitieuse en la matière. Le défaut de précision des textes CITES et européens quant au modèle de sanction supposé donner aux pénalités un caractère dissuasif vient ainsi créer une diversité des législations pénales induisant une déviation des flux commerciaux illégaux, et *in fine*, une incohérence du cadre juridique global.

Dans le même ordre d'idée, l'hétérogénéité des mesures prises par les États dans le secteur de la pêche, où les efforts de quelques États du pavillon et de port sont amoindris par la faiblesse des mesures d'États étrangers, mine l'impact de la lutte contre le trafic illégal d'espèces marines sauvages.

---

[1] GARSTECKI T., *op. cit.*

[2] *Ibid.*

[3] Article 11 du règlement (CE) n° 338/97.

[4] Sur ce sujet, V. notamment LANCHBERY J., *op. cit.*

B. Une diversité des mesures adoptées par les États du pavillon et du port

Lorsqu'un État accorde son pavillon de manière passive, c'est-à-dire sans répondre aux conditions internationales en vigueur, il menace l'efficacité de l'ensemble des dispositions mises en œuvre par les autres États en matière d'encadrement des pêches et du commerce légal des produits qui en sont issus. Pourtant, cela n'empêche pas ces pavillons dits « de complaisance » de pulluler[1] et les opérateurs d'activités de commerce illégales d'espèces marines sauvages bénéficient grandement de cet état de fait.

De surcroît, cette création d'une déviation des opérations commerciales illégales vers des navires battant pavillon d'États laxistes se retrouve chez les mesures établies par les États du port. Or, cela est d'autant plus grave que ceux-ci sont considérés comme les ultimes remparts contre la prospérité de la pêche INN et du commerce des produits qui en sont issus[2]. En effet, malgré ce rôle décisif dans la lutte contre le commerce illégal d'espèces marines sauvages, certains États du port s'illustrent par leur permissivité en matière de contrôle, donnant ainsi lieu à l'apparition de ports de complaisance[3].

Ce constat se retrouve notamment chez les États en développement, qui souffrent pour la plupart de faibles moyens pour assurer efficacement leurs contrôles[4]. Ainsi la disparité des attitudes de contrôle entre États du port a conduit à une déviation des flux commerciaux illégaux vers les États les plus permissifs.

---

[1] 35 États sont actuellement considérés comme pavillons de complaisance par la Fédération internationale des ouvriers du transport.

[2] SWAN J., « Ocean and Fisheries Law: Port State Measures to Combat IUU Fishing: International and Regional Developments », *Sustainable Development Law and Policy*, vol. 7, issue 1, 2006, p. 38.

[3] *Ibid*; Sur ce sujet, V. également, PALMA M. A., et *al.*, *Promoting Sustainable Fisheries. The International Legal and Policy Framework to Combat Illegal, Unreported and Unregulated Fishing*, Martinus Nijhoff Publishers, 2010, p. 158.

[4] PALMA M. A., et *al.*, *op. cit.*

L'existence de cette hétérogénéité des mesures des États du pavillon et des États du port, au regard des conséquences qu'elle entraîne, doit donc conduire à une réflexion sur la nécessité d'une harmonisation du cadre juridique global applicable au secteur de la pêche. Sans quoi, les efforts de certains États de pavillon ou de port, aussi rigoureux soient-ils, seront toujours menacés par le laxisme de quelques autres[1], et d'une manière générale, les normes en vigueur destinées à lutter contre l'exploitation et le commerce illégaux des espèces marines sauvages peineront à être substantiellement efficaces.

En outre, le manque d'harmonisation des mesures adoptées par les États se caractérise également par la diversité des moyens de contrôle du commerce d'espèces sauvages qu'ils ont mis en place.

C. Une diversité des moyens de contrôle du commerce d'espèces sauvages

La diversité des moyens de contrôle du commerce d'espèces sauvages déployés par les États à l'échelle internationale est de nature à créer des déviations de flux commerciaux illégaux. En effet, là où des États, souvent développés, s'illustrent par leurs mesures de contrôle perfectionnées, d'autres, souvent en développement, peinent à opérer efficacement. Cela a été démontré en matière de pêche, mais peut également se retrouver en de nombreux exemples dans d'autres domaines.

Ainsi, en Guinée-Bissau l'unité de protection de l'environnement de la Garde nationale dispose de moyens

---

[1] RIGG K., et *al.*, « Halting IUU Fishing: enforcing international fisheries agreements », *in* OECD, *Fish Piracy, Combating Illegal,Uunreported and Unregulated Fishing*, OECD Edition, 2004, p.375 ; Sur ce sujet, V. enfin "Lowering the flag. Ending the use of flags of convenience by pirate fishing vessels", A report by the Environmental Justice Foundation in collaboration with the Foundation for International Environmental Law and Development (FIELD) and Kalipso, 2009.

rudimentaires qui ne facilitent pas le suivi du commerce du bois de rose, espèce listée au sein des annexes de la CITES, sur le territoire. En effet, l'unité écrit les exportations en la matière à la main, sur des registres papier mal protégés des intempéries et des aléas[1].

Pire, alors même que les trafiquants s'illustrent par leur grande organisation de même que par leur lourd armement pour mener à bien leurs opérations, les gardes forestiers ou rangers d'États en développement chargés de leur faire face sont quant à eux bien trop légèrement équipés. Aussi face à des armes automatiques de type AK 47 ou à l'utilisation de jeep et d'hélicoptère[2], ceux-ci disposent d'une quantité de balles limitée, voire ne sont pas armés du tout[3] et en prime, doivent se déplacer à pied[4]. Ils ont ainsi le plus grand mal à faire la différence et paient souvent de leur vie ce cruel manque de moyens[5].

Aussi, la divergence des capacités financières quant à la mise en œuvre de mesures de contrôle de commerce d'espèces sauvages entraîne une déviation des opérations et des flux commerciaux illégaux vers les États les moins susceptibles d'opérer un contrôle efficace.

En outre, la diversité des procédés de certifications mis en place de par le monde alimente ce phénomène de déviation des flux commerciaux, en permettant aux entreprises les moins scrupuleuses de bénéficier de labels aux exigences affaiblies.

---

[1] 18e session de la Conférence des Parties, Questions d'interprétation et application, Respect général de la Convention et lutte contre la fraude, « Soutien à la lutte contre la criminalité liée aux espèces sauvages en Afrique de l'Ouest et Afrique Centrale », 23 mai-3 juin 2019.
[2] VAN UHM D., *op. cit.*
[3] 18e session de la Conférence des Parties, Questions d'interprétation et application, *op. cit.*
[4] PEREIRA GONCALVES M., et *al.*, « Justice for Forests. Improving Criminal Justice Efforts to Combat Illegal Logging », International Bank for Reconstruction and Development, 2012.
[5] SHEIKH P., SUN WYLER L., *International Illegal Trade in Wildlife: Threats and US policy*, *op. cit.*

D. Une diversité des procédés de certifications commerciales des espèces sauvages

L'utilité des labels et des certifications appliqués aux espèces sauvages, notamment marines et forestières, réside dans l'établissement de normes à vocation durables, tant en vue d'assurer la pérennité desdites espèces que pour garantir la légalité du commerce qui en dépend.

Or, un développement trop important de procédés de certifications menace l'homogénéité des normes et principes qu'elles promeuvent, créant ainsi un difficile contrôle de leurs fiabilités[1]. Cette difficulté de contrôle participe notamment à une déviation des flux commerciaux des entreprises les moins exigeantes en matière de légalité du commerce d'espèces sauvages vers des États et compagnies laxistes en la matière.

Aussi, le FSC, en faisant émerger des critères généraux pour l'évaluation de la gestion des forêts dont la définition spécifique est laissée aux soins des États[2], a permis l'élaboration de critères inégaux, plus ou moins rigoureux, qui rendent globalement difficile le contrôle fiable de la légalité du commerce des produits issus des forêts[3].

De la même façon, les principes relativement vagues définis par le MSC, à savoir la durabilité du stock visé, l'impact de la pêche sur les écosystèmes et la gestion efficace des opérations[4], font naître des exigences très différentes au sein des compagnies.

---

1 Sur ce sujet, V. notamment "Report of the Intergovernmental Forum on Forests on its Fourth Session", WTO, New York, 31 January-11 February 2000.

2 DE CAMINO R., ALFARO M., « La certification en Amérique Latine : bilan de l'expérience », Réseau de foresterie pour le développement rural, doc. du réseau 23 c, été 1998.

3 Sur ce sujet, V. notamment BRIEC L., « Le marché du bois certifié : une lecture institutionnelle », Colloque international francophone « Le développement durable : débats et controverses », 15 et 16 Décembre 2011, Université Blaise Pascal, Clermont-Ferrand.

4 « Le référentiel pêcheries du MSC », site internet du MSC.

D'une manière générale, un certain nombre de voix se sont élevées afin d'encourager les États et les organismes de certifications à promouvoir de vraies exigences en matière de contrôle de la légalité du commerce d'espèces sauvages, dont les critères et/ou le respect ne sont pas soumis à discrétion. En outre, afin de diminuer le risque d'équivoque lié à la multiplication des certifications, certaines initiatives ont vu le jour. Ainsi, la *Global Sustainable Seafood Initiative* est venue créer un modèle exigeant de certification internationale des espèces marines qui fait référence[1].

Enfin, il est à considérer qu'un certain nombre d'États en développement manquent de participer au développement de certifications en matière de produits marins et forestiers. Cela s'explique notamment par leurs faibles moyens en la matière[2]. Pourtant, ces États riches en biodiversité sont gravement touchés par le trafic illégal d'espèces sauvages et bénéficieraient de la mise en place de certifications rigoureuses destinées à promouvoir un commerce légal de ces espèces.

Ainsi la diversité des législations et des mesures prises au sein des États en matière d'exploitation et de commerce d'espèces sauvages vient créer un phénomène de déviation des opérations illégales nuisible aux efforts de la Communauté internationale dans sa lutte contre le trafic illégal de biodiversité sauvage.

En outre, l'existence d'un relatif arbitraire dans la prononciation des sanctions commerciales au sein des différents dispositifs juridiques relatifs à la lutte contre le trafic illégal d'espèces sauvages accentue ce manque de cohérence globale du cadre international.

---

[1] Global Sustainable Seafood Initiative, cité dans RIZZARDI, K. W., *op. cit.*

[2] PEREZ-RAMIREZ M., LLUCH-COTA S., "Fisheries Certification in Latin America: Recent Issues and Perspectives", Association Interciencia, Caracas, Venezuela, vol. 35, 11 November 2010, pp. 855-861..

Paragraphe 2 : Des sanctions commerciales arbitraires nuisibles à un cadre international applicable au trafic illégal de biodiversité sauvage harmonieux

Dans le cadre du dispositif CITES, une certaine tendance a été observée quant à la prononciation des suspensions de commerce à l'égard de certains États. En effet, la grande majorité, près de 95%[1], des États visés par ce type de mesures sont des États en développement[2]. Outre le fait qu'ils sont souvent plus riches en biodiversité et que cette inclination s'alignerait donc dans une certaine logique, c'est toutefois une autre constatation qui tendrait à expliquer ce phénomène.

Philippe Sand reprend ici l'exemple du Japon[3], régulièrement classé par la CITES comme un État de catégorie 1[4], alors même qu'il contrevient directement à un certain nombre de ses obligations conventionnelles. D'une part, l'autorité scientifique désignée par le Japon est dépendante de l'organe de gestion prévu par le dispositif conventionnel, contrevenant aux dispositions de la résolution 10.3 de 1997[5]. D'autre part, le Japon a suspendu l'émission de ses rapports annuels concernant les

---

[1] SAND P. H., « Enforcing CITES: The Rise and Fall of Trade Sanctions », *op. cit.*, p. 261.

[2] V. le tableau représentant les pays faisant l'objet d'une recommandation de suspension de commerce mis en ligne sur le site internet de la CITES.

[3] SAND P. H., "Japan's 'Research Whaling' in the Antarctic Southern Ocean and the North Pacific Ocean in the Face of the Endangered Species Convention (CITES)", *Review of European Community and International Environmental Law*, April 2008, vol. 17, issue 1, pp. 56-71.

[4] Le Projet sur les législations nationales mis en place par la résolution de la Conférence des Parties 8.4 (Rev. CoP15) classe les États Parties en fonction de leur respect des dispositions conventionnelles. En catégorie 1 figurent les États dont la législation remplit « généralement les conditions nécessaires à l'application de la CITES », en catégorie 2 figurent les États dont la législation ne remplit « généralement pas toutes les conditions nécessaires à l'application de la CITES », et enfin en catégorie 3 figurent les États dont la législation ne remplit « généralement pas les conditions nécessaires à l'application de la CITES », <https://cites.org/fra/legislation/National_Legislation_Project>.

[5] Paragraph 2 a) of the Resolution Conf. 10.3, « Designation and role of the Scientific Authorities », Tenth meeting of the Conference of the Parties, Harare, Zimbabwe, 09-20 June 1997.

permis délivrés pour les espèces marines protégées par la CITES pendant neuf ans, de 2000 à 2009[1], violant non seulement l'article VIII paragraphe 7[2] de la Convention, mais aussi la résolution 11.17 de 2000[3]. Pire, de 2001 à 2012 l'organe de gestion japonais a autorisé l'importation d'espèces marines inscrites à l'annexe I pour des motifs principalement commerciaux[4], dérogeant à l'article III paragraphe 5 c)[5].

Pour toutes ces violations, le Japon n'a pas été une seule fois sanctionné par la CITES, pendant que d'autres États subissaient – à juste titre certes – les pénalités prévues par le texte et la pratique. Doit-on y voir, comme le souligne Philippe Sand, un rapport avec le fait qu'il s'agisse du deuxième plus grand contributeur financier au fonctionnement de la CITES, ajoutant à la dimension politique de cet arbitraire un volet financier ?[6]

De la même manière, lorsqu'un problème d'application de la CITES généralisé sur le territoire de l'Union européenne a été constaté en 1992[7], seuls un rappel à l'ordre et la demande aux États membres concernés par ces manquements de revoir leurs législations nationales ont été prononcés[8]. De surcroît, l'Union européenne s'est opposée par la suite au vote d'une nouvelle résolution par le Comité Permanent qui prescrivait des « contrôles renforcés » sur le territoire communautaire et a même

---

[1] SAND P. H., « Enforcing CITES: The Rise and Fall of Trade Sanctions », *op. cit.*, pp. 262.

[2] Article VIII, paragraphe 7 de la CITES.

[3] Conf. 11.17 (Rev. CoP17), Rapports nationaux, 2000.

[4] SAND P. H., "'Scientific Whaling': Whither Sanctions for non-compliance with International Law?", *op. cit.* ; Sur ce sujet, V. également RAFFEINER S., "Organ Practice in the Whaling Case: Consensus and Dissent between Subsequent Practice, Other Practice and a Duty to Give Due Regard", *The European Journal of International Law*, vol. 27, n° 4, 2017.

[5] Article III, paragraphe 5 c) de la CITES.

[6] SAND P. H., « Enforcing CITES: The Rise and Fall of Trade Sanctions », *op. cit.*

[7] Alinéa 9 de la résolution Conf. 8.2, Huitième session de la Conférence des Parties Kyoto (Japon), 2 au 13 mars 1992, « Application de la Convention dans la Communauté économique européenne (CEE) ».

[8] Alinéa 14 de la résolution Conf. 8.2, *op. cit.*

obtenu le retrait des contrôles plus stricts établis par la résolution précédente[1].

Par ailleurs, Marie-Laure Lambert-Habib remarque également que pour les rares cas où une sanction commerciale venait à toucher un pays du Nord, ses homologues apparaissent souvent moins enclins à appliquer les embargos à son encontre, comme ce fut le cas pour les États-Unis et la Suisse qui n'ont pas suivi la recommandation touchant l'Italie[2].

Ce relatif arbitraire dans la prononciation des sanctions commerciales se retrouve également en matière de pêche, par exemple dans le cadre du règlement européen n°1005/2008. En effet, au contraire d'États puissants dont les flottes sont notoirement engagées dans des opérations de pêche INN, ce sont les États en développement qui sont les plus sanctionnés par les articles 31 et 32 dudit règlement, dont notamment le Cambodge, la Guinée et le Belize[3].

Or, si la justification de sanction à l'égard de ces États est légitime au regard de l'objectif du règlement européen, une décision visant à sanctionner la Chine en vertu desdits articles trouve aussi sa validité. En effet, la Chine est responsable d'une grande partie des opérations de pêche INN de par le monde[4]. Rien qu'avec sa pêche lointaine menée en Afrique, on estime que près de 2,5 millions de tonnes sur les 3,1 millions de tonnes de captures effectuées par les flottes chinoises par an dans cette zone ne sont pas déclarés[5]. Cependant, le marché chinois de la pêche représentant des opportunités d'exportation et d'importation

---

[1] LAMBERT-HABIB M-L., *op. cit.*, p. 308.

[2] *Ibid.*, p.310.

[3] Décision d'exécution de la Commission du 26 novembre 2012 relative au recensement des pays tiers que la Commission considère comme pays tiers non coopérants en application du règlement (CE) n° 1005/2008 du Conseil (2013/C 346/02).

[4] MORIN M., « L'Union européenne et l'identification des pays tiers non coopérants dans la lutte contre la pêche illégale, non déclarée et non règlementée (INN) », *Annuaire de Droit Maritime et Océanique*, CDMO, Université de Nantes, T. XXXIV, 2016, pp.229-248.

[5] BLOMEYER R., et *al.*, « The Role of China in World Fisheries », European Parliament's Committee on Committee on Fisheries, 2012.

importantes pour l'Union européenne, la Chine échappe aux sanctions commerciales prévues par le règlement[1].

Ainsi, loin d'un « respect des règles pour tous » dans le cadre de la lutte contre le trafic illégal d'espèces sauvages, force est de constater que les sanctions commerciales prévues par les divers instruments juridiques en la matière, tels qu'ici la CITES et le règlement européen n°1005/2008, ne concernent pas tous les États.

Des considérations économiques et surtout politiques entrent donc en jeu là où une même force exécutoire devrait pourtant caractériser l'application des dispositions juridiques. La création d'un cadre où certains États agissent en toute impunité et où d'autres sont réellement contraints par les textes juridiques en vigueur vient alors accentuer le caractère hétérogène de l'application des dispositions conventionnelles et *in fine* leur effectivité sur le plan global.

Finalement, qu'il s'agisse d'espèces sauvages menacées ou exploitées, toutes sont protégées d'un commerce illégal de façon très relative. Bien que les textes multilatéraux en la matière tendent vers la promotion d'un encadrement de leur commerce et/ou de leur exploitation propre à assurer la légalité des opérations, ceux-ci participent en parallèle à l'existence d'un cadre international insuffisant à assurer cet objectif.

En effet, la marge discrétionnaire que ces textes juridiques ont contribué à créer, par le biais du caractère non contraignant de certains d'entre eux, par la possibilité d'émettre des réserves à leurs dispositions et par le manque de précision de certaines de leurs dispositions, s'est révélée néfaste à leurs mises en œuvre effectives. Le relatif manque d'engagement des États en matière de lutte contre le trafic illégal de biodiversité sauvage a ainsi contribué à l'élaboration de législations pénales faibles et à l'instauration d'un cadre juridique global incohérent.

En outre, un certain nombre d'obstacles opérationnels viennent également réduire la portée normative des textes en

---

[1] MORIN M., *op. cit.* ; Sur ce sujet, V. aussi VAN DER MAREL E. R., *op. cit.*

vigueur et des initiatives de perfectionnements, notamment en matière de commerce d'espèces sauvages menacées.

TITRE II :
DES LIMITES NORMATIVES LIÉES À DES OBSTACLES OPÉRATIONNELS

La mise en œuvre de dispositions réglementaires applicables à la lutte contre le trafic illégal d'espèces sauvages menacées est soumise à des facteurs opérationnels de divers ordres.

Contrairement à la lutte contre le trafic illégal d'espèces sauvages exploitées, qui se manifeste majoritairement par un contrôle du respect des normes d'encadrement de l'exploitation des espèces, la lutte contre le trafic illégal d'espèces sauvages menacées se caractérise par un contrôle du respect des normes d'encadrement de leur commerce. En tant qu'instrument spécifique au commerce des espèces sauvages, la CITES aurait donc dû envisager une approche holistique et prendre en compte certains facteurs opérationnels dans le développement de ses initiatives et quant à son application. Or, tel n'a pas été le cas.

Ainsi, la non-appréhension de facteurs opérationnels d'ordre normatifs, commerciaux, biologiques et pratiques, nuit substantiellement au développement de mesures pertinentes applicables à la lutte contre le trafic illégal d'espèces sauvages menacées. En ce sens, les propositions de libéralisation normative du commerce des espèces inscrites à l'annexe I figurent comme des illustrations d'initiatives inadaptées aux réalités opérationnelles entourant ledit commerce (Chapitre I).

De même, l'absence d'appréhension de facteurs socio-économiques, illustrée par la faible promotion des communautés locales dans la lutte contre le trafic illégal d'espèces sauvages menacées, est venue limiter le prisme d'application de la CITES. En effet, la pauvreté que connaissent ces communautés, au sein des États en développement notamment, explique leur implication dans la chaîne de braconnage, à la racine même du trafic. Ainsi, en n'intégrant pas ou peu ces communautés à son processus d'application, la CITES menace la portée de ses dispositions, car elle encourage un cercle vicieux où les oubliés du texte conventionnel jouent un rôle actif dans ce qu'elle cherche à enrayer (Chapitre II).

CHAPITRE I : UNE LIBÉRALISATION NORMATIVE DU COMMERCE D'ESPÈCES MENACÉES INADAPTÉE AUX ENJEUX OPÉRATIONNELS

De nombreux auteurs ont attribué à l'existence des interdictions de commerce pesant sur les espèces sauvages inscrites en annexe I de la CITES l'ampleur du trafic illégal qui les frappe[1]. Il a ainsi été mis en évidence qu'à la suite de leur inscription en annexe I de la Convention, certaines espèces faisaient l'objet d'un braconnage accru[2]. Aussi, des propositions de levée des interdictions transactionnelles des espèces listées en annexe I et une libéralisation incidente de leur commerce ont vu le jour.

Ces propositions répondent d'une logique commerciale selon laquelle l'entrée légale sur le marché de produits issus d'espèces inscrites en annexe I serait de nature à engendrer une baisse des prix globale et à supprimer le caractère rare de certains produits, dissuadant *in fine* toute tentation de s'adonner à des pratiques illégales.

En tant que solutions novatrices, ces propositions sous-tendent une modification de l'organisation des autorisations de commerce au sein du système CITES qui serait supposée renforcer son objectif de lutte contre le trafic illégal d'espèces sauvages menacées. Toutefois, ces propositions apparaissent inadaptées pour répondre de cet objectif, et ce au regard de nombreux facteurs opérationnels.

D'une part, au regard des exemples contrastés d'expériences mettant en exergue l'existence de facteurs

---

[1] V. notamment KHANNA J., HARTFORD J., « The ivory trade ban: is it effective? », *Ecological Economics*, vol. 19, n°2, 1996, pp. 147–155 ; Sur ce sujet, V. également RIVALAN P., et *al.*, « Can bans stimulate wildlife trade? », *Nature*, vol. 447, 2007, pp. 529–530.

[2] Dû à la raréfaction des cornes de rhinocéros sur le marché, leur prix sur les marchés coréens a augmenté de plus de 400 % en deux ans après leur inscription, RIVALAN P., *op. cit.*.

biologiques, pratiques et commerciaux dans l'éventuelle légalisation de produits issus d'espèces menacées, force est de constater que le maintien de l'annexe I revêt encore un intérêt fondamental (Section 1).

D'autre part, l'existence de facteurs normatifs, tels que l'absence de contrôle par la CITES des marchés intérieurs ainsi que l'existence d'une corruption de grande ampleur en matière de trafic illégal d'espèces sauvages, vient contrarier davantage les propositions de suppression des interdictions de commerce des espèces protégées par l'annexe I (Section 2).

SECTION 1 :
UNE LIBÉRALISATION NON PERTINENTE AU REGARD DE FACTEURS OPÉRATIONNELS

La pertinence des propositions de libéralisation du commerce des espèces inscrites en annexe I de la CITES peut s'analyser en deux temps.

Dans un premier temps, il est à constater que certains exemples viennent soutenir ces propositions. En effet, certains procédés exceptionnels ont été mis en avant dans le cadre de la CITES afin de tenter un enrayement du trafic illégal d'espèces menacées par la légalisation de leur mise sur le marché. Parmi eux, nous trouvons notamment le déclassement exceptionnel de la vigogne en annexe II pour certains États d'Amérique du Sud.

Par ailleurs, un élément clé dans la détermination d'une possibilité viable d'un commerce légal et généralisé des espèces de l'annexe I peut se trouver dans les indications que les exemples liés à la dérogation de l'article VII paragraphe 4 de la Convention fournissent.

En effet, au titre de cet article, les espèces protégées par l'annexe I sont considérées comme relevant de l'annexe II lorsqu'elles ont été élevées en captivité[1] et peuvent ainsi faire l'objet d'un commerce. Il existe donc déjà un commerce dérogatoire de certaines espèces de l'annexe I dont les effets peuvent être analysés en vue d'une réflexion sur leur éventuelle extension aux autres espèces de l'annexe. Ces exemples viennent ainsi conforter l'éventualité d'une suppression du trafic illégal d'espèces menacées par le biais de leur commercialisation légale (Paragraphe 1).

Dans un second temps néanmoins, il est à conclure, à la lumière des exemples fournis par les élevages de tigres et des ventes exceptionnelles d'ivoire, que la proposition d'une libéralisation du commerce des espèces de l'annexe I se heurte à différents facteurs et, en outre, ne ferait qu'alimenter le trafic

---

[1] Article VII, paragraphe 4 de la CITES.

illégal en rendant la prolifération des produits issus du marché noir d'autant plus aisée (Paragraphe 2).

Paragraphe 1 : Un trafic illégal d'espèces sauvages menacées inhibé par une offre légale concurrentielle

Les propositions de légalisation du commerce des espèces listées en annexe I de la CITES reposent sur une double logique. D'une part, elles considèrent que l'apparition de ces espèces dans les flux légaux internationaux entraînerait une concurrence économique au trafic illégal qui serait de nature à enrayer la demande tournée vers le marché noir. D'autre part, elles estiment que l'exploitation commerciale de ces espèces encouragerait davantage les initiatives de conservation les concernant au lieu d'alimenter les tentatives de braconnage.

Ce raisonnement s'appuie notamment sur quelques exemples fructueux en la matière qui, en outre, tendent à respecter le mandat de la CITES visant à limiter les pressions que le commerce fait peser sur le statut biologique des espèces sauvages menacées.

Ainsi, certains exemples mettent en avant les avantages d'une exploitation contrôlée d'une espèce inscrite en annexe I d'où serait tirée une partie de son corps sujette à repousse (A), et d'autres concernent une mise en perspective du bien-fondé de l'élevage d'espèces inscrites en annexe I en vue de leur commerce (B).

A. Des exemples réussis d'exploitations commerciales d'espèces sauvages menacées

Un exemple concret d'une réussite de libéralisation commerciale d'une partie durablement exploitable d'une espèce menacée peut se trouver dans le cas de la fibre de laine de la vigogne (1) où les communautés rurales ont été impliquées dans une gestion qui leur a fourni une incitation positive à la conservation de l'espèce et à assurer son commerce légal.

Ce cas pourrait être étendu à celui du rhinocéros dont la corne peut être vendue par des communautés rurales et des propriétaires privés qui trouveraient dans ce commerce une même incitation économique à la protection de l'espèce, notamment contre son trafic illégal (2).

1. Une gestion communautaire de la fibre de vigogne comme modèle de développement d'une offre légale concurrentielle

Un certain nombre d'espèces protégées par l'annexe I CITES offrent des possibilités d'exploitation commerciale sans pour autant leur causer la mort. En la matière, un exemple de succès d'une légalisation de produits issus d'espèces de l'annexe I élevées en captivité – au titre de l'article VII paragraphe 4 de la Convention – mais aussi éventuellement gérées dans la nature peut se trouver dans le cas de la vigogne.

Depuis 1975[1], l'animal est inscrit en annexe I de la Convention, car la fibre de sa laine figure parmi les plus précieuses sur le marché international et a donc fait l'objet d'un commerce illégal de grande ampleur venu menacer la pérennité de son existence à l'état sauvage.

Néanmoins, dans les années suivantes, la CITES est venue permettre à certaines communautés locales d'Amérique du Sud, issues du Chili, du Pérou, de l'Argentine et de la Bolivie, de récolter et de vendre la fibre de la laine de vigogne comme si l'espèce était inscrite en annexe II[2]. Cette possibilité ne s'ouvre toutefois que pour des populations de vigognes prédéterminées. De même, le commerce international des produits issus de l'utilisation de la fibre de laine de vigogne n'est réalisable que si

---

[1] Rubrique « Vigogne », site internet de la CITES.
[2] Possibilité ouverte en 1987 pour le Chili, 1995 pour le Pérou, 1997 pour l'Argentine et 2003 pour la Bolivie, *Ibid.*

ceux-ci sont dotés d'un logo spécifique sur lequel apparaît la mention « vicuna-(nom de l'État exportateur) »[1].

Or, l'opportunité offerte aux communautés locales de s'assurer des revenus réguliers par l'utilisation de la vigogne leur a fourni une incitation à sa conservation et sa gestion raisonnée[2]. Les tentations de s'adonner au braconnage ont alors chuté. Par ailleurs, grâce à ce procédé, les populations de vigogne autrefois menacées par le commerce sont passées de 10 000 individus à 350 000 entre 1960 et 2008[3].

L'exemple de l'autorisation de commerce international de la fibre de laine de vigogne offre donc certaines perspectives d'avenir et de réflexion pour les auteurs prônant la légalisation du commerce de produits issus d'espèces inscrites en annexe I, prélevés sur les espèces vivantes.

Aussi de nombreux auteurs tendent à considérer que le modèle offert par la gestion de la vigogne pourrait être appliqué au rhinocéros. En effet, la corne de l'animal, si elle est extraite précautionneusement, repousse et offre ainsi, tout comme la fibre de vigogne, une possibilité d'exploitation durable et de commerce encadré.

2. Une proposition d'application du modèle de la vigogne à la vente des cornes de rhinocéros

La pratique du *dehorning* des rhinocéros a été avancée comme l'un des aspects les plus prometteurs dans la promotion

---

[1] Sur ce sujet, V. CITES Conf. 11.6 (Rev. CoP13), "Trade in vicuna cloth" ; Sur ce sujet, V. aussi "Trade in vicuna fibre, implications for conservation and rural livelihoods", 16-21 July 2018, 13 th meeting of the Animals Committee.

[2] LICHTENSTEIN G., « Vicuna conservation and poverty alleviation ? Andean communities and international fibre markets », *International Journal of the Commons*, vol. 4, n°1, 2010, pp. 100–121 ; Sur ce sujet, V. aussi KASTERINE A., LICHTENSTEIN G., « Trade in Vicuna: the Implications for Conservation and Rural Livelihoods », International Trade Centre, Geneva, Switzerland, 2018.

[3] LICHTENSTEIN G., *op. cit.*

de la création d'un commerce légal de parties d'espèces sauvages menacées. Des études ont notamment démontré que la coupe de la corne de rhinocéros présente de faibles risques biologiques pour l'animal concerné[1] si elle est effectuée par un professionnel consciencieux.

Que la corne de rhinocéros suive le modèle de la fibre de laine de vigogne en termes de déclassement en annexe II pour certains États, ou que l'espèce en elle-même fasse l'objet d'un élevage en captivité au titre de l'article VII paragraphe 4 de la CITES, le déhornement apparaît comme un moyen d'assurer un rendement régulier d'une partie d'un même animal intéressant le marché international.

Si elle est opérée par des réserves naturelles, la pratique du déhornement des rhinocéros doit faire l'objet d'une certaine publicité afin que les braconniers sachent que le lieu est à présent « *Horn Free* » et que les touristes soient sensibilisés au trafic illégal d'espèces sauvages par cette initiative commerciale positive[2].

Toutefois, c'est lorsque l'exécution du déhornement est réalisée par des propriétaires de ranchs privés que l'aspect d'une légalisation des parties d'espèces listées en annexe I en vue d'un enrayement de leur commerce illégal devient le plus intéressant. En effet, le *ranching* trouve son bien-fondé en termes de conservation en ce qu'il dépend de prélèvements occasionnels dans la nature, donc de la viabilité de populations sauvages non oppressées par un commerce illégal de grande ampleur. Or, on estime que la demande de corne de rhinocéros pourrait être couverte par les cinq mille rhinocéros blancs présents sur les terres de conservation privées d'Afrique du Sud[3].

---

[1] LINDSEY P.A., TAYLOR A., « A study on the dehorning of African Rhinoceroses as a tool to reduce the risk of poaching », A Report prepared by the Endangered Wildlife Trust for the South African Department of Environmental Affairs, Johannesburg, South Africa, 2011.

[2] *Ibid.*

[3] BIGGS D., et *al.*, "Legal Trade of Africa's Rhino Horns", *Science*, vol.139, 1st Macrh 2013, pp.1038-1169.

Évidemment, les cornes obtenues doivent faire l'objet d'un contrôle minutieux, leur taille et aspect doivent obligatoirement être analysés, puis être identifiés par puces électroniques afin d'en prouver l'origine légale lors de leurs entrées sur le marché [1]. Des tests ADN complémentaires pourraient également être mis à disposition des douanes, des vendeurs et des clients finaux[2]. Le commerce de ces parties animales devrait ainsi être envisagé afin de répondre à des objectifs de fiabilité et de transparence quant à leur provenance.

L'objectif de démantèlement du trafic illégal de cornes de rhinocéros pourrait ici être atteint grâce à la rareté des cornes ainsi prélevées qui enjoindrait soit la création de prix bas de la part des propriétaires privés qui amènerait les clients à ne se tourner que vers eux, soit *a contrario* la mise en place de prix avantageux pour les vendeurs qui conduirait le marché noir à baisser ses prix pour rester compétitif, et *in fine*, à le rendre moins rentable qu'autrefois.

Le premier cas suppose un réel investissement moral de la part de ces propriétaires de ranch qui renonceraient à une certaine marge financière dans le but ultime de couper court au commerce souterrain afin d'être les seuls pourvoyeurs de cornes sur le marché. Le second cas part du postulat que les clients potentiels préfèrent se tourner vers une option durable en lieu et place d'une alternative néfaste.

Les cas de la vigogne, et possiblement du rhinocéros, démontrent que là où existent une partie d'espèces sauvages menacées sujette à repousse, une exploitation encadrée peut se mettre en place sans beaucoup de préoccupations d'ordre biologiques, telles que liées à la reproduction, puisqu'une même espèce peut être sujette à de nombreux prélèvements aussi longtemps qu'elle reste en vie.

---

[1] LINDSEY P. A., TAYLOR A., *op. cit.*

[2] WASSER S.K. et *al.*, « Combating the illegal trade in African elephant ivory with DNA forensics », *Conservation Biology*, vol. 22, n° 4, 2008, pp. 1065–1071.

Toutefois, il s'agit de rares cas où des considérations biologiques n'entrent pas ou peu en ligne de compte. En effet, celles-ci sont particulièrement importantes lorsqu'on envisage une commercialisation de produits issus d'espèces sauvages supposant la mort de celles-ci.

C'est notamment le cas des crocodiles, dont les peaux ne peuvent être obtenues tant qu'ils sont vivants. Des facteurs biologiques doivent alors être étudiés afin d'évaluer la rentabilité de leur élevage en vue de leur commerce postérieur et l'impact de la procédure sur les populations sauvages.

B. Un commerce légal et durable du crocodile du Nil réussi

Certaines espèces protégées par l'annexe I font l'objet d'un élevage au titre de l'article VII paragraphe 4[1] de la CITES. À la lumière des dispositions de cet article, les espèces issues de ces élevages peuvent faire l'objet d'une commercialisation. Or, parmi ces espèces peut-on citer le crocodile du Nil.

Classé en annexe I dès l'instauration de la CITES, l'ensemble des espèces de crocodiles était gravement menacé d'extinction suite au commerce de leurs peaux. L'autorisation de leur mise sur le marché *a posteriori* n'a été rendue possible que par le souhait qu'aucune espèce sauvage de crocodile ne soit atteinte par le commerce, ainsi que par la mise en place d'un système d'identification des peaux permettant de s'assurer de leur provenance légale[2].

Or l'autorisation de commerce des peaux de crocodiles du Nil a permis de contrer le marché noir grâce aux recettes perçues par les ventes légales qui ont fortement incité les politiques à entreprendre des efforts financiers en termes de

---

[1] Article VII, paragraphe 4 de la CITES.

[2] HUTTON J., WEBB G., « Crocodiles: Legal Trade Snap Back », *in* OLDFIELD S., (ed), *The trade in wildlife, regulation for conservation, op. cit.*, p.117.

management en vue de s'assurer la durabilité de ces sources de revenus[1].

Par la suite, les chiffres ont démontré que l'offre d'un commerce légal de ces peaux a instauré une incitation sous-jacente à une gestion durable de ces espèces et à leur conservation[2]. Il a même été estimé que les espèces de crocodiles élevées en captivité les plus rentables sur le marché international étaient les espèces les moins menacées d'extinction à l'état sauvage[3]. Dans ce contexte, le cas du crocodile du Nil offre un exemple appréciable d'un cas réussi de libéralisation du commerce d'une espèce menacée destiné à réprimer son trafic illégal.

Les effets, avérés ou éventuels, du commerce de la laine de vigogne, de la corne de rhinocéros et du crocodile du Nil offrent donc des appuis aux propositions de généralisation de libéralisation du commerce des espèces listées en annexe I de la CITES. Néanmoins, il est important d'apporter quelques nuances à ces modèles.

Ainsi, concernant la pratique du déhornement, il a été observé qu'en tant que tel, le procédé ne peut suffire à enrayer le commerce illégal de la corne de rhinocéros. En témoignent de nombreux constats géographiques où, lorsque la coupe de la corne de rhinocéros n'a pas été associée à une sécurité renforcée autour de la zone en question, le trafic illégal continuait son cours. Aussi, si la Namibie a connu une baisse de son taux de braconnage entre 1989 et 1990 suite à l'opération de déhornement d'une partie de la population de ses rhinocéros, c'est parce qu'elle a couplé ses efforts de mesures sécuritaires complémentaires. Par contraste, le seul déhornement pratiqué par le Mozambique n'a pas suffi à réprimer le phénomène de trafic

---

[1] COONEY R., « Conclusions: Looking Ahead International Wildlife Trade Regulation and Enforcement », *in* OLDFIELD S., (ed), *The trade in wildlife, regulation for conservation, op. cit.*

[2] COTT H.B., « Scientific results of an inquiry into the ecology and economic status of the Nile crocodile (Crocodylus niloticus) in Uganda and Northern Rhodesia », *Journal of Zoology*, vol. 29, n°4, 1961, pp. 211-356.

[3] HUTTON J., WEBB G., *op cit.*, p.118.

illégal de cornes[1]. On note ainsi que le facteur sécuritaire, et l'importance des fonds y étant alloués jouent un rôle majeur dans le combat contre le trafic illégal des espèces sauvages menacées.

En outre, rares sont les espèces dont les parties du corps intéressants le commerce international peuvent être obtenues à rendements réguliers sur un même animal. Ainsi, le succès de l'élevage du crocodile, qui suppose sa mort avant son entrée sur le marché, répond de la combinaison de facteurs scientifiques, budgétaires et techniques qui ne trouvent pas les mêmes échos auprès d'autres espèces. En effet, le succès de ce commerce de peaux de crocodiles du Nil dans l'enrayement de leur trafic illégal doit être apposé à la facilité dont dispose l'espèce pour se reproduire[2], et surtout à l'existence d'un faible nombre de tanneries[3] enregistrées auprès du Secrétariat de la CITES, ce qui facilite les contrôles et l'identification. Or, toutes les espèces listées en annexe I ne répondent pas des mêmes conditions d'élevage et des mêmes considérations biologiques.

De surcroît, la présence légale sur le marché d'espèces protégées par l'annexe I de la CITES menace gravement les objectifs conventionnels, notamment en ce que cette offre légale alimente l'existence de produits issus de sources illégales et vient stimuler une demande que des impératifs biologiques peuvent rarement rencontrer.

Paragraphe 2 : Un commerce illégal d'espèces sauvages menacées alimenté par le commerce légal

Les propositions de légalisation du commerce des espèces listées en annexe I de la CITES semblent s'appuyer sur de minces exemples, rarement applicables aux autres espèces de l'annexe, pour conforter leur position.

---

[1] LINDSEY P. A., TAYLOR A., *op. cit.*
[2] *Ibid.*
[3] COONEY R., *op. cit.*, p. 202.

En effet, toutes les espèces protégées par l'annexe I ne peuvent jouir d'un développement pertinent de leur élevage, notamment au regard de facteurs biologiques sous-tendant des coûts particuliers qu'un prélèvement illégal dans la nature aurait tôt fait de remplacer avantageusement.

Par ailleurs, lorsque des élevages sont quand même bel et bien établis, ou que des espèces sont prélevées dans la nature, la mise sur le marché des produits qui en sont issus sert de véhicule à des produits issus de sources illégales, de même qu'elle vient stimuler une demande que seuls des prélèvements illégaux complémentaires sont à même de rencontrer.

Les élevages de tigres (A) et les ventes exceptionnelles d'ivoire mises en place par la CITES (B) fournissent des exemples révélateurs de la menace que fait peser une généralisation de l'offre légale d'espèces listées en annexe I sur l'efficacité des dispositions CITES.

A. Un échec du modèle de commerce légal et durable de tigres

Le tigre est élevé en grandes quantités en Asie où une demande croissante de la médecine chinoise, mais aussi de la classe moyenne émergente[1], vient stimuler l'offre. Malgré le fait que la majeure partie du commerce des parties de tigres élevés en captivité en Asie ne s'étende pas au marché international grâce au non-enregistrement des structures destinées à leur élevage[2], la présence sur le marché intérieur de telles parties a à elle seule vivement encouragé le braconnage de l'espèce à l'état sauvage. Aussi la commercialisation de produits issus de tigres non prélevés dans la nature est loin d'avoir permis la création

[1] HOLLAND H., « China's Expanding Middle Class Fuels Poaching, Decadence in Myanmar », National Geographic (online), 2014.

[2] Sur les modalités d'enregistrement des structures élevant des spécimens annexe I, Conf. 12.10 (Rev. CoP15), « Enregistrement des établissements élevant en captivité à des fins commerciales des espèces animales inscrites à l'Annexe I ».

d'une offre légale permettant de courber le trafic illégal de l'espèce.

Cet échec de conservation des populations sauvages des tigres par le biais de leur élevage, et *in fine*, de leur commerce légal, peut s'expliquer de deux manières différentes.

D'une part, le modèle d'élevage offert par le crocodile du Nil trouve un faible écho dans le cas des tigres, notamment du fait de facteurs biologiques propres à l'espèce (1).

D'autre part, la présence sur le marché de produits légaux issus des tigres a servi de véhicule à des produits similaires issus de sources illégales (2).

1. Une difficile extension du modèle d'élevage du crocodile du Nil aux tigres

La difficile extension du modèle d'élevage du crocodile du Nil aux tigres s'explique par des caractéristiques physiologiques radicalement différentes entre les deux espèces. Aussi, les coûts de l'élevage sous-tendus par les considérations biologiques de ces deux espèces entrent directement en ligne de compte pour expliquer la différence de résultat.

D'une part, il est moins coûteux d'accomplir des opérations de reproduction auprès des crocodiles d'élevage que des tigres[1]. D'autre part, les besoins alimentaires des tigres, comparativement élevés au regard de ceux des crocodiles, sont à prendre en considération dans les calculs de production[2].

Quand on pense qu'il ne coûte quasiment rien à un braconnier de tuer un tigre dans la nature, les coûts de l'élevage de celui-ci peuvent décourager de s'adonner à un commerce légal. Les tigres doivent donc être considérés différemment de

---

[1] AIYAR P., « Selling the tiger to save it: will it work? », TheIndu.com, February 2007.
[2] MILLS J., « Rebuttal to 'Sell the Tiger to Save It' », bigcatrescue.org, 27 août, 2006.

l'exemple des crocodiles dont les peaux peuvent être obtenues à plus faibles coûts pour les producteurs[1].

Ainsi, les élevages de tigres répondent de considérations biologiques importantes qui, contrairement au cas du crocodile du Nil, ne participent pas à la création d'incitations économiques à leur développement.

Par ailleurs, il est à noter que le tigre, comme bien d'autres espèces sauvages, est un animal régulièrement utilisé par la médecine traditionnelle chinoise. Or, les consommateurs familiers de cette médecine préfèrent largement consommer des espèces sauvages. En effet, selon la tradition, celles-ci sont considérées comme plus « *pure and natural*[2] », donc de meilleure qualité, que les espèces élevées en captivité[3].

Outre les considérations biologiques, économiques et sociales menaçant la pertinence du développement d'élevages de tigres, il importe d'observer que dans tous les cas, lorsque des élevages existent, ceux-ci minent les efforts de la CITES pour enrayer le commerce illégal des populations de tigres sauvages.

2. Une dissimulation des espèces sauvages issues de sources illégales via l'existence d'une offre légale parallèle

L'existence d'une offre légale de produits issus d'espèces sauvages listées en annexe I légitime l'utilisation de ces produits auprès des clients qui ne font pas la différence entre espèces prélevées dans la nature ou espèces élevées en captivité.

Aussi, la simple possession de parties de tigre, quelles qu'elles soient, des pattes aux os en passant par la fourrure, apparaît légale pour le consommateur ordinaire, non familier des

---

[1] HUTTON J., WEBB G., *op. cit.*

[2] VAN UHM D., *op. cit.*

[3] DRURY R., « Hungry for success: Urban consumer demand for wild animal products in Vietnam », *Conservation and Society*, vol. 9, Issue 3, 2011, pp. 247-257.

considérations juridiques en vigueur [1]. Cette banalisation commerciale a logiquement conduit à une stimulation de la demande[2], à laquelle ont répondu de nombreuses parties de tigres issues de braconnage.

De nombreux auteurs considèrent donc que les populations de tigres sauvages sont mieux préservées dans les États où il n'existe pas de structures destinées à élever l'espèce en captivité[3]. Il s'agit ici d'un lien de cause à effet qui démontre fermement que les élevages de tigres perpétuent dangereusement la volonté de s'approprier des parties de l'animal[4].

Or, les mêmes considérations se retrouvent lorsqu'il s'agit d'autres espèces captives. Aussi Tim Phillips, cofondateur d'Animal Defenders, et Paul Funston, directeur principal du programme Panthera, concluent-ils au sujet des lions élevés en captivité que la vente légale sur le marché international des os, des dents, et des griffes sur le marché a conduit à une augmentation de la demande en général, et incidemment à un massacre des populations de lions sauvages[5].

Outre une augmentation de la demande, il a été observé que la présence de parties de tigre sur le marché, même issues de source légale, a indéniablement permis le blanchiment de celles obtenues à partir de procédés illégaux[6]. De surcroît, bon nombre

---

[1] BULTE E.H., DAMANIA R., « An Economic Assessment of Wildlife Farming and Conservation », *Conservation Biology*, vol. 19, issue 4, 12 July 2005.

[2]« WWF and Tiger Farming », WWF Global.

[3] « CITES support to end tiger farming is welcomed », Environmental Investigation Agency International, 29th September 2016.

[4] NOWELL K., LING X., « Taming the tiger trade: China's markets for wild and captive tiger products since the 1993 domestic trade ban », TRAFFIC East Asia, 2007.

[5] NEME L., « Les lions rescapés des cirques, nouvelles cibles des braconniers », *National Geographic* (online), <https://www.nationalgeographic.fr/animaux/les-lions-rescapes-des-cirques-nouvelles-cibles-des-braconniers>.

[6] Sur ce sujet, V. « CITES: Breeding tigers for trade soundly rejected », WWF/TRAFFIC, The Hague, The Netherlands, 13 June 2007.

des produits obtenus illégalement sur un marché intérieur trouvent leur chemin dans des flux internationaux[1].

Ainsi cette démonstration, loin de corroborer les propositions de libéralisation du commerce des espèces menacées, remet également en cause la dérogation prévue par l'article VII paragraphe 4 de la CITES.

En effet, le tigre souffre d'un commerce illégal de grande ampleur, alimenté par des élevages domestiques qui ne sont même pas enregistrés auprès du Secrétariat pour jouir d'une possibilité de vente internationale. Aussi, un éventuel enregistrement de telles structures auprès du Secrétariat[2], et de façon plus générale, une libéralisation du commerce d'espèces menacées telles que le tigre, ne serait qu'un pas de plus vers une extension à l'échelle internationale du problème du marché légal des parties de tigres comme vecteur de produits issus de sources illégales, le tout sous couvert d'une dérogation prévue par le texte conventionnel.

Ces conclusions doivent conduire à une réflexion éclairée sur la possibilité que ces constats puissent s'illustrer à travers le cas d'autres espèces listées en annexe I, dont l'élevage serait difficile et/ou dont la mise en vente légale fournirait un véhicule à des produits issus de sources illégales. Cet exemple combinant à la fois facteurs biologiques et pratiques est en outre corroboré par l'échec du commerce légal et durable des défenses d'éléphant.

B. Un échec du modèle de commerce légal et durable des défenses d'éléphant

Un indice des résultats d'une légalisation du commerce d'espèces inscrites en annexe I peut être trouvé dans le cas des

[1] STONER S., et *al.*, « Reduced to skin and bones re-examined: Full analysis. An analysis of Tiger seizures from 13 range countries from 2000-2015 », TRAFFIC Southeast Asia, 2016.
[2] Conf. 12.10 (Rev. CoP15), *op. cit.*

one-off sales autorisés par la CITES[1]. Ces ventes exceptionnelles ont été élaborées pour inonder le marché de l'ivoire afin d'opérer une baisse importante des prix en vue de rendre le trafic illégal moins attractif.

Or, ces *one-off sales* organisées par la CITES viennent confirmer l'hypothèse selon laquelle le marché légal d'espèces et parties d'espèces listées en annexe I pourrait servir de vecteur à leur marché illégal en permettant une mise sur le marché de produits dont l'origine serait difficilement identifiable (1).

De même, l'étude d'une hypothétique libéralisation du commerce de défenses d'éléphant démontre qu'une offre de produits issus d'espèces animales menacées, même si elle est légale, tend à accroître une demande au détriment de facteurs biologiques et concrets liés à l'animal concerné (2).

1. Des « *one-off sales* » comme erreurs tactiques de la CITES

Motivée par la volonté de noyer le marché illégal de l'ivoire par la mise sur le marché de défenses d'éléphant provenant de sources légales, la première *one-off sale* a eu lieu en 1999 lorsque la CITES a permis au Japon d'acheter les stocks d'ivoire du Botswana, de la Namibie et du Zimbabwe[2]. La seconde eu lieu en 2008 et offrait la possibilité à ces mêmes États africains, plus l'Afrique du Sud, de vendre un total de 108 tonnes d'ivoire[3] au Japon et à la Chine[4].

---

[1] Les *one-off sales* sont des ventes exceptionnelles d'ivoire en provenance de certains États africains organisés par la CITES en 1999 et en 2008.

[2] Communiqué de presse CITES, « Les ventes d'ivoire ont le feu vert », Genève, Suisse, 16 juillet 2008, <https://www.cites.org/fra/news/pr/2008/080716_ivory.shtml>.

[3] *Ibid.*

[4] « CITES meeting to consider ivory and timber trade », CITES press release, Geneva, Switzerland, 14 July 12008, <https://www.cites.org/eng/news/pr/2008/080714_SC57.shtml>.

Ces stocks comprenaient de l'ivoire récolté suite à une mortalité naturelle des pachydermes et des opérations de management des populations par les gouvernements. Bien que peu de chiffres existent sur la comparaison entre les taux de braconnage avant et après la première *one-off sale*[1], les effets de la seconde ont été abondamment analysés par la doctrine suite à la mise en place du projet MIKE en 1997[2], qui a permis d'obtenir des données fiables liées au braconnage sur de nombreux sites d'Afrique.

Aussi, la *one-off sale* de 2008 a suscité beaucoup d'études contradictoires. Aussi, quand certains auteurs voient dans cette légalisation de l'ivoire l'ultime possibilité de sauver les populations d'éléphants par une chute probable du cours de l'ivoire, d'autres y voient au contraire un subterfuge qui permet à l'ivoire illégal d'être mis sur le marché[3] et une légitimation de la possession d'ivoire auprès des consommateurs[4].

En tout état de cause, il apparaît indéniable que ces derniers aient raison. Selon l'analyse des chiffres procurés par le système de collecte de données MIKE, la vente expérimentale de 2008 mise en place par la CITES a contribué à une augmentation abrupte de la présence d'ivoire illégal sur le marché international[5]. Or, il est assez difficile pour le consommateur de distinguer une défense d'éléphant issue de sources légales d'une défense illégalement obtenue une fois qu'elles sont mélangées sur le marché[6].

---

1 ADETUNJI J., « China given green light to buy African ivory stockpile », The Guardian (online), 15 July 2015.

2 Le programme Mike est un système de collecte de données sur le terrain visant à suivre les tendances des populations d'éléphants et de la chasse illicite.

3 GABRIEL G. G., *et al.*, « Making a Killing. A 2011 Survey of Ivory Markets in China », IFAW.

4 Sur ce sujet, V. notamment BULTE E.H., DAMANIA R., *op. cit.*

5 HSIANG S., SEKAR N., *op. cit.* ; Sur ce sujet, V. aussi GABRIEL G.G., *et al., op. cit.*

6 GARRISON J.L., « The Convention on International Trade in Endangered Species of Wild Fauna and Flora (CITES) and the debate over sustainable use », *Pace Environmental Law Review*, vol. 12, Fall 1994, pp. 301–392.

De surcroît, l'annonce de la vente de 2008 en Chine a conduit le gouvernement chinois à promouvoir les produits issus de défenses d'éléphant, conduisant ainsi à une réduction de la stigmatisation de la possession d'ivoire[1] au sein d'une population chinoise pourtant déjà très amatrice du produit. La fin de cette stigmatisation a ainsi conduit à une explosion de la demande[2], que les stocks d'ivoire légaux n'ont pas pu rencontrer. Incidemment, il a été observé une augmentation de près de 66%[3] de l'offre illégale d'ivoire sur le marché.

De nombreuses études convergent donc dans le sens d'une croissance du braconnage des éléphants[4] suite à ces ventes expérimentales CITES[5], et à leur échec dans la réduction du trafic illégal international d'ivoire[6].

Les *one-off sales* accordées par la CITES n'ont donc pas réussi à jouer leurs rôles d'outils destinés à submerger le commerce illégal des défenses d'éléphant. Au contraire, elles ont servi de véhicule à l'ivoire obtenu de source illégale. En ce sens, les propositions récentes de l'Afrique du Sud, du Botswana, de la Namibie, de la Zambie et du Zimbabwe quant à la vente de leurs stocks d'ivoire, même auprès de partenaires enregistrés auprès du Secrétariat de la CITES[7], s'avèrent dangereuses en ce

---

[1] GABRIEL G.G., et *al.*, *op. cit.*

[2] HOYT J., « *How Sustainable Use is Wiping out the World's Wildlife* », The Humane Society of the United States, 1994, cité dans HUTTON J., WEBB G., "Crocodiles: Legal Trade Snaps Back", *in* OLDFIELD S., (ed.), « The trade in wildlife, regulation for conservation », *op. cit.* p. 110.

[3] KELLY M., « After legal-ivory experiment, black markets thrive from greater demand, less risk », Princeton University, June 14, 2016, <https://www.princeton.edu/news/2016/06/14/after-legal-ivory-experiment-black-markets-thrive-greater-demand-less-risk>.

[4] « Toutes les quinze minutes, un éléphant est victime du braconnage », Fondation Nature Homme, mai 2017.

[5] CARRINGTON D., « Legal ivory sale drove dramatic increase in elephant poaching, study shows », *The Guardian* (online), 13 June 2016.

[6] « Illegal ivory trade rising », TRAFFIC International report, November 9, 2009.

[7] « La Conférence de la CITES s'apprête à renforcer les règles du commerce des espèces sauvages pour les pêcheries, le bois, les animaux de compagnie exotiques, les éléphants, etc. », Communiqué de Presse CITES, 7 août 2019.

qu'elles n'ont pas l'air d'intégrer les leçons des expériences passées. Par ailleurs, la volonté de noyer le marché illégal de l'ivoire par une offre légale ne prend pas en compte une demande d'approvisionnement continu et des facteurs biologiques tout deux opposés à une exacerbation de l'offre.

2. Une demande croissante contre une offre biologiquement limitée

Force est de constater que bien que la mise sur le marché de produits issus de sources légales destinée à baisser les prix de ceux issus de foyers illégaux réponde d'une certaine logique économique, un aspect relativement important a été oublié par les auteurs en faveur d'une libéralisation du commerce de l'ivoire : celui des limites de la biologie.

En effet, parler d'un commerce de parties d'espèces animales n'est pas la même chose que parler d'une ressource continuellement exploitable, comme la drogue. Il s'agit ici de vies, dont la conservation revêt une importance déterminante, et dont l'exploitation se doit d'appréhender un certain nombre d'aspects caractéristiques à leurs physiologies. Or, de par leur capacité de gestation limitée[1], les éléphants ne peuvent fournir assez de défenses pour satisfaire une demande croissante.

De nombreux auteurs, tels que les chercheurs David Lusseau et Phyllis Lee, ont ainsi démontré que l'attente d'une mort naturelle des éléphants ou de l'obtention de l'ivoire suite à des opérations de management des populations en surnombre serait trop longue pour répondre efficacement à la demande. Selon leurs estimations, fondées sur les taux de mortalité et de fertilité des populations d'éléphants du parc d'Amboseli au

[1] « L'éléphant : quelle est sa durée de gestation ? », Futura-sciences.com, <https://www.futura-sciences.com/planete/questions-reponses/nature-elephant-duree-gestation-563/>.

Kenya, seuls 100 à 150 kilogrammes d'ivoire pourraient être récoltés chaque année[1].

En outre, même dans une perspective de prélèvement des défenses, à la fois la longue préparation et les soins postvétérinaires lourds[2], ainsi que le fait qu'elles ne repoussent plus, réduisent à néant toute volonté de les élever en captivité en vue d'un commerce dérogatoire au titre de l'article VII paragraphe 4 CITES.

Finalement, malgré l'existence d'exemples propres à soutenir les propositions de suppression de l'interdiction du commerce des espèces listées en annexe I, force est de constater que ces cas peinent à s'appliquer à d'autres espèces. En effet, le constat d'un difficile développement d'élevages de tigres, dû aux caractéristiques physiologiques de l'espèce, trouve notamment à s'appliquer au pangolin[3].

De même, le raisonnement lié à la considération des aspects biologiques d'une espèce n'est pas spécifique aux seuls éléphants, mais s'étend à de nombreuses autres espèces, telles par exemple que les espèces de moschus, qui peinent à rencontrer durablement une demande croissante[4].

En outre, il paraît important de rappeler que la pratique du déhornement telle qu'appliquée actuellement n'a pas su freiner le trafic illégal des cornes de rhinocéros. Seules des mesures sécuritaires renforcées destinées à appliquer les dispositions CITES ont pour le moment fait leurs preuves. Par exemple, le Malilangwe Trust au Zimbabwe n'a pratiqué aucun déhornement, mais la sécurité régnant autour du parc a dissuadé le braconnage[5].

Par ailleurs, la vente de produits issus de tigres élevés en captivité, de même que les exemples fournis par les ventes

---

[1] LUSSEAU D., LEE P. C., "Can We Sustainably Harvest Ivory?", *Current Biology*, vol. 26, issue 1, Elsevier Ltd, November 7, 2016, pp. 2951-2956.
[2] ORENSTEIN R., *op. cit.*, p.33.
[3] TENSEN L., *op. cit.*
[4] *Ibid.*
[5] LINDSEY P. A., TAYLOR W. A., *op. cit.*

expérimentales d'ivoire opérées par la CITES, offrent un aperçu, pouvant s'étendre à bien d'autres espèces sauvages, de l'échec d'une mise sur le marché ne tenant pas compte de facteurs pratiques, sociaux et biologiques primordiaux. Ces exemples démontrent ainsi les risques d'une promotion dangereuse auprès des individus d'une légitimation de la possession de parties d'espèces protégées par l'ouverture d'un marché légal. De surcroît, ces cas d'espèce soutiennent également la démonstration d'une couverture du marché noir par le commerce légal.

Aussi, la persistance des propositions visant à supprimer l'interdiction du commerce des espèces protégées par l'annexe I de la CITES en s'appuyant sur des modèles de réussite dont l'équivalence peine à être généralisée auprès d'autres espèces très demandées sur le marché international, constitue un frein au développement alternatif de solutions normatives réellement pertinentes applicables à la lutte contre le trafic illégal d'espèces sauvages menacées.

En outre, un certain nombre de facteurs juridiques viennent affermir cette position. Notamment, le blanchiment de produits d'espèces sauvages menacées issus de sources illégales via l'existence de marchés intérieurs non contrôlés et le niveau de corruption sévissant à toutes les échelles du commerce des espèces sauvages rendent relativement naïve toute projection sur l'efficacité des propositions d'ouverture du commerce des espèces inscrites en annexe I.

SECTION 2 : UNE LIBÉRALISATION NON PERTINENTE AU REGARD DE FACTEURS JURIDIQUES

Les propositions d'une commercialisation globale et légalisée des espèces listées en annexe I révèlent une certaine forme de déni de la part de certains auteurs. Cette naïveté s'illustre notamment en deux temps.

Dans un premier temps, les exemples des produits issus d'élevages de tigres et de ventes d'ivoire dans le cadre CITES ont démontré le rôle qu'une offre légale pouvait jouer dans la présence sur le marché de produits issus de sources illégales. Or cet état de fait est en outre soutenu par l'absence de réglementation par la CITES des marchés domestiques (A).

Dans un second temps, les bases déjà bien instables sur lesquelles reposent les propositions de suppression de l'interdiction du commerce des espèces inscrites en annexe I sont encore fragilisées par l'existence irréfutable du phénomène illégal de corruption. Ce phénomène déstabilise déjà l'application des dispositions CITES et nuirait de la même manière à l'éventuelle libéralisation commerciale des espèces listées en annexe I (Paragraphe 2).

Paragraphe 1 : Une absence de réglementation des marchés domestiques par la CITES

Les propositions de libéralisation du commerce des espèces inscrites en annexe I de la CITES se heurtent à l'incapacité de la CITES à réglementer les marchés domestiques. Ainsi, l'absence de réglementation des marchés intérieurs de ses Parties par la CITES offre une possibilité au commerce illégal d'espèces menacées de s'épanouir, dans cette dynamique vicieuse où le commerce, même légal, sert de vecteur à son homologue illégal.

Daniel Stiles, consultant indépendant sur la conservation de la faune et flore sauvage, a notamment conclu que la croissance du braconnage de l'éléphant en Afrique était moins liée à une défaillance du système d'interdiction de commerce mise en place par l'annexe I que par l'existence de marchés domestiques non régulés[1].

Il est notamment estimé que « le commerce illicite de l'ivoire s'appuie sur les marchés intérieurs d'Afrique et d'Asie » [2]. Outre les exemples du tigre et de l'éléphant précédemment explorés, le cas du perroquet mexicain est parlant en ce sens. En effet, l'une des seules raisons pour laquelle l'interdiction de sa commercialisation internationale n'a eu que de faibles effets sur l'état des populations sauvages de l'espèce réside dans l'existence d'un marché intérieur mexicain friand de cet animal de compagnie [3]. Aussi, si les transactions internationales du perroquet mexicain ont chuté suite à l'interdiction[4], le trafic illégal de l'espèce en tant que tel n'a pas franchement reculé, continuant d'alimenter le marché intérieur mexicain[5].

Consciente de cet état de fait, la CITES a effectué une démarche exceptionnelle à l'égard des tigres lorsqu'elle a émis une résolution en date de 2007 déclarant que les tigres ne devraient tout simplement pas être élevés pour le commerce de leurs parties[6], et de 2016 demandant aux États sur le territoire desquels se trouvent des élevages de tigres de s'assurer que le commerce intérieur de cette espèce ne vienne pas alimenter un trafic international illégal[7]. Plus récemment, en 2019, la CITES est venue demander aux États de fermer leurs marchés nationaux

---

[1] STILES D., « The Ivory Trade and Elephant Conservation », *Environmental Conservation*, vol. 31, n° 4, 2004, pp. 309–21 ; Sur ce sujet, V. aussi COUROUBLE M., et *al.*, « More Ivory Than Elephants: Domestic Ivory Markets in Three West African Countries », TRAFFIC Online Report Series, n° 8, 2003.

[2] Système d'information sur le commerce des éléphants (ETIS), CITES.

[3] GUZMAN C., et *al.*, « The Illegal Parrot Trade in Mexico: A Comprehensive Assessment », The Defenders of Wildlife, Washington DC, USA, 2007.

[4] LEMIEUX A.M., CLARKE R.V, « The International Ban on Ivory Sales and its Effects on Elephant Poaching in Africa », *British Journal of Criminology*, vol. 49, n° 4, 2009, pp. 451–471

[5] LEMIEUX A.M., CLARKE R.V, *op. cit.*

[6] Decision 14.69 de la CoP14, "Captive-bred and ranched specimens", 2007.

[7] Décision 17.226 de la CoP17, « Commerce illégal de grands félins d'Asie », 2016.

lorsqu'ils contribuaient au commerce illégal transnational des tigres[1].

Toutefois, le défaut de rectification par la Chine de sa démarche envers les félins illustre la faiblesse de la portée des décisions CITES. Aussi, cette volonté tardive de s'immiscer dans le marché domestique des États Parties se heurte à la portée non obligatoire de ces décisions, chaque Partie gardant la liberté d'organiser son marché intérieur comme elle l'entend.

Ainsi, les effets négatifs de ces marchés intérieurs non contrôlés sont déjà assez préoccupants pour qu'il puisse être évité de considérer une généralisation du commerce des espèces de l'annexe I à l'échelle globale. En outre, l'observation de l'existence de la corruption dans les chaînes commerciales liées aux transactions d'espèces sauvages doit également amener à considérer les propositions de commerce des espèces de l'annexe I comme impraticables.

Paragraphe 2 : La corruption, un facteur juridique nuisible à l'application des dispositions CITES

Les partisans d'un commerce international sans entraves des espèces inscrites en annexe I de la CITES oublient dans leur calcul un certain nombre de facteurs, dont nous avons démontré une partie, et dont l'un des plus importants réside dans l'existence incontestable du phénomène de corruption. Comme le souligne le représentant d'une ONG dans le cadre d'interview menée par l'OCDE en 2017, « a system to combat Illegal Wildlife Trade is in place, but it is built around avoiding the big question – corruption. Corruption is not simply another aspect of

[1] 1 c) de la Résolution 12.5 (Rev. CoP18), « Conservation et commerce du tigre et autres grands félins d'Asie de l'Annexe I », 2009.

IWT – it cannot be treated as an add-on. It is the air wildlife traffickers breathe »[1] .

À la lumière d'un tableau où la corruption joue déjà un rôle central (A) et est faiblement appréhendée par la CITES (B), il apparaît impossible de s'assurer que l'ouverture d'un commerce légal des espèces listées en annexe I ne viendra pas ajouter aux opportunités de blanchiment d'espèces sauvages.

A. Une corruption rampante dans le trafic illégal d'espèces sauvages

La corruption touche de nombreux individus au sein d'États divers. Ce phénomène déplorable est doté d'un caractère global et polymorphe, et porte directement atteinte à la règle de droit d'un État, ainsi qu'à sa stabilité démocratique et socio-économique[2]. En 2014, le Forum économique mondial a évalué le coût de la corruption comme équivalant à 2,6 mille milliards de dollars, soit 5% du PIB mondial, inhibant directement la capacité des gouvernements à répondre aux besoins de leurs citoyens[3].

Dans le cas du trafic illégal d'espèces sauvages menacées, la corruption est un fléau qui met en échec non seulement les dispositions CITES et les règles juridiques régionales et nationales afférentes, mais aussi de façon générale tous les autres instruments juridiques liés à l'encadrement de l'exploitation et du commerce de ces espèces. Aussi, comment

---

[1] "Representative of NGO: In person interview, Saturday 9 September 2017", *in* OECD, « *Strengthening Governance and Reducing Corruption Risks to Tackle Illegal Wildlife Trade: Lessons from East and Southern Africa* », OECD Publishing, Paris, 2018, p.100.

[2] « UNODC's Action against corruption and Economic Crime », UNODC.org, <https://www.unodc.org/unodc/fr/corruption/index.html?ref=menuside>.

[3] "Global Cost of Corruption at Least 5 Per Cent of World Gross Domestic Product, Secretary-General Tells Security Council, Citing World Economic Forum Data", UN Meetings Coverage, Security Council SC/13493, 10 September 2018.

s'assurer de la fiabilité d'une transaction si elle passe entre les mains de fonctionnaires peu scrupuleux ?

Les plus graves cas de corruption et de blanchiment de parties d'espèces sauvages illégalement prélevées ont notamment éclaté dans les États en développement, souvent territoires de répartition des espèces les plus menacées [1]. Cependant, il est important de souligner que ce phénomène allotropique n'est pas inhérent à ces seuls États et se retrouve sur tous les continents à des degrés plus ou moins variables.

La corruption apparaît à peu près à chaque étape du trafic : du braconnage à la transformation, du transport à l'inspection, de la falsification de permis CITES [2] ou de documents d'accès à un espace maritime[3] ou forestier. The Last Great Ape organization a documenté près de 80% de tentatives d'actes de corruption dans les affaires judiciaires qu'elle a menées sur le sol camerounais contre les trafiquants d'animaux sauvages[4].

Par ailleurs, de nombreuses personnes sont impliquées dans des opérations de corruption[5], des fonctionnaires chargés de contrôler les produits[6], aux hommes politiques en passant par les officiers de police[7] ou l'armée, comme ce fut notamment le cas

---

[1] LE BILLON P., *op. cit.,* p.12.

[2] CITES Secretary-General SCANLON J. E.'s presentation on the 6th Session of the Conference of the Parties to the UN Convention Against Corruption - Saint Petersburg, Russia.

[3] PETROSSIAN G. A., *The Last Fish Swimming, The Global Crime of Illegal Fishing,* Global Crime and Justice Series, Praeger Publisher, 2019, p. 55.

[4] « LAGA and the fight against corruption », LAGA organization, laga-enforcement.org, 2013.

[5] « Strategies for Fighting Corruption in Wildlife conservation: A Primer », A publication of the WWF and TRAFFIC International, 2015.

[6] En 2015, une saisie record de 1.3 tonne d'ivoire et de cornes de rhinocéros a été opérée au Mozambique, et a rapidement été suivie du vol de 12 cornes de rhinocéros associées au sein même du quartier général de la police dans la province de Maputo, MATHIESEN K., SMITH D., « Thieves steal £700,000 of rhino horn from Mozambique police », theguardian.com, May 2015.

[7] VAN UHM D., *op. cit.*

avec l'armée congolaise[1], et enfin aux magistrats chargés de faire appliquer la loi en la matière[2].

Même les observateurs indépendants à bord des navires de pêche[3], les gardes forestiers et les rangers de parcs nationaux chargés de surveiller les stocks de spécimens confisqués ou encore de protéger les espèces vivantes, sont parfois liés à des affaires de corruption et de trafic illégal. En témoigne notamment la disparition des quinze rhinocéros du parc Limpopo en sa partie mozambicaine en 2013, sacrifiés aux braconniers par ceux supposés assurer leur survie sur l'autel d'un odieux profit[4]. Les incitations sont importantes lorsque l'on pense que certains rangers d'espaces protégés attendent des mois avant de recevoir leurs salaires : la tentation est donc forte de combler cette attente par des pots de vins[5].

L'immense valeur lucrative du trafic illégal des espèces sauvages engendre ainsi des comportements dévalorisants chez des individus pourtant chargés de faire respecter les dispositions internationales, régionales et nationales, qui ruinent dans le même temps les efforts constructifs de leurs confrères ainsi que de la Communauté internationale.

Cette représentation des difficultés d'application des dispositions CITES aurait fatalement due être prise en compte

---

[1] Opening Statement of KERRY J.F., U.S Senator from Massachusetts, *in* « *Ivory and Insecurity: The Global Implications of Poaching in Africa. Hearing May 24, 2012. Committee on Foreign Relations United States Senate* », *op. cit.*, p. 2 ; Sur ce sujet, V. aussi GETTLEMAN J., « Elephants Dying in Epic Frenzy as Ivory Fuels Wars and Profits », *New York Times*, 2012.

[2] LEITHEAD A., « South Africa rhino poaching: 'Web of corruption' blamed », BBC News, May 2019.

[3] Une enquête menée par l'Environmental Justice Foundation en 2012 en Sierra Leone a par exemple montré l'ambiguïté du système des observateurs de pêche supposément indépendants dont le salaire est payé par les compagnies de pêche qu'ils sont censés surveiller, « Pirate Fishing Exposed: The Fight Against Illegal Fishing in West Africa and the EU », Environmental Justice Foundation, 2012.

[4] SISSLER-BIENVENU C., *op. cit.*

[5] PEH K. S.-H., DRORI O., « Fighting Corruption to Save the Environment: the Cameroon Experience », *AMBIO: A Journal of the Human Environment*, vol.39, n°4, pp.336-339, 2010.

par le texte originel de la Convention, et pourtant seule une considération tardive et relativement modeste a émergé.

B. Une appréhension modeste du phénomène de corruption par la CITES

Le texte conventionnel de la CITES n'aborde pas la question de la corruption. Ce n'est qu'en 2010, avec la création du Consortium international de lutte contre la criminalité liée aux espèces sauvages, qu'il a pu être constaté une reconnaissance concrète par la CITES de l'existence d'une corruption polymorphe mettant en péril son efficience. Ce Consortium est le résultat d'une action collaborative entre le Secrétariat de la CITES, l'Office des Nations Unies contre la drogue et le crime, INTERPOL, la Banque Mondiale et l'Organisation mondiale des douanes et est destiné à atténuer les risques de pratiques corruptives dans les transactions d'espèces CITES.

Par la suite, la CITES a, en 2016, appelé ses États Parties à ratifier la Convention des Nations Unies contre la corruption afin que les deux conventions puissent travailler de concert sur la question du trafic illégal d'espèces sauvages[1]. Il est à noter que la Convention des Nations Unies contre la corruption met en évidence en son article 7 paragraphe 1 la nécessité d'assurer aux fonctionnaires chargés de l'application des lois une formation et une rémunération propre à assurer leur poste de façon *« honorable »*[2].

Au regard des états de fait précédemment étudiés liés à la faible rémunération, voire de la longue attente entre chaque salaire, des gardes forestiers et autres fonctionnaires chargés de

[1] Résolution CITES Conf. 11.3 (Rev. CoP17), « Application de la Convention et la lutte contre la fraude », paragraphe 2. c) ; V. aussi la Résolution 69/314 de l'Assemblée Générale des Nations Unies en date de 2015 qui appelle les États membres à interdire, prévenir et réprimer toute forme de corruption qui facilite le trafic d'espèces sauvages et de produits qui en sont issus.

[2] Article 7 paragraphe 1 d) de la Convention des Nations Unies contre la corruption.

faire respecter les règles juridiques propres au commerce d'espèces sauvages, la reconnaissance de l'importance de l'aspect socio-économique dans les pratiques anti-corruptives apparaît particulièrement importante.

Ainsi, les règles juridiques en vigueur doivent inévitablement être accompagnées d'une meilleure considération des postes publics liés à leur application, à quelque échelle que ce soit. Ceux-ci jouent en effet un rôle primordial dans l'application des dispositions CITES, qu'il convient de valoriser.

De surcroît, les Conférences de Londres, de Kasane et d'Hanoi, ainsi que la résolution CITES 17.6[1], en concordance avec l'article 5 de la Convention des Nations Unies contre la corruption[2], ont mis en évidence la nécessité pour les États Parties de compléter leur législation nationale par des mesures performantes de détection et de répression d'actes de corruption ayant trait à l'application des dispositions CITES[3]. Les modalités des résolutions CITES en matière de lutte contre la corruption fonctionnent donc aujourd'hui en coordination avec un certain nombre d'autres dispositions juridiques internationales.

Par ailleurs, outre les dispositions CITES et les différentes collaborations de la Convention, la corruption entourant le trafic illégal d'espèces sauvages a également été soulignée par les Objectifs 15 et 16 de Développement durable adoptés par l'Assemblée Générale des Nations Unies en 2015. Ces objectifs interviennent dans une logique favorable au respect de la CITES. En effet, ils reconnaissent l'importance d'un commerce durable des espèces protégées par les annexes conventionnelles et appellent à endiguer incidemment toutes tentatives d'altération, parmi lesquelles la corruption, des efforts liés à la lutte contre le trafic illégal de ces espèces sauvages.

Néanmoins, ces objectifs, tout comme ceux énoncés par les différentes Déclarations précédemment citées, ne constituent

---

[1] Conf. 17.6 CITES « Prohibiting, preventing, detecting and countering corruption, which facilitate activities conducted in violation of the Convention ».

[2] Article 5 de la Convention des Nations Unies contre la corruption.

[3] Résolution Conf. 17.6 (Rev. CoP17), op. *cit.*, paragraphe 2.

que des lignes directrices qui ne représentent pas d'obligations réelles pour les États. En outre, il apparaît cependant regrettable que la CITES n'ait pas pris en compte le phénomène de corruption dès la rédaction de son texte originel. Cela aurait permis aux considérations liées aux efforts destinés à contrevenir aux actes de corruption de revêtir un caractère obligatoirement applicable au sein des législations nationales des États Parties. En effet, la portée non contraignante des résolutions adoptées par la Conférence des Parties doit ici être mise en perspective afin de souligner le fait que lesdites résolutions visant à décourager les tentatives de corruption ne sont qu'incitatives et ne constituent pas de réelles obligations pour les États Parties. Ainsi, en tout état de cause, si les Parties à la CITES n'ont pas ratifié la Convention des Nations Unies contre la corruption, lesdites considérations sont soumises aux seules exigences morales des Parties.

Il s'agit là d'une omission bien naïve du texte conventionnel si l'on tient lucidement compte d'une réalité géopolitique quant à l'existence de pratiques corruptives de par le monde, et notamment lorsque sont en jeu des produits à haute valeur lucrative comme c'est le cas pour les produits issus d'espèces sauvages. Aussi aurait-on pu s'attendre à ce que le texte CITES prenne en compte dans sa rédaction l'ensemble des facteurs pouvant nuire à l'application de ses dispositions pour rendre plus efficace leur mise en œuvre au niveau global.

En tout état de cause, au regard de la subsistance de la corruption au sein de la lutte contre le trafic illégal d'espèces menacées, les propositions de libéralisation du commerce d'espèces listées en annexe I s'illustrent par leur relative candeur. En effet, les effets néfastes de ce phénomène, déjà dévastateurs en l'état actuel, et ce malgré les instruments juridiques existants, ne manqueraient pas de mettre en péril les résultats attendus d'une libéralisation du commerce des espèces de l'annexe I.

Finalement, la mise en perspective de l'ensemble des facteurs juridiques, économiques, sociaux et biologiques évoqués doit se destiner à ouvrir une réflexion éclairée sur ce qui est faisable et ce qui ne l'est pas lorsque l'on analyse des propositions normatives orientées vers la suppression du commerce illégal de la biodiversité sauvage.

Ainsi, le recours à une libéralisation partielle ou totale du commerce des espèces inscrites en annexe I comme expérience destinée à enrayer leur trafic illégal se heurte à des considérations qui démontrent le caractère hautement improbable du succès de la mise en œuvre de telles propositions. En effet, cette libéralisation de commerce représente un risque à prendre que la menace planant sur l'avenir de ces espèces menacées ne justifie que peu au regard de leur déclin massif.

Par ailleurs, il est nécessaire de souligner que lesdites interdictions CITES constituent en elles-mêmes une induction psychologique sur le consommateur qui permet de réduire la demande [1]. Des opérations de sensibilisation [2] doivent donc également voir le jour en ce qu'elles sous-tendent irréfutablement l'effectivité de l'application de la CITES grâce aux comportements des consommateurs via une réduction de la demande.

Toutefois, malgré l'actuelle inapplicabilité pratique d'un abandon des interdictions de commerce pesant sur les espèces de l'annexe I CITES, lesdites prohibitions doivent tout de même être accompagnées de mesures complémentaires, au regard de leur succès relatif. Aussi, le développement de moyens normatifs permettant à la CITES d'opérer un plus vif contrôle de l'application de la dérogation prévue à l'article VII paragraphe 4, ainsi que sur les marchés domestiques de ses Parties quand ils concernent la vente d'espèces inscrites en annexe I, doivent infailliblement voir le jour.

Par ailleurs, le phénomène de corruption au sein de la lutte contre le trafic illégal d'espèces sauvages met en évidence un facteur socio-économique dont l'appréhension doit nécessairement être développée pour permettre aux dispositions

---

[1] COONEY R., *op. cit.*

[2] JACHMANN H., « Elephant poaching and resource allocation for law enforcement », *in* OLDFIELD S., (ed.), *The trade in wildlife, regulation for conservation, op. cit.*, pp. 100–107.

CITES d'être mises en œuvre plus effectivement. En effet, si un développement technologique en lien avec les autorisations de permis CITES doit être considéré afin de décourager et de détecter plus rapidement les éventuels actes de corruption[1], l'une des raisons principales à la subsistance de ce phénomène et à celui du trafic illégal d'espèces sauvages en général réside surtout dans l'oubli d'élaboration de mesures socio-économiques complémentaires aux mesures juridiques. Celles-ci sont en effet indispensables, notamment au sein des communautés locales d'États en développement, en ce qu'elles suppriment à la source toutes tentations d'acceptation de pots-de-vin et de recours à des opérations de trafic illégal.

---

[1] CITES Secretary-General SCANLON J. E.'s presentation on the 6th Session of the Conference of the Parties, *op. cit.*

CHAPITRE II :
UNE APPRÉHENSION LIMITÉE DU RÔLE DES COMMUNAUTÉS LOCALES DANS LA LUTTE CONTRE LE TRAFIC ILLÉGAL D'ESPÈCES SAUVAGES

L'implication de certains individus issus de communautés locales d'États en développement dans le trafic illégal d'espèces sauvages s'explique d'une part, au regard des coûts qu'ils supportent quant à leur coexistence avec la faune sauvage et, d'autre part, au regard de la pauvreté de ces communautés qui n'ont souvent pas d'autre choix que de s'adonner à des activités illégales pour combler leurs revenus[1].

Toutefois, si ces individus participent à la perpétuation du trafic illégal d'espèces sauvages, ils peuvent *a contrario* servir de rempart contre ce phénomène[2]. En effet, les communautés locales ont un rôle crucial à jouer dans la mise en œuvre des dispositions internationales, régionales et nationales propres à enrayer le trafic illégal d'espèces sauvages. Pourtant, en dépit de ce potentiel fondamental, la participation des communautés locales dans ce contexte souffre d'une appréhension limitée par le droit international.

Ainsi, dans un premier temps, la nécessaire implication des communautés locales dans la mise en œuvre des textes applicables au trafic illégal d'espèces sauvages menacées a souffert d'une reconnaissance tardive par le droit international, et notamment par la CITES (Section 1).

Dans un second temps, l'appréhension limitée du rôle des communautés locales par le droit international s'illustre par une faible promotion des mécanismes susceptibles d'assurer leur

---

[1] CHALLENDER D., MACMILLAN D. C., "Poaching is more than an Enforcement Problem", *Conservation Letters*, September 2014, 2013.

[2] ROE D., et *al.*, « Community Management of Natural Resources in Africa: Impacts, Experiences and Future Directions », *Natural Resource Issues*, vol. 18, International Institute for Environment and Development, London, UK, 2009.

participation dans la lutte contre le trafic illégal d'espèces sauvages menacées (Section 2).

SECTION 1 : UNE RECONNAISSANCE TARDIVE DU RÔLE FONDAMENTAL DES COMMUNAUTÉS LOCALES

La promotion du rôle des communautés locales dans le cadre de la lutte contre le trafic illégal d'espèces sauvages menacées apparaît particulièrement déterminante au regard de leur participation à ce trafic souterrain. En outre, si l'application de la CITES par les États Parties doit nécessairement passer par l'élaboration d'une législation suffisamment dissuasive pour ôter toute envie de s'adonner à une tentative de trafic illégal, elle doit également assurer une mise en lumière des aspects positifs de sa mise en œuvre. Cette promotion est notamment destinée à encourager les citoyens des Parties à respecter les règles juridiques en vigueur et à assurer ainsi leur effectivité.

Pourtant, la CITES s'est illustrée quant à sa négligence initiale dans l'appréhension du rôle des communautés locales dans son processus d'application. Or, sa position référentielle en matière de commerce des espèces menacées aurait dû l'amener à considérer, dès son élaboration, le rôle déterminant que jouent ces communautés dans l'efficacité de la mise en œuvre de ses dispositions (Paragraphe 1).

Aussi, même si des résolutions CITES postérieures et des textes de droit international parallèles sont progressivement venus combler la lacune initiale du texte conventionnel en promouvant le rôle décisif des communautés locales dans la lutte contre le trafic illégal d'espèces sauvages (Paragraphe 2), cette reconnaissance limitée et tardive n'a pas empêché l'application des dispositions CITES d'être freinée sur le terrain.

Paragraphe 1 : Une négligence initiale de la CITES dans l'appréhension de la participation des communautés locales

Alors qu'un certain nombre de textes de DIE font référence à l'importance de la participation locale des communautés rurales aux processus de conservation et de gestion de la biodiversité[1], le texte originel CITES n'y fait pas référence.

Ainsi, bien que le Préambule de la CITES reconnaisse le « rôle protecteur de la faune et de la flore sauvage »[2] des peuples des États, le texte conventionnel ne prend pas en compte le rôle ni même l'importance des communautés locales au sein de la lutte contre le trafic illégal des espèces sauvages. Or, cela est d'autant plus grave que la CITES et sa conservation *in situ* des espèces sauvages met directement en péril certain des aspects les plus traditionnels de ces communautés, ainsi que leurs revenus[3]. Ainsi, au regard de l'impact des dispositions conventionnelles au niveau local[4], il aurait pu sembler normal que ces communautés soient directement associées à la prise de décision afin que leurs perspectives de développement économique et social ne soient pas oubliées des considérations politiques et juridiques.

Le respect des dispositions conventionnelles par les communautés locales a donc été amoindri, car celles-ci voient souvent en la CITES un instrument nuisant à leurs moyens de subsistance[5]. En ne faisant pas référence à la participation des communautés locales dans son processus d'application, la CITES a donc menacé sa propre efficacité.

Ainsi, la négligence initiale de la CITES quant à l'appréhension des conséquences que ses dispositions font peser

---

[1] Parmi eux, les principes 10 et 22 de la CDB et la Convention des Nations Unies sur la lutte contre la désertification dans les pays gravement touchés par la sécheresse et/ou la désertification, en particulier en Afrique, en ses articles III, V (d), X, XIII, XIV.

[2] Préambule de la CITES.

[3] Res. Conf. 16.6 (Rev. CoP17) « La CITES et les moyens d'existence ».

[4] Il est par exemple estimé que l'interdiction de vendre des produits issus d'éléphants a entraîné un manque à gagner de 93 000 dollars pour les communautés rurales du Zimbabwe en 1992, KALEN C., TRAGARDH N., "Campfire communities Sustainable Use of Wildlife – A Case Study of the CAMPFIRE Programme in Zimbabwe", Swedish University of Agricultural Sciences, Minor Fields Studies, n°40, Uppsala, 1998, p. 100.

[5] Sur ce sujet, V. notamment VELASQUEZ GOMAR J.O., STRINGER L.C., "Moving towards sustainability? An analysis of CITES' conservation policies", *Environmental Policy and Governance*, vol. 21, n°4, 2011, pp. 240–258.

sur les communautés locales [1] et quant au rôle de ces communautés dans les activités de trafic illégal, apparaît comme une limite normative à la portée de ses dispositions. Cela a notamment conduit certains auteurs à considérer la Convention comme complètement « déconnectée de l'échelle locale de gestion » [2]. Or, c'est au niveau local que l'application des dispositions conventionnelles se trouve déterminée.

Par la suite, le droit international de l'environnement, et notamment la CITES, a évolué afin de promouvoir la participation des populations locales au dispositif juridique applicable à la lutte contre le trafic illégal d'espèces sauvages. Toutefois, le caractère tardif et non contraignant de ces dispositions nuance quelque peu ces avancées normatives.

Paragraphe 2 : Une appréhension progressive de la participation des communautés locales par le DIE

Au regard de l'impact des dispositions relatives à l'encadrement du commerce des espèces sauvages menacées sur les modes de vie et possibilités de subsistance des communautés locales, le droit international, et notamment le DIE, est progressivement venu s'emparer de la question.

Ainsi, lorsque l'évidence de la nécessaire prise en compte des communautés locales dans le projet global d'enrayement du trafic illégal d'espèces sauvages s'est

---

[1] Sur l'impact des dispositions CITES sur les communautés locales, V. notamment ROE D., et *al.*, "Making a killing or making a living? Wildlife trade, trade controls and rural livelihoods", International Institute for Environment and Development and TRAFFIC organization, 2002. En outre, une mauvaise application des dispositions CITES au sein des territoires étatiques fait elle aussi peser un « *lourd fardeau* » aux communautés locales, Notification CITES aux Parties sur le thème : « La criminalité liée aux espèces sauvages est une menace grave, prenons-la au sérieux », Site internet CITES, le 3 février 2015.

[2] BINOT A., « La conservation de la nature en Afrique centrale entre théorie et pratiques. Des espaces protégés à géométrie variable », Géographie. Université Panthéon-Sorbonne — Paris I, 2010, p.132, <tel-00508990>.

finalement imposée à la CITES, celle-ci a commencé à appréhender la question à travers ses résolutions (A).

De surcroît, les initiatives de la CITES se sont vu compléter par un certain nombre d'instruments juridiques non contraignants destinés à promouvoir la participation des communautés locales dans la lutte contre le trafic illégal d'espèces sauvages menacées (B).

A. Une reconnaissance par la CITES

La réelle reconnaissance du rôle des « peuples »[1] énoncé dans le Préambule de la CITES, et plus particulièrement le rôle des communautés locales, a eu lieu à travers l'élaboration d'un certain nombre de résolutions par la Conférence des Parties au fil des années.

Ainsi, dans un premier temps, la résolution 8.3 « Recognition of the benefit of trade in wildlife »[2] adoptée en 2004 est venue former un premier pas dans l'intégration des communautés locales à l'appareil juridique déployé par la CITES. Cette ouverture aux communautés locales, légitime bien que tardive, fournit une véritable reconnaissance par la CITES de l'intérêt de la participation de celles-ci dans la mise en œuvre de ses dispositions. La résolution demande notamment aux États Parties de s'assurer que leurs communautés locales se développent durablement dans le respect de l'environnement alentour.

Dans un second temps, la résolution 16.6 « CITES and livelihoods » est venue renforcer cette reconnaissance en rappelant le rôle déterminant des communautés locales dans l'application de ses dispositions[3]. La résolution encourage

[1] Préambule de la CITES, alinéa 3.

[2] CITES Resolution Conf. 8.3 CoP13 « Recognition of the benefits of trade in wildlife ».

[3] Alinéa 9 de la Resolution Conf. 16.6 (Rev. CoP18), "Cites and livelihoods", 2013.

vivement les Parties à la CITES à élaborer des campagnes de sensibilisation auprès de leurs communautés locales afin que les objectifs conventionnels soient mieux compris et leurs intérêts économiques quant à une biodiversité riche, assimilés[1]. De surcroît, la résolution encourage également les Parties à inclure des représentants des communautés locales aux processus de décisions quant à l'application de la CITES sur leurs territoires[2].

Cette mise en lumière des communautés locales en tant qu'actrices à part entière du mécanisme CITES, pouvant et devant prendre part aux décisions susceptibles de modifier leur existence et, à plus grande échelle, capable de faire une différence sur la scène internationale quant à l'enrayement du trafic illégal d'espèces sauvages, apparaît comme un tremplin important pour l'application de la Convention. Toutefois, il convient de noter que cette reconnaissance, bien que palliant la faiblesse du texte originel CITES, revêt un caractère limité puisque les résolutions CITES ne sont pas contraignantes pour les États Parties.

B. Une reconnaissance complémentaire par des textes multilatéraux

Les Nations Unies se sont emparées du problème de la participation des communautés locales dans la lutte contre le commerce illégal de biodiversité sauvage via l'élaboration de résolutions faisant directement référence au rôle déterminant de celles-ci dans ce cadre. Ainsi, la résolution « Lutte contre le trafic d'espèces sauvages » renvoie à l'importance d'une « pleine participation » des communautés locales[3]. De même, les objectifs de développement durable, et notamment l'objectif 15.c, orientent les États vers les communautés locales pour assurer une lutte contre le trafic illicite d'espèces sauvages plus efficace[4].

---

[1] 1 b) Resolution Conf. 16.6 (Rev. CoP18), "Cites and livelihoods", 2013.
[2] *Ibid.*, 3 iii).
[3] Résolution « Lutte contre le trafic d'espèces sauvages », adoptée par l'Assemblée générale des Nations Unies le 11 septembre 2017.
[4] Objectif de développement durable n° 15, *op. cit.*

En outre, la Déclaration des Nations unies sur les droits des peuples autochtones, bien qu'elle ne fasse pas explicitement référence au commerce illégal d'espèces sauvages, formule en ses articles 18 et 41[1] la nécessité d'assurer la participation des peuples autochtones dans la prise de décisions liées à des situations pouvant les affecter. Or, tel est bien le cas des dispositions CITES.

Par la suite, le Sommet africain de l'éléphant[2] a également mis en lumière le rôle des communautés dans la conservation des espèces sauvages avec lesquelles elles cohabitent et qui en supportent de fait les inconvénients. Un an plus tard, en 2014, la Déclaration de Londres est venue déclarer la nécessité d'impliquer les communautés locales dans le processus de décision et de gestion de la biodiversité sauvage.

Cette nécessité d'intégration des communautés locales a été reprise dans la Déclaration de Kasane[3] et de Brazzaville[4], qui viennent ajouter respectivement les concepts d'équilibre entre les besoins des communautés et l'utilisation durable des espèces sauvages via l'application des dispositions internationales et de développement d'alternatives économiques durables dans l'utilisation de la biodiversité sauvage. Enfin, en janvier 2018, le Programme des Nations Unies pour l'environnement est venu rappeler le rôle des communautés locales comme rempart contre les opérations de braconnage en Afrique centrale[5].

---

[1] Articles 13 et 41 de la Déclaration des Nations unies sur les droits des peuples autochtones adoptés par l'Assemblée générale des Nations Unies le 13 septembre 2007.

[2] « État des populations des éléphants africains et les niveaux d'abattage illégal et le commerce illégal de l'ivoire de l'éléphant d'Afrique : Un rapport pour le Sommet sur l'éléphant d'Afrique », Secrétariat CITES, Groupe des Spécilistes de l'éléphant d'Afrique de la CSE (La Commission de la sauvegarde des espèces) de l'UICN, TRAFFIC International, Décembre 2013.

[3] Déclaration de Kasane sur le commerce illégal d'espèces sauvages, 2015.

[4] Conférence Internationale sur l'Exploitation Illégale et le Commerce Illicite de la Faune et de la Flore Sauvages d'Afrique, 27-30 avril 2015, Brazzaville, Congo.

[5] « Afrique centrale : l'ONU appelle à une mobilisation et une autonomisation des communautés locales face au braconnage », ONU.info, 19 janvier 2018.

Toutefois, il convient de noter que bien que ces textes juridiques soient complémentaires aux initiatives CITES en matière de participation des communautés locales au sein de la lutte contre le trafic illégal d'espèces menacées, l'application de ceux-ci revêt un caractère volontaire qui laisse aux États le soin d'appliquer ou non leurs dispositions.

Finalement, bien que le rôle majeur que les communautés locales sont amenées à jouer au sein de la lutte contre le trafic illégal de biodiversité sauvage ait finalement été reconnu par le droit international, le caractère non contraignant des dispositions en cause et le retard avec lequel ces considérations se sont illustrées sont des facteurs importants dans la persistance dudit trafic au fil des années[1]. Par ailleurs, les communautés locales souffrent toujours d'une faible promotion à l'échelle internationale des mécanismes socio-économiques et juridiques propices à encourager leur participation dans ce contexte.

SECTION 2 :
UNE PROMOTION INCOMPLÈTE DES MÉCANISMES PROPICES À LA PARTICIPATION DES COMMUNAUTÉS LOCALES

À part la CITES, aucun des textes juridiques multilatéraux venus reconnaître le rôle déterminant des communautés locales dans l'application des dispositions applicables au trafic illégal d'espèces sauvages n'a appuyé cette reconnaissance par une promotion de mécanismes susceptibles d'encourager la participation de ces populations.

Or, la seule reconnaissance de l'importance de leur rôle sur la scène internationale est loin d'être suffisante. L'article 11 de la CDB rappelle notamment que les Parties doivent promouvoir « des mesures économiquement et socialement

[1] GUIGNIER A., *op. cit.*, p.107.

rationnelles incitant à conserver et à utiliser durablement les éléments constitutifs de la diversité biologique ».

Ainsi le développement des communautés locales est un facteur essentiel à leur participation à la lutte contre le trafic illégal d'espèces sauvages et à l'application des dispositions CITES. Sans la promotion d'alternatives économiques, sociales et juridiques encourageant la conservation des espèces sauvages, ces communautés locales ne trouvent que peu d'incitations à appliquer les dispositions conventionnelles et à se détourner du trafic illégal d'espèces sauvages menacées.

Or, si la CITES fait référence à l'importance du mécanisme commercial qu'est le tourisme dans le développement des communautés locales, sa démarche dans l'appréhension de réalités socio-économiques reste relativement incomplète en ce qu'elle n'envisage pas la promotion de mécanismes sociaux déterminants au perfectionnement des conditions de vie de ces populations (Paragraphe 1).

Par ailleurs, l'incomplétude de la démarche de la CITES en matière de promotion de mécanismes propres à soutenir sa reconnaissance théorique du rôle des communautés locales dans la lutte contre le trafic illégal de biodiversité sauvage se caractérise par son défaut de promotion quant à l'attribution de certains droits à l'égard de ces populations (Paragraphe 2).

Paragraphe 1 : Une promotion incomplète des mécanismes socio-économiques

La participation des communautés locales dans la lutte contre le trafic illégal d'espèces sauvages, outre la nécessaire reconnaissance juridique de son intérêt fondamental par les textes internationaux, doit s'accompagner de mesures opérationnelles concrètes afin de venir créer de réelles alternatives au trafic illégal d'espèces sauvages pour ces populations.

L'intégration des communautés locales au sein d'un modèle économique et social dont dépend la conservation des espèces sauvages permet notamment de faire évoluer leurs attitudes à l'égard de celles-ci et figure en ce sens comme une clé fondamentale pour une application efficace des dispositions relatives au commerce d'espèces menacées.

Aussi le développement socio-économique de ces communautés doit-il être encouragé et son utilité a notamment été reconnu par la résolution de la Conférence des Parties de la CITES 8.3 « Recognition of the benefit of trade in wildlife »[1] .

À la lumière de ce constat, la CITES est par la suite venue promouvoir l'importance du mécanisme économique qu'est le tourisme lié aux espèces sauvages (A).

Néanmoins, la CITES manque de promouvoir en parallèle des mécanismes sociaux, pourtant aussi importants. En effet, ceux-ci viennent compléter ou au contraire pallier l'absence d'alternatives économiques en améliorant les modes de vie des communautés locales afin de les inciter à un respect des dispositions applicables à la lutte contre le trafic illégal d'espèces sauvages menacées (B).

A. Le tourisme lié aux espèces sauvages, mécanisme déterminant dans la participation des communautés locales

La pertinence du développement des activités d'écotourisme liées aux espèces sauvages a été reconnue par la CITES (1). En effet, plus lucratif que l'élevage de bétail, ce type de tourisme offre une alternative prometteuse au trafic illégal

[1] CITES Resolution Conf. 8.3 CoP13 « Recognition of the benefits of trade in wildlife ».

d'espèces sauvages en intégrant les communautés locales au sein d'un système économique rentable[1] (2).

Toutefois, la promotion du tourisme lié aux espèces sauvages doit faire l'objet d'une grande prudence et d'un nécessaire encadrement. En effet, le développement alternatif de la chasse dite « sportive », ou « chasse aux trophées », ou encore « chasse en boîte », figure pour sa part comme une menace pour l'efficacité des dispositions CITES (3).

1. Une reconnaissance de l'intérêt du tourisme par la CITES

Le développement économique des communautés locales passe pour être un moteur primordial dans l'efficacité de la mise en œuvre des dispositions CITES en matière de lutte contre le trafic illégal d'espèces sauvages menacées.

Ce constat se retrouve dans la résolution 16.6 de la seizième Conférence des Parties de 2013[2], qui vient promouvoir une perspective de développement économique propre à assurer une participation des communautés locales à la mise en œuvre de ses objectifs. Or, le paragraphe 7 c) ii) de la résolution souligne l'importance pour les communautés de tirer avantage, économiquement parlant, de l'utilisation alternative du « touristique durable » et de « l'écotourisme »[3] liés aux espèces sauvages.

Il convient de rappeler que la décision 12.30, adoptée en 2002, recommandait déjà l'écotourisme comme mécanisme

---

[1] Au Kenya, il est considéré que l'écotourisme est cinquante fois plus lucratif que l'élevage de bétails, (HONEY M., « *Ecotourism and Sustainable Development, Who owns Paradise?* », Island Press, 2008, p. 444). En Islande, les revenus tirés de l'observation des baleines se placeraient bien loin devant leur chasse, CUSHMAN J.H., « Whale Watching Grows Into a 1 billions dollars Industry », *New York Times*, September 9, 2001.

[2] Res. Conf. 16.6 (Rev. CoP18) « La CITES et les moyens d'existence », paragraphe 3 b).

[3] *Ibid*, paragraphe 7 c) ii).

économique incitatif pour les communautés locales à assurer la conservation des grands félins d'Asie[1].

Le postulat de ces décisions est que le tourisme est propre à assurer une nette amélioration des conditions de vie des communautés locales. Or, par la mise en lumière des aspects économiques positifs qu'elles peuvent retirer de leur participation dans la mise en œuvre des dispositions conventionnelles à travers des activités exploitant légalement la biodiversité sauvage, c'est tout le dispositif CITES qui se trouve renforcé.

Ainsi la CITES fait-elle expressément référence à un dispositif économique spécifique, qu'elle estime propre à assurer le développement des communautés locales en vue d'assurer leur participation à l'application de ses dispositions. Le tourisme figure donc comme un levier essentiel, dont l'attrait économique est de nature à fournir une alternative viable et avantageuse au trafic illégal d'espèces sauvages.

2. Des intérêts financiers éloquents de l'observation touristique de la biodiversité sauvage africaine

Considéré comme l'un des moteurs les plus importants pour les États en développement, le tourisme constitue un aspect économique primordial et de fait, en expansion, au sein desdits États. Il permet notamment de créer toute une série de services, tels que les guides, les hébergements et emplois qui y sont liés[2] ainsi que le développement d'infrastructures[3].

Toutefois, le terme tourisme peut englober des pratiques diverses et variées qui ne riment pas toujours avec le respect de

---

[1] Décision 12.30 adoptée par la Conférence des Parties de la CITES lors de sa 12e session en 2002.

[2] HONEY M., *op. cit.*, p. 99 ; Sur ce sujet, V. aussi CHARDONNET B., « Africa is changing: should its protected aeras evolve? Reconfiguring the Protected Areas in Africa », IUCN, 2019, <https://papaco.org/wp-content/uploads/2019/03/etudesAP_configAP_EN.pdf>.

[3] HONEY M., *op. cit.*, p. 30.

leur environnement direct, qu'il soit environnemental ou culturel. Ainsi il apparaît important de souligner l'importance de la mise en place de tourismes bien particuliers au sein des États en développement dans l'objectif final d'une conservation mutuelle des intérêts écologiques et socio-économiques des territoires.

Aussi, l'écotourisme[1], ainsi que le tourisme basé sur la participation active des communautés locales, ou « community-based tourism »[2], apparaissent comme des solutions propres à servir de base à un essor économique de ces communautés[3]. Ces types de tourisme peuvent prendre diverses formes : les populations peuvent être intégrées à un schéma hôtelier ou promouvoir leurs traditions locales. C'est notamment le cas de la promotion des *Bomas*, villages culturels où les touristes sont engagés à apprécier les chants et rites culturels de familles africaines en échange du paiement de frais d'admission[4].

Par ailleurs, la création d'*ecolodges* gérés par des communautés rurales[5] ou l'ouverture de leurs maisons[6], offrent également des perspectives de développement économique intéressantes pour ces populations. Néanmoins, bien qu'un développement économique en tant que tel apparaît à lui seul comme un élément important permettant de supprimer les tentatives de braconnage en diminuant la pauvreté, des activités reposant sur l'observation des espèces sauvages figurent comme les solutions les plus prometteuses dans la promotion d'une nécessité de conservation de ces espèces par les communautés locales.

---

[1] Pour une définition de la notion d'écotourisme, V. le site internet de The International Ecotourism Society.

[2] Pour une définition précise du tourisme axé sur la participation des communautés locales, voir BROHMAN J., « New Directions in Tourism for Third World Development », *Annals of Tourism Research*, vol. 23, n° 1, 1996.

[3] HONEY M., *op. cit.*, p.249 ; Sur ce sujet, V. aussi BENJAMINSEN T.A, BRYCESON I., « Conservation, Green/Blue Grabbing and Accumulation by Dispossession in Tanzania », *Journal of Peasant Studies, vol.* 39, n° 2, 2012, pp. 335–355.

[4] HONEY M., *op. cit.* p.319.

[5] *Ibid.*, p.343.

[6] *Ibid.*, p.104.

En effet, il est aujourd'hui estimé que le braconnage d'éléphant crée un manque à gagner de 25 millions de dollars par an[1], et que la disparition d'un des « big five »[2] de la savane africaine entraînerait une diminution du tourisme d'observation de près de 20 %[3]. Le commentaire d'un membre d'une communauté rurale sud-africaine résume bien la situation : « when you are killing a rhino, you are killing us »[4].

Les chiffres présentant les revenus tirés de ce type de tourisme parlent d'eux-mêmes : de nombreuses études mettent en avant son importance par rapport aux industries de l'élevage ou de la chasse. Le tourisme appuyé sur l'observation de la faune et de la flore[5] permet donc largement de tirer bénéfice des espèces sauvages, sans contrevenir à leur conservation ni aux moyens de subsistance des communautés locales. En ne jouant plus le jeu de la chaîne de trafic illégal d'espèces sauvages, les individus issus de communautés locales favorisent leur propre développement économique[6].

---

[1] NAIDOO R., et *al.*, « Estimating economic losses to tourism in Africa from the illegal killing of elephants », *Nature Communications* 7, n° 13379, 2016.

[2] Lesdits « Big five » sont les espèces animales dont l'observation est la plus sollicitée par les visiteurs lors des safaris en Afrique. Il s'agit du lion, du léopard, de l'éléphant, du rhinocéros et du buffle.

[3] SMITH L. O., PORSCH L., « The Costs of Illegal Wildlife Trade: Elephant and Rhino », A study in the framework of the European Union Action to Fight Environmental Crime, Berlin Ecologic Institute, July 2015.

[4] Statement of John SCANLON, Secretary General, CITES, Switzerland, *in* « *Ivory and Insecurity: The Global Implications of Poaching in Africa. Hearing May 24, 2012. Committee on Foreign Relations United States Senate* », *op. cit.*, p. 23.

[5] Il s'agit d'une pratique éthique lorsqu'elle est encadrée sous couvert de mesures scientifiques et de pratiques adaptées, qui offre la possibilité aux touristes de considérer des espèces endémiques évoluant dans leur environnement naturel et d'acquérir, si ce n'est des connaissances biologiques, au moins une appréciation positive de la vie sauvage et de la nécessité de maintenir son équilibre, Sur ce sujet, V. notamment KRUGER O., « The role of ecotourism in conservation: Panacea or Pandora's box ? », *Biodiversity and Conservation*, vol. 14, n° 3, March 2005, pp.579-600.

[6] BIGGS D., et *al.*, « Engaging local communities in tackling illegal wildlife trade: Can a 'Theory of Change' help? », *IIED Discussion Paper*, IIED, London, January 2015.

Ainsi, le tourisme reposant sur l'observation de la biodiversité et sur l'intégration des communautés locales apparaît comme un mécanisme économique incitatif attrayant pour assurer l'implication des communautés dans la lutte contre le trafic illégal des espèces sauvages, et *in fine,* pour garantir l'application de la CITES à l'échelle locale.

Un tel tourisme générerait donc des effets positifs interdépendants parmi lesquels figurent principalement le développement économique de ces populations[1], la conservation de la biodiversité sauvage[2] et *in fine* le respect des dispositions CITES.

Néanmoins, il est important de noter qu'un cadre strict et bien défini doit être mis en place afin que ce type de tourisme réponde de façon égale aux enjeux principaux qu'il sous-tend. En effet, les populations locales, qu'elles gèrent elles-mêmes leurs activités ou qu'elles concluent des accords avec des entreprises privées, doivent détenir une certaine forme de pouvoir. De même, ces communautés locales doivent être à même de bénéficier de réelles connaissances liées aux divers aspects que recouvre l'industrie touristique, tels notamment que les aspects économiques et de gestion[3]. Sans cela, elles courent le risque d'être floutées dans les négociations ou de se perdre dans leur propre projet de développement. Ainsi à l'heure actuelle, nombreuses sont les communautés rurales ne tirant que des avantages indirects des activités d'écotourisme[4].

Des programmes de formations et un vrai effort d'autonomie des communautés locales au niveau national doivent impérativement voir le jour afin de donner à ce tourisme aux potentiels remarquables une réelle opportunité de démontrer l'ampleur de ses effets positifs sur le développement

---

[1] KISS A., « Is community-based ecotourism a good use of biodiversity conservation funds? », *Trends in Ecology & Evolution*, Vol. 19, n°5, May 2004, pp. 232-237; Sur ce sujet, V. aussi KIPER T., « Role of Ecotourism in Sustainable Development », *In* OZYAVUZ M., (ed.), *Advances in landscape Architecture*, INTECHOPEN, July 2013.

[2] *Ibid.*

[3] HONEY M., *op. cit.*, p. 100.

[4] *Ibid.*

local, la préservation de la biodiversité sauvage et la mise en œuvre des dispositions CITES.

En outre, ce tourisme éthique doit s'organiser autour de directives précises afin de répondre aux objectifs que la CITES entend mettre en lumière. Aussi le développement d'une pratique de chasse dite « en boîte » apparaît-elle comme nuisible aux efforts de conservation et de lutte contre le trafic illégal des espèces sauvages opérés par la CITES.

3. La « chasse en boîte », une pratique touristique nuisible à la CITES

La « chasse en boîte » illustre le nécessaire encadrement dont doit faire l'objet la promotion du tourisme lié aux espèces sauvages. Cette activité souffre en effet de nombreux points qui remettent en cause la légitimité de son existence.

D'une part, cette chasse ne représente pas un levier économique réellement fructueux. Elle pâlit lorsqu'elle est mise en contraste avec l'activité de tourisme d'observation. On estime notamment qu'elle représente moins de 2 % de l'activité de tourisme ayant cours dans la majeure partie des États africains, dont notamment l'Afrique du Sud, la Namibie, la Tanzanie ou encore le Botswana[1]. Représentant un faible pourcentage des revenus tirés de l'activité touristique en général, cette activité demeure donc une activité de second ordre face au tourisme d'observation[2].

D'autre part, concernant sa valeur conservatrice, il a été démontré qu'au regard du développement non durable de

---

[1] « The $200 million question: How much does trophy hunting really contribute to African communities? », a report for the African Lion Coalition, prepared by Economists at Large, Melbourne, Australia, 2013.

[2] En Namibie par exemple, l'activité de chasse représente pour les populations un revenu de 0,24 million de dollars, soit 7,5 dollars par personne par an, contre 2,15 pour le tourisme d'observation de la faune sauvage, CHARDONNET B., « Africa is changing: should its protected aeras evolve? Reconfiguring the Protected Areas in Africa », *op. cit.*

l'activité par goût du profit, les espèces victimes de la chasse supportent une menace supplémentaire, tendant plus à accentuer un phénomène de déclin qu'à l'enrayer[1].

Toutefois, c'est surtout au regard de la menace qu'elle créée autour de l'efficacité des dispositions CITES et de la lutte contre le trafic illégal d'espèces menacées que cette chasse apparaît comme particulièrement nuisible. En effet, la chasse en boîte ne sert pas de tremplin au développement des communautés locales (a) et ouvre de surcroît la voie à des abus alimentant le commerce illégal que la CITES cherche à combattre (b).

a. Une activité économique non profitable aux communautés locales

Le développement de la « chasse en boîte » prend pour appui une logique socio-économique selon laquelle les revenus tirés de cette pratique permettraient de financer des opérations de conservation [2] et inciteraient les communautés locales à s'engager dans une activité lucrative dont elles pourraient tirer profit.

Or, à la lumière des diverses études rendues sur le sujet, force est de constater que si la pratique de la chasse « sportive » s'est largement développée sur le continent africain au sein des réserves et autres opérateurs, générant des revenus substantiels (15,8 millions de dollars rien qu'au Zimbabwe[3], 125 millions de dollars en Afrique du Sud en 2008[4]), ses effets bénéfiques en

---

[1] KABIRI N., « Historic and Contemporary Struggles for a Local Wildlife Governance Regime » *in* NELSON F., (ed.), *Community Rights, Conservation and Contested Land,* Earthscan, *op. cit.,* p.128.

[2] LEADER WILLIAMS N., HUTTON J.M., « Does extractive use provide opportunities to reduce conflicts between people and wildlife? », *in* WOODROFFE R., et *al.*, (eds.), *People and wildlife: conflict or coexistence?*, Cambridge University Press, Cambridge, UK, 2005, pp. 140-161.

[3] BOOTH V. R., « The Contribution of Hunting Tourism: How Significant is This to National Economies", Joint publication of FAO and CIC Budapest, 2010, p.15.

[4] ORENSTEIN R., *op. cit.*, p. 102.

terme budgétaire peinent à se faire sentir au sein des communautés locales.

En effet, on estime à seulement 15 000 le nombre d'emplois créent en Afrique suite au développement de l'activité[1], et à peine 3 à 5 % des revenus perçus sont distribués aux communautés[2]. Les communautés locales bénéficient donc rarement de ces activités de chasse[3], et leurs faibles implications et revenus dans cette activité ne sont pas de nature à leur fournir une alternative économique viable, supprimant toutes tentations de s'adonner au trafic illégal d'espèces sauvages.

b. Une activité économique alimentant le trafic illégal d'espèces sauvages

Une tendance grave a été observée chez certains ressortissants sud asiatiques quant à la « chasse en boîte ». Ainsi, une étude a pu démontrer que bon nombre de permis de chasse délivrés à des individus vietnamiens en Afrique du Sud soutenaient activement un commerce souterrain de corne de rhinocéros vers le continent asiatique.

Contrevenant à l'article III de la CITES[4], qui interdit tout déplacement d'espèces listées en annexe I pour fins commerciales, ces ressortissants sud asiatiques, organisés en syndicats, utilisent des prostituées vietnamiennes travaillant en Afrique du Sud pour coordonner un trafic illégal d'espèces sauvages menacées. En effet, les passeports étrangers de ces prostituées permettent aux criminels d'augmenter le nombre de permis de chasse placés entre leurs mains et d'organiser ainsi de

---

[1] GARRIC A., « Derrière Cecil le lion, l'épineuse question de la chasse au trophée », *Le Monde* (online), 4 août 2015.
[2] *Ibid.*
[3] CRUISE A., « Is Trophy Hunting Helping Save African Elephants? », *National Geographic* (online), November 17, 2015.
[4] Article III de la CITES.

nombreuses parties de chasse aux trophées dont l'objectif final est l'exportation en Asie pour vente ultérieure[1].

Aussi, lorsque l'on connaît la finalité de ces chasses, il apparaît alarmant que 171 permis aient été délivrés en 2010 aux ressortissants vietnamiens[2]. Entre 2003 et 2010, ce sont ainsi près de 657 trophées de cornes de rhinocéros qui sont donc entrés sur le continent asiatique, et possiblement pour bon nombre d'entre eux, sur le marché noir des espèces menacées[3].

De rares initiatives étatiques sont venues tenter de contrer ces abus qui ne se limitent bien évidemment pas aux seuls agissements d'individus asiatiques. Ainsi la législation sud-africaine impose la présentation d'une preuve de participation à une organisation de chasse reconnue au sein de son territoire[4]. Toutefois, de telles formalités restent fragiles, notamment en ce qu'une inscription au sein d'une organisation de chasse ne revêt pas un caractère suffisamment fiable, la mesure étant ainsi impropre à enrayer les tentatives de fraude.

Combinant à la fois avantages socio-économiques et dimension éthique, le développement du modèle de tourisme d'observation figure donc comme la meilleure alternative offerte aux communautés locales pour assurer leur développement, et *in fine* pour venir garantir l'application efficace des dispositions CITES sur leurs territoires. Cependant, si l'impact de cette activité économique a été reconnu et promu par la CITES, l'accompagnement additionnel et/ou complémentaire d'un développement des communautés locales via des services sociaux, pourtant déterminants en la matière, n'a pas été encouragé.

B. Des services sociaux, mécanismes déterminants à la participation des communautés locales

---

[1] ORENSTEIN R., *op. cit.*, p. 106.
[2] ORENSTEIN R., *op. cit.*, p. 104.
[3] *Ibid.*
[4] *Ibid*, p. 107.

Le développement économique et social des communautés locales, supposé appuyer leur participation dans la lutte contre le trafic illégal d'espèces sauvages, passe certes par la perception des recettes liées aux activités touristiques auxquelles elles sont parties prenantes, mais doit également passer par des incitations supplémentaires. Ainsi, l'élaboration de services éducationnels et sanitaires (1) ou de compensations financières (2) figurent comme des services sociaux déterminants dans l'implication des communautés locales.

1. Des services sanitaires et éducationnels déterminants pour un développement social des communautés locales

L'accès à des services sanitaires et éducationnels performants sont des nécessités majeures pour les sociétés du monde entier, et les communautés locales d'États en développement n'y font pas exception. Le développement de ces communautés passe donc nécessairement par la création d'une possibilité de recours à ces services sociaux, ainsi qu'à une certaine qualité de ceux-ci.

Par ailleurs, ce concept de services à la communauté revêt un intérêt d'autant plus capital qu'il est parfois le seul aspect viable d'une forme de rétribution des communautés locales. En effet, au sein d'un même territoire, ce sont souvent plus d'une dizaine de communautés locales différentes qui se superposent. La possibilité qu'elles reçoivent toutes une part équitable et suffisante des revenus issus des activités touristiques est donc relativement faible.

Ainsi, afin que leur développement économique et social soit tout de même assuré, il paraît pertinent de concentrer une partie desdits revenus sur la réalisation de revendications centrales d'ordre éducationnel et sanitaire qui profitent à toutes[1]. Au Ghana, par exemple, le tourisme et l'aide de l'ONG World Vision, ont permis aux peuples autochtones de bénéficier de nouvelles classes au sein de l'école communautaire[2].

Enfin, certaines communautés locales ne sont tout simplement pas impliquées dans des opérations de tourismes destinées à promouvoir la conservation de la biodiversité sauvage. Néanmoins, tout comme les autres, celles-ci doivent pouvoir se voir offrir des opportunités de développement en échange de leur respect des dispositions CITES. C'est notamment ainsi que les communautés *campesino*, au Pérou, se sont engagées à protéger l'espèce des vicunas en échange d'un pourcentage sur la vente des produits issus de l'espèce, mais aussi de la construction d'une école[3].

Ce concept de services sanitaires et éducationnels aux communautés rurales apparaît comme non seulement pertinent, mais également comme absolument nécessaire au regard des réalités pratiques entourant le reversement des rétributions liées au tourisme ou à leur absence. Ainsi ces services garantissent-ils l'existence d'un développement social là où un développement économique aurait du mal à s'illustrer. Les compensations financières versées pour assurer une cohabitation pacifique entre communautés locales et espèces sauvages répondent, elles aussi, de cet impératif.

2. Des compensations financières déterminantes pour une coexistence pacifique

---

[1] MENSAH I., « Benefits and challenges of community-based ecotourism in park-fringe communities, the case of Mesomagor of Kakum National Park, Ghana », *Tourism Review International*, vol.21, n°1, March 2012, pp. 81-98.

[2] *Ibid.*

[3] WHEELER J.C., DOMINGO H.R., « Community participation, sustainable use and Vicuña conservation in Peru », *Mountain Research and Development*, vol.17, 1997, p. 283-287.

La recherche du bien être des communautés rurales dans une mise en œuvre efficace des dispositions CITES doit nécessairement passer par la problématique de la cohabitation avec les espèces sauvages. En ce sens, l'augmentation éventuelle des populations d'espèces menacées liées à une mise en œuvre efficace des dispositions conventionnelles ne doit pas démobiliser les communautés dans leur effort de conservation.

En effet, les communautés locales, informées ou non de l'importance de conserver certaines espèces sauvages, connaissent des problèmes de déprédations et de destructions des récoltes[1] impliquant des coûts qu'elles ne peuvent souvent pas assumer, conduisant à une perception relativement négative de la vie sauvage environnante[2].

Aussi, que ces communautés locales soient associées ou non à des activités économiques valorisant la vie sauvage et leur développement, des mécanismes de compensations financières prenant la forme de régimes d'assurance ou de compensation[3] doivent absolument voir le jour afin d'accompagner favorablement un changement d'attitude des communautés envers les espèces sauvages.

L'élaboration de tels types de compensation a beaucoup fait réfléchir au sein des États africains, où gouvernements et ONG cherchent un compromis destiné à apaiser les tensions liées à la cohabitation des communautés avec les espèces sauvages. Ainsi « le Kenya a proposé l'instauration de police d'assurance où les agriculteurs paient une prime subventionnée par l'ONG *Friends of Nairobi National Park* pour couvrir le risque de

---

[1] MADHUSUDAN M.D., « Living amidst large wildlife: livestock and crop depredation by large mammals in the interior villages of Bhadra Tiger Reserve, South India », *Environmental Management*, vol. 31, n° 4, 2003, p. 466–475.
[2] LAMBERT-HABIB M-L., *op. cit.*, p. 20.
[3] HOARE R., « Lessons from 15 years of human-elephant conflict mitigation: management considerations involving biological, physical and governance issues in Africa », *Pachyderm*, 51, 2012, pp. 60-74 ; Sur ce sujet, V. aussi DICKMAN A. J., et *al.*, « A review of financial instruments to pay for predator conservation and encourage human–carnivore coexistence », *Proceedings of the National Academy of Sciences*, vol. 108, 2010.

déprédation »[1]. En Namibie, une initiative liée à la compensation d'agriculteurs victimes de déprédations par les *conservancies* grâce à une coopération entre gouvernement et l'ONG *Integrated Rural Development and Nature Conservation* a vu le jour[2].

Outre ce type de compensation, une aide à la mise en place de structures matérielles peut également s'avérer utile. Ainsi, la construction de clôtures[3] ou l'utilisation de bambou chinois[4] sont-elles des mécanismes utiles à la dissuasion des espèces sauvages de s'aventurer dans les champs. Une solution encore plus innovante a été développée par le jeune inventeur Richard Turere. Vivant dans une communauté Maasaï ayant souffert d'attaques de lions sur le bétail, Turere a développé l'utilisation nocturne de lumières mouvantes après avoir constaté que les prédateurs étaient effrayés par ce qu'ils considèrent sûrement comme la présence d'un gardien qui bouge[5].

Ainsi, la conduite de campagnes de sensibilisation auprès des communautés locales quant à l'importance de protéger certaines espèces doit nécessairement s'accompagner de compensations financières destinées à apaiser les tensions liées à leur cohabitation avec la biodiversité sauvage[6].

Outre l'intérêt essentiel que revêt le développement socio-économique dans la création d'alternatives et d'incitations au respect des dispositions juridiques applicables à la lutte contre le trafic illégal d'espèces sauvages menacées, c'est également en termes d'attribution de droits spécifiques que l'organisation de la participation des communautés locales doit être pensée.

---

[1] ROE D., et *al.*, « Community Management of Natural Resources in Africa: Impacts, Experiences and Future Directions », *Natural Resource Issues*, vol. 18, International Institute for Environment and Development, London, UK, 2009.

[2] ROE D., et *al.*, *op. cit.*

[3] HOARE R., *op. cit.*

[4] ROE D., et *al.*, *op. cit.*

[5] Ted Talk of Richard Turere, inventor of "lion lights," a pacific way to protect his family's cattle from lion attacks, 2013.

[6] PAUL J-L., et *al.*, *op. cit.*

Paragraphe 2 : Une promotion inexistante d'attribution de droits aux communautés locales

En Afrique, suite à l'ère coloniale et à la passation de pouvoir sur les terres des communautés locales à l'État[1], celles-ci ont été dépossédées de droit sur la faune et la flore sauvage avec laquelle elles cohabitent. Ayant perdu toutes possibilités d'action et de gestion sur la biodiversité sauvage et leur territoire, les populations locales se sont retrouvées à l'écart du développement économique associé à celle-ci, ne subissant plus que les législations restrictives sur le commerce de ces espèces et sur leur préservation sans autre compensation. Aussi l'application de ces dispositions juridiques n'a pas été reçue avec beaucoup d'égards par ces communautés locales, qui se retrouvent spoliées à diverses échelles.

L'attribution (ou réattribution) de droits aux communautés locales figure en ce sens, aux côtés des mécanismes économiques et sociaux précédemment analysés, comme une des solutions les plus pertinentes dans la mise en œuvre d'une participation de ces communautés à la lutte contre le trafic illégal d'espèces sauvages. Toutefois, cette solution n'a pas été suffisamment promue au sein de la CITES, malgré la reconnaissance de son importance par les Nations Unies[2].

Ainsi, l'attribution de droits de gestion (A) et l'attribution de droits de propriété (B) aux communautés locales représentent des supports décisifs à l'intégration de celles-ci dans l'application des dispositions CITES qu'il reste à améliorer et à promouvoir à l'échelle internationale.

---

[1] NELSON F., « Introduction: The Politics of Natural Resource Governance in Africa », *in* NELSON F., (eds.), *Community Rights, Conservation and Contested Land, op. cit.*, p.1.

[2] Point 8 de la Résolution « Surveillance du trafic des espèces sauvages » adoptée par l'Assemblée Générale de l'ONU en 2015.

A. **Un nécessaire perfectionnement de l'attribution de droits de gestion**

En Afrique, la participation des communautés locales au processus d'application des mesures étatiques s'est majoritairement organisée autour de projets dits *community-based natural resource management* (CBNRM)[1]. Ces CBNRM se sont propagés de façon différente sur le continent, mais reposent sur une même volonté de délégation de pouvoir de l'État vers les communautés pour la gestion des espèces sauvages[2].

L'intérêt des CBNRM dans la lutte contre le trafic illégal d'espèces sauvages est double. Sur fond de mise en valeur de l'intérêt économique de la biodiversité sauvage[3], il s'agit d'une part de permettre un développement socio-économique des communautés via des pouvoirs de gestion et d'y associer d'autre part une conservation des espèces sauvages[4]. Le document de la Conférence des Parties de la CITES intitulé « Création du comité pour les communautés rurales de la Conférence des Parties »[5] y fait d'ailleurs doucement référence comme moyen utile d'assurer

---

[1] Parmi les études liées au CBNRM, V. notamment FRISINA M.R., TAREEN S.N.A., « Exploitation prevents extinction: case study of endangered Himalayan sheep and goats », *in* DICKSON B., ADAMS W.M., (eds.), *Recreational Hunting, Conservation and Rural Livelihoods: Science and Practice*, Wiley-Blackwell, Oxford, UK, 2009, pp. 141–156; V. aussi FABRICIUS C., et *al.*, (eds), *Rights, Resources, and Rural Development: Community-Based Natural Resource Management in Southern Africa*, Earthscan, London, UK, 2004.

[2] MURPHREE M., « The strategic pillars of communal natural resource management: benefit, empowerment and conservation », *Biodiversity and Conservation*, vol. 18, n°10, 2009, pp. 2551-2562.

[3] FROST P. G.H, BOND I., « The CAMPFIRE program in Zimbabwe: Payments for wildlife services », *Ecological Economics*, vol. 65, n° 4, 2008, p. 777.

[4] LUBILO R., CHILD B., « The Rise and Fall of Community-Based Natural Resource Management in Zambia's Luangwa Valley : An Illustration of Micro- and Macro- Governance Issues », *in* NELSON F., (eds.), *Community Rights, Conservation and Contested Land, op. cit.*, p. 205.

[5] Document 13 « Questions stratégiques » de la dix-septième session de la Conférence des Parties CITES, Johannesburg, Afrique du Sud, 24 septembre-5 octobre 2016.

une participation communautaire aux dispositifs de conservation qu'elle tend à encourager, et *in fine* comme moyen pertinent d'enrayer le trafic illégal d'espèces sauvages auquel elles participent.

Or, l'intégration des populations locales au sein de ces regroupements communautaires a fait l'objet de nombreuses expériences, au sein desquelles il a été observé certaines limites, parmi lesquelles une dévolution de pouvoir tronquée (1) et/ou un défaut de formation des populations locales (2). De ces tentatives, il est souhaitable de tirer des leçons afin de développer et de promouvoir dans le futur des initiatives perfectionnées d'attribution de droits de gestion.

1. Une dévolution de pouvoir aux communautés locales tronquée

Les CBNRM ont pour objet de décentraliser l'autorité de l'État sur la biodiversité sauvage au niveau communautaire afin d'impliquer les communautés locales dans la gestion des ressources naturelles[1]. Plusieurs niveaux de décentralisation ont été initiés à ce titre. Le projet « CAMPFIRE », initié au Zimbabwe en 1982, comptait par exemple des *districts*, correspondant à des régions, et des *wards*, sortes de circonscriptions englobant une multitude de villages[2].

Toutefois, malgré une organisation structurée des niveaux de décentralisation, force est de constater que les communautés locales en tant que telles n'ont pas réellement bénéficié de droits de gestions substantiels. Ainsi, il peut être considéré que la dévolution de pouvoirs de gestion opérée par les États a souvent été largement tronquée.

---

[1] MARTIN R.B., « Communal Areas Management Programme for Indigenous Resources (CAMPFIRE) », CAMPFIRE Working Document n°1/86, Branch of Terrestrial Ecology, Department of National Parks and WildLife Management, Harare, Zimbabwe, 1986.
[2] FROST P. G. H., BOND I., *op. cit.*

D'une part, dans le cas de CAMPFIRE, les processus de décisions s'arrêtaient en majeure partie au niveau des *districts*[1], ne s'étendant donc pas jusqu'aux villageois des communautés rurales elles-mêmes[2]. D'autre part, les décisions soumises à participation se sont révélées relativement sommaires. En effet elles ne concernent pour la plupart que les finalités des prélèvements annuels sur la faune sauvage[3]. De surcroît, les recettes perçues par les villageois se sont révélées relativement maigres[4].

Enfin, de nombreux cas de captation du pouvoir ont été observés[5]. Le projet Nyama par exemple, mené au Zambèze, fournit une illustration du cas d'espèce : sur les quatre chefs traditionnels du *rural district council* supposés représenter leurs administrés, un seul a été à l'initiative de décisions, après maintes manœuvres pour évincer ses pairs[6]. Cette captation des pouvoirs s'accompagne parfois d'une captation des revenus tirés des

---

[1] LAMBERT-HABIB M-L., *op. cit.,* p. 515 ; Sur ce sujet, V. aussi MILUPI I., et *al*., "A review of community-based natural resource management", *Applied Ecology and Environmental Research*, 15 (4), December 2017, pp. 1121-1143.
[2] RIHOY L., CHIROZZA C., ANSTEY S., « 'People are Not Happy': Crisis, Adaptation and Resilience in Zimbabwe's CAMPFIRE Programme », *in* NELSON F., (ed), *« Community Rights, Conservation and Contested Land », op. cit.* ; Sur ce sujet, V. aussi CIRELLI M.T., « Legal trends in wildlife management », FAO Legislative study, 74, 2002.
[3] LAMBERT-HABIB M-L., *op. cit,*, p. 518.
[4] LAMBERT-HABIB M-L., *op. cit.*, p. 550.
[5] Pour le cas du CBNRM CAMPFIRE, V. notamment TAYLOR R., MURPHREE M.W., « Case studies on successful southern African CBNRM initiatives and their impact on poverty and governance: Masoka and Gairesi case studies Zimbabwe », IUCN/USAID FRAME, 2007. Pour le cas des CBNRM au Bostawana, V. notamment RIHOY L., MAGURANYANGA B., *op. cit.* ; Sur ce sujet en Zambie, V. notamment LUBILO R., CHILD B., *op. cit.,* p. 203. Pour les cas de captations de pouvoirs dans le sud de l'Afrique, V. notamment CHILD B., BARNES G., "The conceptual evolution and practice of community-based natural resource management in southern Africa: past, present and future", *Environmental Conservation,* vol.37, 3, pp.283-295, 2010.
[6] BINOT A., *op. cit.*

opérations enregistrées au sein du projet[1] qui empêche donc les communautés locales de jouir de ces alternatives au trafic illégal d'espèces sauvages.

La majeure partie des CBNRM n'ont donc pas su organiser une participation active des communautés locales, qui n'ont pas bénéficié d'une autorité concrète[2] et de revenus substantiels de leur gestion de la biodiversité sauvage. Les incitations socio-économiques destinées à engager les populations locales dans la conservation des espèces sauvages ont donc eu du mal à s'illustrer, nuisant par la même à l'enrayement du trafic illégal desdites espèces.

En outre, la gestion des espèces sauvages observée par les populations locales au sein des CBNRM est également freinée par un manque de compétences jouant en leur défaveur dans leur intégration au programme de participation locale.

2. Un défaut de compétences des communautés locales

Sans formations spécifiques liées à des aspects juridiques[3] et d'organisation, les populations locales ont peu de chance d'être effectivement représentées et de bénéficier des avantages potentiels liés à la mise en place de leurs droits de gestion[4].

---

[1] BROCKINGTON D., IGOE J., « Evictions for conservation: A global overview », *Conservation and Society,* vol. 4, n°3, 2006, pp. 424-471. Sur le sujet de captation des revenus issus de CBNRM en Tanzanie, V. notamment BENJAMINSEN T. A., et *al.*, « Wildlife Management in Tanzania: State Control, Rent Seeking and Community Resistance », *Development and Change*, vol.44, n° 5, September 2013.

[2] Sur ce sujet au sein du CBNRM CAMPFIRE, V. notamment CIRELLI M.T., « Legal trends in wildlife management », FAO Legislative study, 74, 2002. Sur ce sujet au sein des CBNRM au Bostwana, V. notamment MILUPI I., et *al.*, *op. cit.*

[3] RIHOY L., MAGURANYANGA B., *op. cit.*

[4] KGATHI D.L., NGWENYA B.N., "Community Based Natural Resource Management and Social Sustainability in Ngamiland, Botswana", *Botswana Notes & Records*, vol.37, 2005, pp.61-79 ; FROST P. G. H., BOND I., *op. cit.*, p. 785.

C'est notamment ce défaut organisationnel qui a conduit bon nombre d'États à justifier un retour à un modèle centralisé et sans législation précise quant aux droits des communautés rurales, comme ce fut le cas au Bostwana suite à l'échec du Cgaecgae Tlhabololo Trust (CTT)[1]. Ainsi, le contrôle centralisé sur la faune et la flore sauvage reste aujourd'hui le principe au sein de nombreux États africains[2], qui justifient par le manque de compétences de leurs populations locales un retour à un système qui ne les prend pas ou peu en compte dans le processus d'incitation à la conservation mis en place sur le territoire.

Pourtant, il suffirait que les gouvernements organisent une délégation d'ONG pour former ces communautés, comme ce fut le cas au Pérou avec le projet Tamshiyacu Tahuayo, exemple réussi d'implication des communautés dans les processus conventionnels de gestion durable des espèces sauvages[3]. L'État peut également mettre à disposition des infrastructures pour aider les communautés impliquées dans des activités de gestion de la biodiversité sauvage comme ce fut le cas avec l'État du Belize qui a fourni aux communautés mayas du district de Toledo des infrastructures afin de faciliter leurs activités d'écotourisme[4].

Ainsi, force est de constater que les diverses applications du modèle de CBNRM offrent un constat général de succès relativement mitigé. Pourtant, l'attribution de droits de gestion qu'ils tendent à mettre en place offre des perspectives

---

[1] RIHOY L., MAGURANYANGA B., *op. cit.*, pp. 72.

[2] NELSON F., "Democratizing Natural Resource Governance: Searching for Institutional Change", *in* NELSON F., (ed), *Community Rights, Conservation and Contested Land,* Earthscan, London, UK, 2010, pp. 310-330. Pour le cas tanzanien, V. également BENJAMINSEN T. A., et *al.*, « Wildlife Management in Tanzania: State Control, Rent Seeking and Community Resistance », *Development and Change*, vol.44, n° 5, September 2013. Pour le cas du Bostwana, V. BOGGS L. P., "Community Power, Participation, Conflict and Development Choice: Community Wildlife Conservation in the Okavango Region of Northern Botswana", Evaluating Eden Series, Discussion Paper n° 17, International Institute for Environment and Development, London, 2000, p. 23 et p. 38.

[3] WILKIE D., et *al.*, « Measuring Impact Rewards and Risks associated with Community Engagement in Anti-poaching and Anti-Trafficking », USAID.gov, May 2016, <https://pdf.usaid.gov/pdf_docs/PA00M3R9.pdf>.

[4] HONEY M., *op. cit.*, p.104.

intéressantes pour les communautés locales dans leurs possibilités de gestion de la biodiversité sauvage avec laquelle elles cohabitent. Les limites tirées des expériences passées doivent donc servir au développement d'initiatives plus adaptées destinées à améliorer ces modèles d'intégration communautaire qui restent des solutions pertinentes comme support à la mise en œuvre d'une participation des populations locales à la lutte contre le trafic illégal d'espèces sauvages. Par ailleurs, une solution moins hétéroclite et plus ciblée réside dans l'attribution législative de droits de propriété aux communautés locales.

B. Un nécessaire développement de l'attribution de droits de propriété

D'une manière générale, il est de coutume de dire que nous sommes toujours plus tentés de préserver ce qui nous appartient et dont nous tirons profit que ce qui ne dépend pas de nous et dont nous ne voyons pas l'intérêt. Ce postulat relativement cynique, mais non dénué d'une certaine vérité trouve un écho intéressant dans l'étude de propositions visant à impliquer les communautés locales au processus d'application des dispositions juridiques destinées à supprimer le trafic illégal d'espèces sauvages menacées.

En effet, organiser une dévolution définitive de droits de propriété sur la faune et la flore sauvage de l'État vers les communautés locales apparaît comme un bon moyen d'encourager leur conservation [1]. En trouvant un intérêt économique et social immédiat à la présence d'une biodiversité sauvage sur leur territoire, ces populations seront plus tentées de respecter les engagements conventionnels CITES de l'État au sein duquel elles se trouvent.

De cette façon, toute présence éventuelle de trafiquants aux alentours de la faune et de la flore dont elles ont la responsabilité concernera directement les communautés locales.

---

[1] WILKIE D., et *al.*, *op. cit.*

Elles auront tout intérêt à régler ces problèmes afin de stopper toute menace pesant sur leurs activités économiques reposant sur la biodiversité.

À la différence des CBNRM, qui restent un mécanisme complexe et large dont la mise en œuvre diffère selon les États, cette attribution de droits prendrait une forme plus simple en ce qu'elle serait inscrite dans la législation des États et ne laisserait pas de place à diverses interprétations. Les communautés rurales, ainsi reconnues dans la législation nationale, assumeraient ainsi le rôle déterminant qui a toujours été le leur dans l'application des dispositions juridiques applicables au trafic illégal d'espèces sauvages. Ici, le cadre est donc simple s'il est encadré par une législation nationale précise, et son développement est déterminé par les besoins des populations locales.

Cette dévolution sous-tendue par cette attribution de droits de propriété permet notamment la suppression des intermédiaires, et de ce fait les risques accrus de captations irrégulières des revenus tirés de ces activités. La législation namibienne par exemple, en attribuant aux communautés rurales des droits sur la biodiversité sauvage avec laquelle elles cohabitent[1], a su définir un cadre répondant à ces critères. Ainsi les communautés namibiennes perçoivent directement les recettes tirées des activités qu'elles organisent[2], et de leur côté les espèces sauvages présentes sur le territoire se sont vues relativement mieux protégées[3] et, *in fine*, moins victime d'un trafic illégal.

---

[1] JONES B., « The Evolution of Namibia's Communal Conservancies », *in* NELSON F., (ed.), *Community Rights, Conservation and Contested Land, op. cit.*, p. 107.

[2] GOODWIN H., SANTILLI R., « Community-Based Tourism: a success? », International Centre for Responsible Tourism, 11, Leeds Metropolitan University, Leeds, UK, 2009.

[3] NELSON F., « Introduction: The Politics of Natural Resource Governance in Africa », *op. cit.*

CONCLUSION GÉNÉRALE

Aujourd'hui plus que jamais, l'Humanité est confrontée aux conséquences de son attitude envers l'environnement et la biodiversité sauvage.

Le déclin massif des espèces sauvages que nous utilisons par tradition, par mode ou pour satisfaire notre alimentation ou encore notre confort matériel est grandement sous-tendu par une offre illégale qui menace en outre de nombreux aspects de nos modes de vie. De la même façon, les réflexions autour de la provenance de la récente épidémie du COVID19, tuant des centaines de milliers de personnes, menaçant les économies du monde entier, et modifiant radicalement nos modes de vie, ont conduit l'ensemble des générations humaines à se questionner sur la problématique de la consommation d'espèces sauvages.

Depuis de nombreuses années, la Communauté internationale s'est montrée consciente de l'urgence d'agir pour lutter contre le trafic illégal de biodiversité sauvage. En témoigne la richesse des instruments juridiques multilatéraux qui promeuvent des règles et des principes destinés à encadrer les pratiques d'exploitation et de commerce de biodiversité sauvage. Toutefois, les engagements pris par les États sur la scène internationale sont rarement appliqués dans un souci d'effectivité au sein de leur propre législation nationale, réduisant ainsi strictement la portée des normes multilatérales en vigueur. Notre position initiale concernant l'insuffisance du droit international pour enrayer définitivement le phénomène de trafic illégal de biodiversité sauvage semble donc démontrée.

Ainsi, si les États participent de la construction d'un droit international relativement pertinent en la matière — malgré quelques lacunes qu'une révision de certains textes et que la promotion de certaines démarches innovantes devrait permettre de combler — ils pêchent à exécuter sur leur propre territoire les obligations et les recommandations auxquelles ils ont souscrit. Un manque de connaissances sur le sujet et sur les différents enjeux qu'il met en évidence entraîne ainsi un manque d'engagement caractérisé qui vient mettre en péril, non seulement les dispositions réglementaires en vigueur, mais aussi et surtout la pérennité des activités humaines sur Terre, voire de l'existence de l'Humanité.

Des actions de sensibilisation des citoyens quant à l'achat de produits issus de sources légales ainsi que quant aux incidences qu'entraîne la consommation de certaines espèces sauvages doivent nécessairement voir le jour. De même, les États doivent niveler par le haut leurs exigences en matière de trafic illégal de biodiversité sauvage, en définissant de nouvelles normes et essentiellement de nouvelles sanctions, propres à dissuader toutes tentatives de violation des réglementations. Les États doivent dorénavant opérer une nouvelle forme de coopération, par le biais de laquelle toute législation nationale élaborée en matière de lutte contre le commerce illégal d'espèces sauvages soutiendra au lieu de menacer l'ensemble des autres mesures définies de par le monde afin de créer un bloc juridique global propre à empêcher toute déviation de flux commercial illégal et *in fine* enrayer définitivement ce phénomène.

Enfin, le développement et la promotion de mécanismes commerciaux tels que les procédés de certification et l'intégration des communautés locales aux activités économiques respectueuses des espèces sauvages apparaissent fondamentaux pour appuyer et renforcer l'application des textes applicables au trafic illégal de biodiversité sauvage.

L'incertitude de notre avenir sur cette Terre n'est due qu'à une offre et une demande irraisonnée de produits issus de biodiversité sauvage. Il appartient encore à l'Homme, en tant que citoyen et/ou en tant que représentant politique, d'œuvrer pour contrer les effets dévastateurs du trafic illégal de biodiversité sauvage. Le pouvoir reste donc entre nos mains, mais l'urgence de la situation ne doit pas être écartée, au risque de venir créer une situation aggravée qui nous échappera.

BIBLIOGRAPHIE INDICATIVE

I. Ouvrages généraux

- BECCARIA C., *Des délits et des peines*, Édition Flammarion, 2006, 187 p.
- BEURIER J-P., *Droit international de l'environnement*, Édition Pedone, 4e édition, 2010, 588 p.
- COUVEINHES-MATSUMOTO F., *L'effectivité en droit international*, Édition Bruylant, 2014, 694 p.
- LONDON C., *Commerce et environnement*, Presses universitaires de France, 2001, 128 p.
- VIRALLY M., *La pensée juridique*, Édition Panthéon Assas, 2010, 226 p.

II. Ouvrages spécialisés

1. Ouvrages spécialisés en sciences juridiques

- BEBIN X., *Pourquoi punir ? L'approche utilitariste de la sanction pénale*, Édition Harmattan, 2006, 236 p.
- BELLIVIER F., NOIVILLE C., *Contrats et vivant, Le droit de la circulation des ressources biologiques*, Édition L.G.D.J., Colloque « Traité des contrats », sous la direction de GHESTIN J., Paris, 2006, 328 p.
- CUSSON M., *Pourquoi punir ?,* Édition Dalloz, 1987, 203 p.
- CADDELL R., MOLENAAR E. J., (eds.), *Strengthening International Fisheries Law in an Era of Changing Oceans,* HART Publishing, 2019, 512 p.
- DICKSON B., HUTTON H., *Endangered Species Threatened Convention: The Past, Present and Future of CITES*, Earthscan publication, 2000, 202 p.
- FREESTONE D., et *al*., (eds.), *The Law of the Sea: Progress and Prospects*, Oxford University Press, 2006, 504 p.
- GUGGISBERG S., *The Use of CITES for Commercially-exploited Fish Species, A solution to Overexploitation and Illegal, Unreported and Unregulated Fishing?*, Springer International Publishing, 2016, 453 p.
- GUIGNIER A., *Le rôle des peuples autochtones et des communautés locales dans le développement durable :*

figurants ou acteurs ?, Presses Universitaires de Limoges et du Limousin, 2004, 166 p.
- FITZGERALD S., *International wildlife trade, whose business is it ?,* WWF, 1989, 459 p.
- HENKIN L., *How Nations Behave, Law and Foreign Policy,* Frederick Praeger publisher, 1968, 324 p.
- HUFNAGEL S., MOISEIENKO A., (eds.), *Criminal Networks and Law Enforcement, Global Perspectives on Illegal Enterprise*, Édition Routledge, 2019, 242 p.
- LAMBERT-HABIB M-L., *Le commerce des espèces sauvages : entre droit international et gestion locale,* Harmattan, 2000, 604 p.
- MALJEAN-DUBOIS S., PESCHE D. (eds.), *Circulations de normes et réseaux d'acteurs. La gouvernance internationale de l'environnement entre fragmentation et défragmentation,* UMR Droits International, Comparé et Européen, 2017, 212 p.
- MORGERA E., et *al.*, *The 2010 Nagoya Protocol on Access and Benefit-sharing in perspective: implications for international law and implementation challenges*, Legal Studies on Access and Benefit-sharing Series, Martinus Nijhoff Publishers, 2012, 542 p.
- OLDFIELD S., *The Trade in Wildlife: regulation for Conservation*, Earthscan publications, 2003, 232 p.
- PALMA M. A., et *al.*, *Promoting Sustainable Fisheries. The International Legal and Policy Framework to Combat Illegal, Unreported and Unregulated Fishing*, Martinus Nijhoff Publishers, 2010, 341 p.
- REEVE R., *The role of CITES in the governance of transnational timber trade*, Occasional Paper 130, CIFOR, Bogor, Indonesia, 2015, 61 p.
- SUN WYLER L., SHEIKH P. A., *International illegal trade in wildlife*, Nova Science Publishers, New York, 2008, 77 p.

2. Ouvrages spécialisés en sciences économiques et sociales

- BOWMAN M., et *al.*, *International Wildlife Law*, Cambridge University Press, 2010, 784 p.
- COMMITTEE ON FOREIGN RELATIONS OF THE UNITED STATES SENATE, *Ivory and Insecurity: The*

Global Implications of Poaching in Africa, CreateSpace Independent Publishing Platform, 2012, 64 p.
- DIOUF F., *Les aspects juridiques de la lutte contre la pêche illicite, non déclarée et non réglementée (INN) au Sénégal*, Éditions Harmattan-Sénégal, 2015, 376 p.
- FABRICIUS C., et *al.*, *Rights, Resources, and Rural Development: Community-Based Natural Resource Management in Southern Africa*, Earthscan publications, 2004,
304 p.
- FITZGERALD S., *International Wildlife Trade, Whose Business Is It?*, WWF Publishing, 1989, 459 p.
- HONEY M., *Ecotourism and sustainable development. Who owns Paradise?* Island Press, 2008, 551 p.
- LAIRD S. A. (ed.), *Biodiversity and Traditional Knowledge. Equitable Partnerships in Practice*, (WWF), Earthscan Publications Ltd., 2002, 536 p.
- LASCURAIN H.C., *Tourism, ecotourism and protected areas: the state of nature-based tourism around the world and guidelines for its development*, IUCN Publications, 1996, 315 p.
- LE BILLON P., *Fuelling War: Natural Resources and Armed Conflict*, Routledge for the International Institute for Strategic Studies, 2005, 92 p.
- MGBEOJI I., *Global Biopiracy: Patents, Plants, and Indigenous Knowledge*, UBCPress, 2006, 336 p.
- MILLS J.A., JACKSON P., *Killed for a Cure: A Review of the Worldwide Trade in Tiger Bone*, TRAFFIC International, 1994, 52 p.
- NELSON F., (ed), *Community Rights, Conservation and Contested Land,* Earthscan, London, UK, 2010, 360 p.
- ORENSTEIN R., *Ivory, Horn and Blood. Behind the Elephant and Rhinoceros Poaching Crisis*, Firefly Books, New York, 2013, 216 p.
- OCDE, *Strengthening Governance and Reducing Corruption Risks to Tackle Illegal Wildlife Trade: Lessons from East and Southern Africa*, OECD Publishing, 2018, 108 p.
- OCDE, *Renforcement des organisations régionales de la pêche*, 2009, 132 p.
- OCDE, *Pourquoi la pêche pirate perdure, les ressorts économiques de la pêche illégale, non déclarée et non réglementée*, 2005, 318 p.

- ROBINSON D. F., *Confronting Biopiracy. Challenges, Cases and International Debates*, Earthscan from Routledge, 2010, 208 p.
- SOLLUND R. A., *The crimes of wildlife trafficking. Issue of justice, legality and morality*, Routledge, 2019, 288 p.
- SHEIKH P., SUN WYLER L., *International Illegal Trade in Wildlife: Threats and US policy*, Congressional Research Service, Novinka Books Publisher, 2009, 26 p.
- VAN UHM D., *The Illegal Wildlife Trade. Inside the World of Poachers, Smugglers and Traders*, Edition Springer, 2016, 328 p.

III. Thèses et mémoires

- BINOT A., « La conservation de la nature en Afrique centrale entre théorie et pratiques, des espaces protégés à géométrie variable », sous la direction de POURTIER R., Université Paris 1 Panthéon-Sorbonne, école doctorale de géographie de Paris, 2010, < https://tel.archives-ouvertes.fr/tel-00508990/document>.
- DE KLEMM C., « La conservation de la faune et de la flore sauvages en droit international et droit comparé », sous la direction de KISS A. C., Université Strasbourg 3, 1996.
- DE REDON L., « La protection de la biodiversité, objet privilégié du droit international », MC AgroParisTech, 25 janvier 2012, <https://www.sfecologie.org/regard/r27-louis-de-redon/>.
- GUERETTE E., « Les stratégies de conservation de la biodiversité et le processus de priorisation des actions dans les zones de conflit armé en Afrique Centrale », essai présenté au Département de Biologie et au Centre Universitaire de formation en Environnement en vue de l'obtention des grades de Maître en écologie internationale et de Maître en environnement, sous la direction de CALMÉ S., et de DELISLE D., Sherbrooke, Québec, Canada, juin 2014, <https://www.usherbrooke.ca/environnement/fileadmin/sites/environnement/documents/Essais_2014/Guerette_Emmanuelle_SCI_760_Depot_final.pdf>.
- LE GOATER Y., « Ressources biologiques et savoirs traditionnels : du droit de la propriété intellectuelle au droit de l'OMC », sous la direction de LEBEN C., Université Panthéon-Assas Paris II, 2010.

- RUIZ DIAZ BALBUENA H., « Le commerce du bois tropical et la protection des forêts », sous la direction de Philippe Gautier, Université Catholique de Louvain, 2003.

IV. Réglementations

1. Réglementation européenne

- Règlement d'exécution (UE) 2015/736 de la Commission du 7 mai 2015 interdisant l'introduction dans l'Union de spécimens de certaines espèces de faune et de flore sauvages, Décision (UE) 2015/451 du Conseil Européen, relative à l'adhésion de l'Union européenne à la convention sur le commerce international des espèces de faune et de flore sauvages menacées d'extinction (CITES), 6 mars 2015.
- Règlement d'exécution (UE) 2015/57 de la Commission du 15 janvier 2015 modifiant le règlement d'exécution (UE 792/2012 en ce qui concerne les règles relatives à la forme des permis, des certificats et autres documents prévus au règlement (338/97 du Conseil relatif à la protection des espèces de faune et de flore sauvages par le contrôle de leur commerce et au règlement (/2006 de la Commission portant modalités d'application du règlement (CE/97 du Conseil).
- Règlement UE n° 1320/2014 de la commission du 1er décembre 2014 modifiant le règlement (CE) n° 338/97 du Conseil relatif à la protection des espèces de faune et de flore sauvages par le contrôle de leur commerce.
- Décision d'exécution 2014/170/UE du Conseil du 24 mars 2014 établissant une liste des pays tiers non-coopérants dans le cadre de la lutte contre la pêche INN en application du règlement (CE) n° 1005/2008 établissant un système communautaire destiné à prévenir, à décourager et à éradiquer la pêche illicite, non déclarée et non réglementée (JO L 91 du 27.3.2014, p. 43).
- Règlement d'exécution (UE) n° 792/2012 de la Commission du 23 août 2012 établissant les règles relatives à la forme des permis, des certificats et autres documents prévus au règlement (CE) n° 338/97 du Conseil relatif à la protection des espèces de faune et de flore sauvages par le contrôle de leur commerce, et modifiant le règlement (CE) n° 865/2006 de la Commission.

- Règlement (CE) n° 1224/2009 du 20 novembre 2009 instituant un régime communautaire de contrôle afin d'assurer le respect des règles de la politique commune de la pêche.
- Règlement n° 995/2010 du Parlement européen et du Conseil du 20 octobre 2010 établissant les obligations des opérateurs qui mettent du bois et des produits dérivés sur le marché.
- Règlement (CE) n° 1005/2008 du Conseil du 29 septembre 2008 établissant un système communautaire destiné à prévenir, à décourager et à éradiquer la pêche illicite, non déclarée et non réglementée.
- Recommandation 2007/425/CE II d) et c) de la Commission du 13 juin 2007 définissant un ensemble de mesures de mise en œuvre du règlement (CE) n° 338/97 du Conseil relatif à la protection des espèces de faune et de flore sauvages par le contrôle de leur commerce, 13 juin 2007.
- Règlement (CE) n° 865/2006 de la Commission portant modalités d'application du règlement (CE) n° 338/97 du Conseil relatif à la protection des espèces de faune et de flore sauvages par le contrôle de leur commerce, en date du 4 mai 2006.

2. Réglementation internationale

a. Conventions, Protocoles et Accord internationaux

- Protocole de Nagoya sur l'accès aux ressources génétiques et le partage juste et équitable des avantages découlant de leur utilisation relatif à la CBD, adopté à la dixième réunion de la Conférence des Parties, le 29 octobre 2010, à Nagoya, au Japon, et entré en vigueur le 12 octobre 2014.
- Accord relatif aux mesures du ressort de l'État du port visant à prévenir, contrecarrer et éliminer la pêche illicite, non déclarée et non réglementée, FAO, Rome, 2010.
- Accord international de 2006 sur les bois tropicaux (AIBT 2006) adopté le 27 janvier 2006, dans le cadre de la Conférence des Nations unies pour la négociation d'un accord destiné à succéder à l'accord international sur les bois tropicaux signé à Genève, le 26 juin 1994.
- Convention des Nations Unies contre la corruption conclue à New York en 2004.
- Accord visant à favoriser le respect par les navires de pêche en haute mer des mesures internationales de conservation et de

gestion, adopté par la FAO en novembre 1993 et entré en vigueur le 24 avril 2003.
- Traité international sur les ressources phytogénétiques pour l'alimentation et l'agriculture adopté le 3 novembre 2001 lors de la 31e Conférence de l'Organisation des Nations Unies pour l'alimentation et l'agriculture.
- Accord aux fins de l'application des dispositions de la Convention des Nations Unies sur le droit de la mer du 10 décembre 1982 relatives à la conservation et à la gestion des stocks de poissons dont les déplacements s'effectuent tant à l'intérieur qu'au-delà de zones économiques exclusives (stocks chevauchants) et des stocks de poissons grands migrateurs, New York, 24 juillet - 4 août 1995.
- Accord instituant l'Organisation Mondiale du Commerce, adopté à Marrakech le 15 avril 1994 et entré en vigueur le 1er janvier 1996, <https://www.wto.org/french/docs_f/legal_f/04-wto.pdf>.
- Convention sur le commerce international des espèces de faune et de flore sauvages menacées d'extinction, Washington, États-Unis d'Amérique, 1973, entrée en vigueur le 1er juillet 1975.

b. Décisions et Résolutions de la CITES

- Résolution 12.5 (Rev. CoP17), « Conservation et commerce du tigre et autres grands félins d'Asie de l'Annexe I », amendée lors de la dix-septième session de la Conférence des Parties, Johannesbourg, Afrique du Sud, 24 septembre – 4 octobre 2016, <https://www.cites.org/sites/default/files/document/F-Res-12-05-R17.pdf>.
- CITES Décision 14.69 (Rev. CoP17), dix-septième session de la Conférence des Parties, Johannesbourg, Afrique du Sud, 24 septembre – 4 octobre 2016, <https://cites.org/fra/dec/valid17/81842>.
- Résolution Conf. 17.6 (Rev. CoP17), « Interdire, prévenir, détecter et réprimer la corruption qui facilite les activités menées en violation de la Convention », paragraphe 2.
- Resolution Conf. 16.6 paragraphes 3 c) ii) et 7 c) (Rev. CoP17) « La CITES et les moyens d'existence » paragraphe 7 c).
- Résolution Conf. 13.7 (Rev. CoP17), paragraphe 1, « Contrôle du commerce des spécimens constituant des objets personnels ou à usage domestiques ».

- Résolution CITES Conf. 11.3 (Rev. CoP17), « Application de la Convention et la lutte contre la fraude », paragraphe 2. c).
- Résolution CITES Conf. 14.6 (Rev. CoP16), « Introduction en provenance de la mer », Quatorzième session de la Conférence des Parties, amendée lors de la seizième session de la Conférence des Parties, Bangkok, Thailande, 3-14 mars 2013, <https://cites.org/sites/default/files/document/F-Res-14-06-R16.pdf>.
- Resolution Conf. 9.6 (Rev. CoP16), « Commerce des parties et produits facilement identifiables ».
- Résolution CITES Conf. 14.7 (Rev. CoP15), « Gestion des quotas d'exportation établis au plan national », annexe : Lignes directrices pour a gestion des quotas d'exportation établis au plan national, La Haye, Pays-Bas, 03-15 juin 2007, <https://cites.org/fra/res/14/14-07R15.php>.
- Résolution CITES Conf. 12.10 (Rev. CoP15), « Enregistrement des établissements élevant en captivité à des fins commerciales des espèces animales inscrites à l'Annexe I », <https://www.cites.org/sites/default/files/fra/res/all/12/F12-10R15.pdf>.
- Resolution Conf. 14.3 (Rev. CoP14), « Procédures CITES pour le respect de la Convention », <https://cites.org/fra/res/14/14-03.php>.

3. Réglementations d'organisations régionales de pêche

- Resolution on the CCSBT Vessel Monitoring System (VMS) adopted at the Twenty-Fourth Annual Meeting: 12 October 2017, ccsbt.org.
- Twenty-Third Meeting of the Commission for the Conservation of Antarctic Marine Living Resources (CCAMLR) Commission on the 25 October 2004 to the 5 November 2004.
- ICCAT recommendation 96-11 entered into force on the 4th of August 1997.
- ICCAT recommendation 96-14 entered into force on the 4th of August 1997.
- ICCAT resolution 94-3 on Bluefin Tuna entered into force on the 22th June of 1996.
- ICCAT resolution 95-13 on Atlantic Swordfish entered into force on the 22th June of 1996.

V. Documents Officiels

1. Documents officiels internationaux

a. Déclarations, Principes et Lignes directrices

- Déclaration des Nations Unies sur les droits des peuples autochtones, Résolution adoptée par l'Assemblée Générale des Nations Unies le 13 septembre 2007, <https://undocs.org/fr/a/res/61/295>.
- Lignes directrices de Bonn sur l'accès aux ressources génétiques ont été adoptées par la Conférence des Parties de la CBD, en 2002, <https://www.cbd.int/doc/publications/cbd-bonn-gdls-fr.pdf>.
- Principes de gestion des forêts de la Déclaration de Rio sur l'environnement et le développement, 1992, <https://www.un.org/french/events/rio92/rio-fp.htm>.
- Déclaration de Belém proclamée lors du Premier Congrès International d'Ethnobiologie tenu au Brésil en 1988, <http://www.ethnobiology.net/what-we-do/core-programs/global-coalition-2/declaration-of-belem/>.

b. Documents de l'Organisation des Nations Unies

- Objectifs de développement durable n° 15 (cible 15.7 et point c)) et n° 16 (cible 16.5), ONU, <https://www.un.org/sustainabledevelopment/fr/biodiversity/>.
- Résolution Lutte contre le trafic d'espèces sauvages, adoptée par l'Assemblée générale des Nations Unies le 11 septembre 2017, <https://digitallibrary.un.org/record/1305837/files/A_RES_71_326-FR.pdf>.
- Résolution 69/314 point 8 de l'Assemblée Générale des Nations Unies en date de 2015 qui appelle les États membres à interdire, prévenir et réprimer toute forme de corruption qui facilite le trafic d'espèces sauvages et de produits qui en sont issus, <https://www.un.org/fr/documents/view_doc.asp?symbol=A/RES/69/314>.

- United Nations Office on Drugs and Crime, « UNODC's Action against corruption and Economic Crime », <https://www.unodc.org/unodc/fr/corruption/index.html?ref=menuside>.

c. Documents de la CITES

- Notification CITES n° 2019/027, « Application de la résolution Conf. 12.8 (Rev. CoP17), Étude du commerce important de spécimens d'espèces inscrites à l'Annexe II », Genève, le 6 mai 2019, <https://cites.org/sites/default/files/notif/F-Notif-2019-027.pdf>.
- CITES, « CITES and widlife trade – how CITES works and how it links to wildlife tourism », Keynote address by CITES Secretary-General John E. Scanlon at Colombo, Sri Lanka, January 25 2016.
- « La CITES et les Accords sur le commerce – Des partenariats pour lutter contre la criminalité liée aux espèces sauvages et pour parvenir au développement durable », CITES, 2015, <https://www.cites.org/fra/news/cites_and_trade_agreements_partnering_to_combat_wildlife_crime_and_to_achieve_sustainable_development_14102015>.
- Communiqué de presse CITES, « Les ventes d'ivoire ont le feu vert », Genève, Suisse, 16 juillet 2008, <https://www.cites.org/fra/news/pr/2008/080716_ivory.shtml>.
- CITES & OECD, « Experience with the Use of Trade Measures in the Convention of International Trade in Endangered Species », 1997, <http://www.eldis.org/go/home&id=25685&type=Document#.Vt06lMfqqWd>.

d. Documents de l'Organisation Mondiale du Commerce

- « La CITES et l'OMC, renforcer la coopération en faveur du développement durable », OMC, CITES, 2015, <https://www.wto.org/french/res_f/booksp_f/citesandwto15_f.pdf>.
- « Relation entre l'Accord sur les ADPIC et la Convention sur la diversité biologique – Résumé des questions qui ont été soulevées et des observations qui ont été formulées », note du Secrétariat de l'OMC, 8 février 2006,

<https://www.wto.org/french/tratop_f/trips_f/ta_docs_f/4_ipc w368rev1_f.pdf>.

e. **Documents de la FAO**

- CHAVES L.A., « Illegal, Unreported and Unregulated Fishing: WTO Consistent Trade Related Measures to Address IUU Fishing », *in* « FAO Fisheries Report n° 666 », FAO, Sydney, Australia, 15-19 May 2000.
- Code de conduite pour une pêche responsable adopté en 1995 par la FAO à Rome, article 7 paragraphes 5) et 7.2 <http://www.fao.org/3/a-v9878f.pdf>.
- Plan d'action international pour la gestion de la capacité de pêche adopté par la FAO en 1998, <http://www.fao.org/fishery/ipoa-capacity/about/fr>.
- FAO, « La situation des forêts mondiales », Rome, 1997, p. 42.
- FAO, « Directives techniques pour une pêche responsable, n° 2, L'approche de précaution appliquée aux pêches de captures et aux introductions d'espèces », juin 1995, <http://www.fao.org/3/a-w3592f.pdf>.
- FAO, « L'aménagement durable des forêts », Rome, 1994, p. 30.
- Plan d'action international visant à prévenir à contrecarrer et à éliminer la pêche illicite, non déclarée et non réglementée adopté en 2001 par la FAO à Rome, articles 1, 21, 24, 66 et 73, <http://www.fao.org/3/a-y1224f.pdf>.

f. **Documents de l'Union Internationale pour la Conservation de la Nature (UICN)**

- DE KLEMM C., « Guidelines for Legislation to Implement CITES », IUCN, Gland, Switzerland and Cambridge, UK., 1993, 107 pp., <https://portals.iucn.org/library/efiles/documents/EPLP-026.pdf>.
- GREIBER T., et *al.*, en coopération avec ALI N. et WILLIAMS C., « Guide explicatif du Protocole de Nagoya sur l'accès et le partage des avantages », UICN, Gland, Suisse, 406 p., <https://portals.iucn.org/library/efiles/documents/EPLP-083-Fr.pdf>.

- HUTTON J., WEBB G., « Legal Trade Snaps Back: Using the Experience of Crocodilians to Draw Lessons on Regulation of the Wildlife Trade », *in* IUCN, « Crocodiles. Proceedings of the 16th Working Meeting of the Crocodile Specialist Group », 2002, pp. 1-10, <https://www.iucncsg.org/365_docs/attachments/protarea/16th-aa4f3b77.pdf>.

VI. Documents non officiels (issus d'ONG)

1. Trade Records Analysis of Flora and Fauna in Commerce (TRAFFIC)

- ANON, « Understanding the motivations: the first step toward influencing China's unsustainable wildlife consumption », TRAFFIC East Asia, Hong Kong, 2010.
- ANTON M., et *al.*, (eds.), "Proceedings of the International Expert Workshop on the Enforcement of Wildlife Trade Controls in the EU", 5-6 November 2001, Frankfurt/Germany. TRAFFIC Europe, Brussels, Belgium and IUCN. The World Conservation Union, Gland, Switzerland and Cambridge, UK, 2002, <https://www.iucn.org/sites/dev/files/import/downloads/proceedings_judicial_workshop_elc_traffic_oct01.pdf>.
- COONEY R., et *al.*, « Trading timbers: a comparison of import requirements under CITES, FLEGT and related EU legislation for timber species in trade », TRAFFIC, September 2012.
- DOAK N., « Polishing off the ivory: surveys of Thailand's ivory market », a TRAFFIC REPORT, TRAFFIC International, Cambridge, UK, 2014 <http://awsassets.wwfffr.panda.org/downloads/rapport_traffic_thailand_market_survey.pdf>.
- HIN KEONG C., PERUMAL B., « In Harmony with CITES? An analysis of the compatibility between current forestry management provisions and the effective implementation of CITES listing for timber species in Malaysia », TRAFFIC Southeast Asia, October 2002.
- BARNABY J., PARRY-JONES R., « EC Wildlife Trade Regulations: An overview of problems identified with regard to implementation and interpretation », TRAFFIC report to the European Commission, 2006.

- CHEN H.K, « The Role of CITES in Combating Illegal Logging ~ Current and Potential », TRAFFIC International, Cambridge, UK, 2006, <https://www.profor.info/sites/profor.info/files/traffic_pub_forestry_0.pdf>
- CHEN H.K, ZAIN S., « CITES, trade and sustainable forest management », *In* « Trade and sustainable forest managementAn international journal of forestry and forest industries », *Unasylva*, vol. 55, n°219, 2004, <http://www.fao.org/3/y5918e/y5918e00.htm#TopOfPage>.
- GARSTECKI T., « Implementation of Article 16, Council Regulation (EC) No. 338/97, in the 25 Member States of the European Union », a TRAFFIC Europe Report for the European Commission, Brussels, Belgium, 2006, <http://ec.europa.eu/environment/cites/pdf/studies/sanctions_wildlife_trade.pdf>.
- HART S., CHAMOUX C., "Analysis of inconsistencies within and between the EC Regulations on Wildlife Trade and between the EC Regulations and the Articles and Resolutions of CITES", Draft report from the IUCN Environmental Law Centre to TRAFFIC, 2007.
- HIN KEONG C., PERUMAL B., « In Harmony with CITES? An analysis of the compatibility between current forestry management provisions and the effective implementation of CITES listing for timber species in Malaysia », Traffic Southeast Asia, October 2002.
- HOLDEN J., « By Hook or by Crook: a reference manual on illegal wildlife trade and prosecutions in the United Kingdom », TRAFFIC, 1998, <http://www.traffic.org/publications/by-hook-or-by-crook-a-reference-manual-on-illegal.html>.
- TARASOFSKY R.G., « Regional Fisheries Organizations and the World Trade Organization: Compatibility or Conflict? », TRAFFIC International, 2003.
- TRAFFIC, « Reference Guide: European Union Wildlife Trade Regulations », 2013, <http://ec.europa.eu/environment/cites/pdf/2007_referenceguide2_en.pdf>.
- TRAFFIC, « New study reveals scale of persistent illegal tiger trade », 2013, <http://www.traffic.org/home/2013/3/7/new-study-reveals-scale-of-persistent-illegal-tiger-trade.html>.

- TRAFFIC & World Bank, « What's Driving the Wildlife Trade? A Review of Expert Opinion on Economic and Social Drivers of the Wildlife Trade and Trade Control Efforts in Cambodia, Indonesia, Lao PDR and Vietnam », East Asia and Pacific Region Sustainable Development Discussion Papers, East Asia and Pacific Region Sustainable Development Department, Washington, DC, 2008.
- TRAFFIC, « Study on the Effectiveness of the EC Wildlife Trade Regulations », TRAFFIC Report to the European Commission, 2007, <http://ec.europa.eu/environment/cites/pdf/effectiveness.pdf>
- TRAFFIC, « Enforcement of Wildlife Trade Controls in EU Member States », 2005, <http://www.traffic.org/enforcement-reports/traffic_pub_enforce1.pdf>.

2. World Wide Fund for Nature (WWF)

- LOWTHER J., et *al.*, « Crime and punishment in the wildlife trade », WWF-UK, May 2002, p. 16.
- NOWELL K., "Wildlife Crime Scorecard: Assessing Compliance with and Enforcement of CITES Commitments for Tigers, Rhinos and Elephants", WWF Report, 2012.
- WILLOCK A., LACK M., « Follow the leader: Learning from experience and best practice in regional fisheries management organizations », WWF International and TRAFFIC International, 2006.
- WWF/TRAFFIC, « CITES: Breeding tigers for trade soundly rejected », The Hague, The Netherlands, 13 June 2007.
- WWF, « Failing the forests Europe's illegal timber trade », Royaume-Uni, 2005.
- WWF, « CITES and marines' species, How the Convention has dealt with marine species and what's coming up at CoP15 ».

3. Environmental Investigation Agency (EIA)

- Environmental Investigation Agency, « Forests. A Tale of Two Laws: Using existing EU and US laws to strengthen action on illegal timber trade », 2018, p. 10.

- EIA, « NGOs urge EU to strengthen action against illegal logging », March 2016, <https://eia-international.org/ngos-urge-eu-to-strengthen-action-against-illegal-logging>.
- EIA, « Vietnam's Illegal Rhino Horn Trade: Undermining the Effectiveness of CITES », 2013, <http://www.eia-international.org/wp-content/uploads/Species-Rhino-CITES-COP-Red.pdf>.
- EIA, « Gibson Guitar Held Accountable for Importing Illegal Wood in Landmark Lacey Case », 2012, <https://eia-global.org/press-releases/gibson-guitar-held-accountable-for-importing-illegal-wood-in-landmark-lacey>.

4. Autres organisations

- CLIENTEARTH, « EUTR news: March 2017-March 2018 », 2018, <https://www.clientearth.org/eutr-news-march-2017-to-march-2018/>.
- CLIENTEARTH, « Comparison of illegal logging laws in the EU, the US, Australia and Japan », October 2017, <https://europa.eu/capacity4dev/public-flegt/documents/comparison-illegal-logging-laws-eu-us-australia-and-japan>.
- CLIENTEARTH, "Legal Analysis: WTO Implications of the Illegal-Timber Regulation", September 20009, <https://www.documents.clientearth.org/wp-content/uploads/library/2009-09-01-briefing-wto-implications-of-the-illegal-timber-regulation-ce-en.pdf>.
- IFAW, « Criminal Nature: The Global Security Implications of the Illegal Wildlife Trade », 2016, <https://www.ifaw.org/news/criminal-nature-the-global-security-implications-of-illegal-wildlife-trade-2013>.
- Marine Stewardship Council, "Summary of Changes: Fisheries Certification Requirements", Version 2.0, 2014, <http://www.msc.org/documents/fisheries-certification-requirements-updates-supplementary-documents/summary-of-changes-fcrv2.0>.
- Marine Stewardship Council, "Annual Report 2013-2014", <http://www.msc.org/documents/msc-brochures/annual-report-archive/annual-report-2013- 14-english>.

- OECD, « Empêcher la pêche illégale d'être payante », oecd.org, janvier 2006, <http://www.oecd.org/fr/tad/pecheries/36050847.pdf>.
- OECD, « Stopping the high seas robbers. Coming to grips with illegal, unreported and unregulated fisheries on the high seas », oecd.org, 2003, <www.oecd.org/dataoecd/46/45/21018775.PDF>.
- OCEANA, « Assisting ocean stewardship through marine insurance », Malte, 2017, <https://eu.oceana.org/sites/default/files/oceana-psi_marine_insurance_statement_with_signaries_and_supporting_institutions_28.5.2019.pdf>.
- OCDE, « Aspects économiques du partage des avantages : concepts et expériences pratiques », 1999, <http://www.oecd.org/officialdocuments/publicdisplaydocumentpdf/?cote=ENV/EPOC/GEEI/BIO (98) 7/FINAL&docLanguage=Fr>.

VII. Jurisprudence internationale et européenne

1. Jurisprudence internationale

a. Jurisprudence de la Cour Internationale de Justice

- « Usines de pâte à papier sur le fleuve Uruguay » (Argentina v. Uruguay), arrêt, CIJ, Recueil 2010, p. 14.
- « Licéité de la menace ou de l'emploi d'armes nucléaires », avis consultatif, CIJ, 1996.
- Demande d'examen de la situation au titre du paragraphe 63 de l'arrêt rendu par la Cour le 20 décembre 1974 dans l'affaire des Essais nucléaires (Nouvelle-Zélande c. France), CIJ, Recueil 1995, p. 288.
- « Essais nucléaires », ordonnances en mesures conservatoires, CIJ, (Australie c. France), 20 décembre 1974 et 22 juin 1973.
- « Fonderie de Trail », sentence arbitrale du 11 mars 1941NU, Recueil des sentences arbitrales, vol. III, p. 1938.

b. Jurisprudence du Tribunal International du Droit de la Mer

- Navire « Virginia G » (Panama c. Guinée-Bissau), arrêt, TIDM Recueil 2014, p. 4.
- Affaire « Volga » (Fédération de Russie c. Australie), 2002.
- Affaires « SAIGA » (n° 1) et « SAIGA » (n° 2) (Saint-Vincent-et-les-Grenadines c. Guinée), arrêt TIDM, Recueil 1997 et 1999.
- TIDM, avis consultatif, Demande d'avis consultatif soumis par la Commission sous-régionale des pêches (CSRP) le 2 avril 2015, paragraphes 120 et 127, pp. 37-38.
- Demande d'avis consultatif soumise par la Commission sous-régionale des pêches au TIDM, avis consultatif, 2 avril 2015, Recueil 2015, p. 4.

c. Jurisprudence de l'OMC

- Rapport de l'Organe d'appel dans l'affaire « Brésil – Mesures visant à l'importation de pneumatiques rechapés », 3 décembre 2007.
- Rapport de l'Organe d'appel dans l'affaire « États-Unis – Jeux », 7 avril 2005.
- Rapport de l'Organe d'appel dans l'affaire « États-Unis – Prohibition à l'importation de certaines crevettes et de certains produits à base de crevettes », 12 octobre 1998.
- Rapport de l'Organe d'appel dans l'affaire « États-Unis – Essence », 20 mai 1996.

2. Jurisprudence européenne

- Arrêt de la Cour Européenne de Justice en date du 29 novembre 1990, Commission des Communautés européennes contre République française, - Importation de peaux de félins originaires de Bolivie - Application dans la Communauté de la convention de Washington. - Affaire C-182/89.
- Arrêt C-473/98 de la Cour Européenne de Justice en date du 11 juillet 2000, Kemikalieinspektionen et Toolex Alpha B.
- Arrêt C-510/99 de la Cour de Justice de la Communauté Européenne, Procédure pénale contre Xavier Tridon, en date du 23 octobre 2001.

VIII. Articles de doctrine

1. Articles de doctrine juridique

- ABDELGAWAD W., « Les contrats internationaux de bioprospection : Moyen de protection de la biodiversité et des savoirs traditionnels ou instrument de biopiraterie ? », *Revue québécoise de droit international*, 2009, vol. 22, n° 1, p.63.
- AGUILAR S., « Regulatory Tools for the Management of Fish and Timber Species through CITES », *Review of European, Comparative & International Environmental Law*, Vol: 22, Issue: 3, 2013, pp. 281-290.
- ANDERSON B., "Unilateral Trade Measures and Environmental Protection Policy", *Temple Law Review*, vol. 66, 1993, pp. 751-784.
- BURELLI T., « Faut-il se réjouir de la conclusion du Protocole de Nagoya ? », *Revue juridique de l'environnement*, vol. 37, 2012, p. 58.
- COLLOT P-A., « La protection des savoirs traditionnels, du droit international de la propriété intellectuelle au système de protection *sui generis », Droit et Cultures,* vol. 53, 2007/1, pp. 181-209.
- DUTFIELD G., « TRIPS-Related Aspects of Traditional Knowledge », *Case Western Reserve Journal of International Law*, vol. 33, Issue 2, 2001.
- FENG W., "Appropriation without Benefit-Sharing: Origin-of-Resource Disclosure Requirements and Enforcement under TRIPS and the Nagoya Protocol", *Chicago Journal of International Law*, vol. 18, n° 1, 2017.
- GILLEPSIE A., "Forum Shopping in International Environmental Law: The IWC, CITES, and the Management of Cetaceans", *Ocean Development & International Law*, vol. 33, 2002, pp. 17 – 46.
- GJERDE K. M., « High-seas Fisheries Management under the Convention on the Law of the Sea », *In « The Law of the Sea: Progress and Prospects* », FREESTONE D., BARNES R., ONG D., (eds.), Oxford University Press, 2006.
- JENKINS, M., "CITES and CBD: Potentials for Synergy", *in* STOLPE G., FISCHER W., (eds.), "Promoting CITES-CBD Cooperation and Synergy", Proceedings of the Workshop 20-24th of April 2004 at the International Academy for Nature

Conservation, Bonn, Germany, <https://www.cites.org/sites/default/files/common/cop/13/inf/vilm.pdf>.

- KISS A-C., « Les traités-cadres : une technique juridique caractéristique du droit international de l'environnement », *Annuaire français de Droit International*, 1993, p. 793.
- LEVITT, S. D., « Deterrence », in *Crime Public Policies for Crime Control*, WILSON J.Q., PETERSILIA J., (eds.), Oakland (Calif), ICS Press, 2002, p. 442.
- MARCEAU G., MARQUET C., « La jurisprudence de l'OMC et la recherche d'un équilibre entre développement économique et considérations non commerciales : le cas de l'environnement », *Revue Québécoise de droit international,* vol. 30, n° 2, 2017, pp. 119-149.
- MARCEAU G., "Conflicts or norms and conflicts of jurisdictions: the relationship between the WTO agreement and MEAs and other treaties", *Journal of World Trade*, vol. 35, n° 6, 2001, p. 1081-1131.
- MORIN M., « L'Union européenne et l'identification des pays tiers non coopérants dans la lutte contre la pêche illégale, non déclarée et non réglementée (INN) », *Annuaire de Droit Maritime et Océanique*, CDMO, Université de Nantes, T. XXXIV, 2016, pp. 229-248.
- RIVERO J., « Sur l'effet dissuasif de la sanction juridique », in *Mélanges offerts à Pierre Raynaud*, Édition Dalloz-Sirey, 1985, p. 675.
- SAND P. H., « Enforcing CITES: The Rise and Fall of Trade Sanctions », *Review of European Community & International Environmental Law* (RECIEL), 22 (3), 2013, ISSN 2050-0386.
- SAND P. H., "Whither CITES? The Evolution of a Treaty Regime in the Borderland of Trade and Environment", *European Journal of International Law*, 1997, pp. 29-58.

2. Articles de doctrine scientifique et économique

- ABENSPERG-TRAUN M., « CITES, sustainable use of wild species and incentive-driven conservation in developing countries, with an emphasis on southern Africa », *Biological Conservation*, 2009, pp. 948-963.

- AUBERTIN C., MORETTI C., « La biopiraterie, entre illégalité et illégitimité », *in* AUBTERTIN C., PINTON F., BOISVERT V., (eds), *Les marchés de la biodiversité,* IRD, Paris, 2007, p.116.
- BARNES J. I., « Changes in the economic use value of elephant in Botswana: the effect of international trade prohibition », *Ecological Economics*, vol. 18, Issue 3, 1996.
- BELLIVIER F., NOIVILLE C., « Code de conduite et équité des échanges de ressources biologiques », Institut du développement durable et des relations internationales, n° 15/2006, 2006, 20 p.
- BENETT E.L., « Legal ivory trade in a corrupt world and its impact on African elephant populations », *Conservation Biology*, vol. 29, Issue 1, 2015, pp. 54-60.
- BRACK D., "Combatting Illegal Logging: Interaction with WTO Rules", Energy, Environment and Resources BP 2013/01, The Royal Institute of International Affairs, May 2013.
- BRACK D., et *al*., « Controlling the International Trade in illegally logged timber and wood products », a study prepared for the UK Department for International Development, Royal Institute of International Affairs, London, UK, February 2002.
- COLE R., « The effect of international trade bans on the populations of endangered species », *Penn State Journal of International Affairs*, vol. 1, 2012, pp. 35–53.
- CULLIS SUZUKI S., PAULY D., « Failing the high seas: a global evaluation of regional fisheries management organizations », *Marine Policy*, vol. 34, issue 4, 2010, pp. 1036 - 1042.
- DUMESNIL C., « Les savoirs traditionnels médicinaux pillés par le droit des brevets ? », *Revue Internationale de Droit Economique*, vol. t. xxvi, n° 3, 2012, pp. 321-343.
- DUTFIELD G., « Protecting Traditional Knowledge: Pathways to the Future », International Centre for Trade and Sustainable Development, April 2006.
- ERCEG D., « Deterring IUU fishing through state control over nationals », *Marine Policy*, Elsevier, vol. 30, 3006, pp. 173-179.
- FROST P. G.H., BOND I., « The CAMPFIRE programme in Zimbabwe: Payments for wildlife services », *Ecological Economics*, vol. 65, n°4, May 2008, pp. 776-787.

- GOODWIN H., SANTILLI R., « Community-Based Tourism: a success? », International Centre for Responsible Tourism, 11, Leeds Metropolitan University, Leeds, UK, 2009, p. 9.
- GUIGNIER A., « *Le rôle des peuples autochtones et des communautés locales dans le développement durable : figurants ou acteurs ?* », Presse Universitaire de Limoges, 2004, p.107.
- JONES B.T.B., MURPHREE M.W., « Community-Based Natural Resource Management as a Conservation Mechanism: lessons and directions », *in* CHILD B., (ed.), *Parks in Transition, Biodiversity, Rural Development and the Bottom Line*, Earthscan, 2004.
- KIPER T., « Role of Ecotourism in Sustainable Development », *in* OZYAVUZ M., (ed.), « *Advances in landscape Architecture* », INTECHOPEN, July 2013.
- KOCK K.H., (ed), *Understanding CCAMLR's approach to management,* 2000, p.28.
- KRUGER O., « The role of ecotourism in conservation: Panacea or Pandora's box? », *Biodiversity and Conservation,* vol. 14, n°3, March 2005, pp.579-600.
- MCALLISTER R.R.J, et *al.*, « Legalizing markets and the consequences for poaching of wildlife species: the vicuña as a case study », *Journal of Environmental Management*, vol. 90, Issue 1, 2009, pp. 120–130.
- MURPHREE M., « The strategic pillars of communal natural resource management: benefit, empowerment and conservation », *Biodiversity and Conservation,* vol. 18, n°10, 2009, pp. 2551-2562.
- MBAIWA J.E., « The socio-cultural impacts of tourism development in the Okavango Delta, Botswana », *Journal of Tourism and Cultural Change*, vol. 2, 2005, pp. 163–185.
- REEVE R., "Wildlife trade, sanctions and compliance: lessons from the CITES regime", *International Affairs,* vol. 82, issue 5, 2006, pp. 881-897.
- ROE D., et *al.*, « Community Management of Natural Resources in Africa: Impacts, Experiences and Future Directions », *Natural Resource Issues*, vol. 18, International Institute for Environment and Development, London, UK, 2009.
- SAUNDERS J., REEVE R., « The EU Timber Regulation and CITES », *Energy, Environment and Resources PP EER*

2014/08, The Royal Institute of International Affairs, Chatam House, London, 2014.

- STILES D., « The Ivory Trade and Elephant Conservation », *Environmental Conservation*, vol. 31, 2004, pp. 309–21.
- 'T SAS-ROLFES M., « Tigers, economics, and the regulation of trade », In *Tigers of the World: The Science, Politics, and Conservation of Panthera Tigris,* TILSON R., NYHUS P.J. (eds.), (second ed.), Academic Press, Amsterdam, December 2010, pp. 477–490.
- TARASOFSKY R., CHATHAM HOUSE, « Enhancing the Effectiveness of Regional Fisheries Management Organizations through Trade and Market Measures », Energy, Environment and Development program EEDP BP 07/04, May 2007.
- TENSEN L., « Under what circumstances can wildlife farming benefit species conservation? », *Global Ecology and Conservation*, vol. 6, April 2016, pp. 286-298.
- VELASQUEZ GOMAR J.O., STRINGER L.C., « Moving towards sustainability? An analysis of CITES' conservation policies », *Environmental Policy and Governance*, vol. 21, Issue 4, 2011, pp. 240–258.
- VAN DER MAREL E. R., « Problems and Progress in Combating IUU Fishing », *in* CADDELL R., MOLENAAR E. J., (eds.), *Strengthening International Fisheries Law in an Era of Changing Oceans*, HART Publishing, 2019, 512 p.
- VINCENT A. C. J., et *al.*, « The role of CITES in the conservation of marine fishes subject to international trade », *Fish and Fisheries*, vol. 15, Issue 4, 2013, p. 563-592.
- WHEELER J.C., DOMINGO H.R., « Community participation, sustainable use and Vicuña conservation in Peru », *Mountain Research and Development,* vol. 17, 1997, p. 283-287.
- WILLOCK A., « Using Trade and Market Information to Assess IUU Fishing Activities » *in* OECD, *Fish Piracy, Combating Illegal, Unreported and Unregulated Fishing*, OCDE Publishing, 2004, p. 67.
- YEATER M., VASQUEZ J., "Demystifying the Relationship Between CITES and the WTO", *Review of European Comparative and International Environmental Law*, vol. 10, n°3, 2001.

IX. Articles de presse (papier et en ligne)

1. Articles de presse

- ADETUNJI J., « China given green light to buy African ivory stockpile », The Guardian (online), July 15 2015, <https://www.theguardian.com/environment/2008/jul/15/conservation.wildlife>.
- AIYAR P., « Selling the tiger to save it: will it work ? », TheIndu.com, February 2007, <http://www.thehindu.com/todays-paper/tp-opinion/Selling-the-tiger-to-save-it-will-it-work/article14723466.ece>.
- DUMAS C., « Le cactus hoodia contre la biopiraterie », Sciences et Avenir (online), 25 mars 2003, <https://www.sciencesetavenir.fr/nature-environnement/le-cactus-hoodia-contre-la-biopiraterie_4802>.
- GARRIC A., « Derrière Cecil le lion, l'épineuse question de la chasse au trophée », *Le Monde Blog*, mardi 4 août 2015, <http://ecologie.blog.lemonde.fr/2015/08/04/derriere-cecil-le-lion-lepineuse-question-de-la-chasse-au-trophee/>.
- GETTLEMAN J., « Elephants Dying in Epic Frenzy as Ivory Fuels Wars and Profits », *New York Times*, New York City, 3 September 2012, <http://www.nytimes.com/2012/09/04/world/africa/africas-elephants-are-being-slaughtered-in-poaching-frenzy.html?_r=0>.
- MORELL V., « Legalizing ivory trade won't save elephants, study concludes », *Sciencesmag* (online), 15 September 2016, <http://www.sciencemag.org/news/2016/09/legalizing-ivory-trade-wont-save-elephants-study-concludes>.
- SEGUYA A., et *al.*, « Debate: Would a legal ivory trade save elephants or speed up the massacre? », *The Guardian* (online), 1 October 2016, <https://www.theguardian.com/environment/2016/oct/01/debate-can-legal-ivory-trade-save-elephants>.

2. Articles de presse sans indications d'auteur

- « Illegal Logging and the Illegal Wildlife Trade: Synergies and Lessons », The Royal Institute of International Affairs, London, UK, 25 September 2018.

- « The Myth of Sustainable Logging: The Case for a ban on tropical Timber Imports », Editorial, *The Ecologist*, vol. 19, n° 5, 1989, p. 166-169.
- « CITES tightens wildlife trade restrictions », *The Environmentalist*, vol. 3, issue 4, winter 1983, p. 313-314.
- « Illicit trade in wildlife », *Environmental Policy and Law*, vol. 7, Issue 4, 18 November 1981, p. 179-180.

TABLE DES MATIÈRES

SOMMAIRE 7

INTRODUCTION GÉNÉRALE 11

I. ENJEUX DU TRAFIC ILLÉGAL DE BIODIVERSITÉ SAUVAGE 18

A. Enjeux écologiques 19

B. Enjeux économiques 23

1. Une menace pour la stabilité économique nationale 23

2. Une menace pour le développement des communautés locales 24

C. Enjeux sanitaires 26

D. Enjeux sociaux 28

E. Enjeux sécuritaires 32

1. L'exacerbation d'un climat de violence 32

2. Une déstabilisation des institutions étatiques 37

II. LE DROIT INTERNATIONAL FACE À UN PHÉNOMÈNE GLOBAL DESTRUCTEUR 38

A. Le droit international destiné à enrayer le trafic illégal d'espèces sauvages menacées 39

1. Le rôle référentiel de la CITES dans la constitution du droit international applicable au trafic d'espèces sauvages menacées 40

2. L'importance de la réglementation européenne dans le renforcement des dispositions CITES 41

B. Le droit international destiné à enrayer le trafic illégal d'espèces sauvages exploitées 43

1. L'importance des réglementations contraignantes dans la constitution du droit international applicable au trafic d'espèces sauvages exploitées 44

2. L'importance des instruments non contraignants dans la constitution du droit international applicable au trafic d'espèces sauvages exploitées..........................45

3. L'importance des outils de régulation dans la constitution du droit international applicable au trafic d'espèces sauvages exploitées..................................47

PARTIE I : UN CADRE JURIDIQUE INTERNATIONAL TRANSVERSAL APPLICABLE AU TRAFIC ILLÉGAL DE BIODIVERSITÉ SAUVAGE..49

TITRE I : L'ENCADREMENT DU COMMERCE DES ESPÈCES SAUVAGES MENACÉES PAR LE DISPOSITIF SPÉCIFIQUE CITES 51

CHAPITRE I : LA CITES, UN CADRE RÉGLEMENTAIRE ET INSTITUTIONNEL APPROFONDI..................................53

SECTION 1 : UN CADRE RÉGLEMENTAIRE DÉTAILLÉ 54

Paragraphe 1 : Un encadrement juridique novateur 55

A. Une distinction des espèces sauvages par statuts biologiques, support de la réglementation..................55

B. Des procédures d'autorisation précises, mesures de conservation des espèces menacées.......................57

Paragraphe 2 : Une protection des dispositions CITES par des sanctions commerciales..59

A. Une dissuasion des États par des sanctions commerciales...60

1. Un pouvoir déterminant des sanctions commerciales...60

2. Une légitimité des sanctions commerciales CITES au regard de l'OMC 64

B. L'effet indirect des dispositions CITES sur les États non-Parties...69

Paragraphe 3 : Une spécificité du domaine d'action CITES propice à un renforcement mutuel entre AEM aux objectifs similaires 71

A. Une coopération et une synergie entre la CITES et la CDB, vecteurs d'efficacité de leurs dispositions 72

B. La CITES, appui indispensable à l'efficacité du travail de la CBI 75

SECTION 2 : UNE STRUCTURE INSTITUTIONNELLE PARTICIPATIVE DYNAMIQUE 80

Paragraphe 1 : Un encadrement de l'application des dispositions CITES par des organes institutionnels fondamentaux 81

A. Le Secrétariat, organe central et polyvalent 81

B. La Conférence des Parties, organe politique essentiel 83

C. Les organes de gestion et les autorités scientifiques, organes locaux déterminants 85

Paragraphe 2 : Un encadrement de l'application des dispositions CITES par les ONG...................................86

CHAPITRE II : L'UNION EUROPÉENNE, UN CADRE RÉGLEMENTAIRE RÉGIONAL COMPLÉMENTAIRE 89

SECTION 1 : UNE TRANSPOSITION EUROPÉENNE RENFORCÉE DES DISPOSITIONS CONVENTIONNELLES...90

Paragraphe 1 : Une distinction des espèces sauvages propres aux exigences de l'Union 91

A. Une originalité du contenu des annexes européennes 91

B. Une absence justifiée d'un système de modification automatique des annexes européennes ..94

Paragraphe 2 : Une rigueur des procédures européennes d'importation, d'exportation et de réexportation.............95

Paragraphe 3 : Un renforcement de l'application des exigences européennes par l'utilisation de mesures internes plus strictes et de sanctions commerciales.........98

A. Un renforcement des dispositions européennes par l'utilisation de mesures internes plus strictes 98

B. Une protection des dispositions européennes par des sanctions commerciales 100

SECTION 2 : UN CADRE EUROPÉEN NOVATEUR.... 102

Paragraphe 1 : Une exhaustivité bienvenue du réseau d'information pour le suivi des activités illégales 103

Paragraphe 2 : Le Plan d'action européen, soutien complémentaire aux réglementations européennes 105

TITRE II : UN ENCADREMENT DU COMMERCE DES ESPÈCES SAUVAGES EXPLOITÉES PAR DES MÉCANISMES JURIDIQUES COMPLÉMENTAIRES. 109

CHAPITRE I : UNE MULTIPLICITÉ DES MÉCANISMES PROPRES À L'ENCADREMENT DE L'EXPLOITATION ET DU COMMERCE DES ESPÈCES MARINES ET FORESTIÈRES 111

SECTION 1 : DES CADRES JURIDIQUES ET OPÉRATIONNELS SPÉCIFIQUES 112

Paragraphe 1 : Un encadrement juridique et opérationnel de l'exploitation et du commerce des espèces marines sauvages 112

A. Le cadre juridique et opérationnel détaillé de l'exploitation des espèces marines sauvages 113

1. L'encadrement juridique de l'exploitation par zones géographiques 113

a. L'encadrement des opérations de pêche dans les zones sous juridiction nationale 114

b. L'encadrement des opérations de pêche en haute mer 117

2. Le cadre opérationnel des opérations de pêche 120

a. L'identification unique des navires 120

b. La surveillance des navires par satellites 122

B. Des entraves à la pêche illégale comme contrepoids au commerce illégal d'espèces marines sauvages 124

1. Des entraves pénales 125

a. Des sanctions pénales dissuasives 125

b. Une garantie de « bonne conduite » 126

2. Des entraves commerciales 129

a. Des sanctions commerciales 129

b. L'impossibilité pour les espèces visées par un SDC obtenues illégalement d'entrer sur le marché 134

Paragraphe 2 : Un encadrement juridique du commerce des espèces forestières sauvages 137

A. Des réglementations nationales et régionales propres à lutter contre le trafic illégal d'espèces forestières sauvages 137

1. Des réglementations américaines et européennes, modèles de contrôle d'un approvisionnement légal en bois 138

2. Des réglementations américaines et européennes compatibles avec les règles de l'OMC 143

B. Les Accords de Partenariats européens, modèles de promotion d'un approvisionnement légal en bois 146

SECTION 2 : DES UTILISATIONS COMMUNES DE MÉCANISMES JURIDIQUES DE DIE 148

Paragraphe 1 : La certification comme outil déterminant dans la promotion d'une légalité des produits issus d'espèces marines et forestières sauvages 149

A. Une promotion de la légalité du bois grâce à la certification 150

B. Une promotion de la légalité des espèces marines sauvages grâce à la certification 151

Paragraphe 2 : Un nécessaire développement de l'utilisation d'instruments juridiques applicables à la lutte contre le trafic illégal d'espèces marines et forestières sauvages 155

A. Le développement de l'utilisation du principe de précaution 156

1. Une application utile du principe de précaution dans la lutte contre le trafic d'espèces marines sauvages 157

2. Une application utile du principe de précaution dans la lutte contre le trafic d'espèces forestières sauvages 161

B. Une nécessaire utilisation accrue du système CITES 162

CHAPITRE II : UN ENCADREMENT JURIDIQUE DE L'EXPLOITATION ET DU COMMERCE DES RESSOURCES GÉNÉTIQUES 167

SECTION 1 : UN ENCADREMENT CONVENTIONNEL 169

Paragraphe 1 : L'innovation de la CDB dans la réglementation de l'accès aux ressources génétiques issues d'espèces sauvages 169

Paragraphe 2 : Des notions phares structurant le commerce des ressources génétiques 172

A. Un principe de « consentement préalable donné en connaissance de cause », essentiel à toute transaction commerciale 172

B. Un principe de partage juste et équitable des avantages, suite logique de toute transaction commerciale 175

SECTION 2 : UN RECOURS NÉCESSAIRE À DES INSTRUMENTS JURIDIQUES COMPLÉMENTAIRES 178

Paragraphe 1 : Le contrat, un cadre concret d'application des dispositions internationales 179

Paragraphe 2 : Les normes volontaires, des *guidelines* utiles à l'action des opérateurs 182

PARTIE II : UN CADRE JURIDIQUE INTERNATIONAL A LA PORTÉE LIMITÉE 189

TITRE I : DES LIMITES NORMATIVES LIÉES A UN ENGAGEMENT RELATIF DES ÉTATS 191

CHAPITRE I : UN CONTENU FRAGILE DES TEXTES INTERNATIONAUX 193

SECTION 1 : 194

LE RÔLE DES TEXTES INTERNATIONAUX DANS LA CRÉATION D'UN CADRE INTERNATIONAL FRAGILISÉ 194

Paragraphe 1 : Un préjudiciable manque de précision dans le contenu des dispositions internationales 194

A. Un défaut de précision du texte CITES 195

1. Un défaut de précision quant aux « produits facilement identifiables » 195

2. Un défaut de précision quant aux objets dits « personnels » 196

B. Un défaut de précision par les textes applicables à l'encadrement de l'exploitation et du commerce des espèces marines, forestières et génétiques 198

Paragraphe 2 : Des réserves aux textes multilatéraux nuisibles à leur application rigoureuse 200

Paragraphe 3 : Une dommageable abondance de textes non contraignants 203

SECTION 2 : L'absence d'une approche juridique globale rigoureuse applicable au trafic illégal du bois 205

Paragraphe 1 : Des textes juridiques internationaux non rigoureux 206

Paragraphe 2 : Une regrettable rareté des instruments juridiques régionaux 209

CHAPITRE II : UNE INNEFECTIVITÉ DU CADRE INTERNATIONAL APPLICABLE AU TRAFIC ILLÉGAL DE BIODIVERSITÉ SAUVAGE 213

SECTION 1 : UNE ABSENCE DE CARACTÉRISATION DE LA NOTION DE DISSUASION DANS LA SANCTION PÉNALE 214

Paragraphe 1 : Une absence de caractérisation de la notion de dissuasion par les textes internationaux....................215

A. Une imprécision de la sanction dans la CITES....216

B. Une imprécision de la sanction dans les textes relatifs à l'exploitation et au commerce des espèces marines sauvages..218

C. Une imprécision de la sanction dans les textes relatifs à l'exploitation et au commerce des espèces forestières sauvages..220

D. Une imprécision de la sanction dans les textes relatifs au commerce des ressources génétiques issues d'espèces sauvages..221

Paragraphe 2 : Une absence de caractérisation de la notion de dissuasion par la réglementation européenne 222

A. Une absence de définition européenne de la notion de sanction pénale dissuasive........................222

B. Une absence de promotion du caractère dissuasif de la sanction pénale par les institutions et la jurisprudence européennes 226

SECTION 2 : UN MANQUE D'HARMONISATION DU CADRE INTERNATIONAL...228

Paragraphe 1 : Un manque d'harmonisation des législations créateur de déviations des flux commerciaux 230

A. Une diversité des législations pénales européennes en matière de commerce d'espèces sauvages menacées..231

B. Une diversité des mesures adoptées par les États du pavillon et du port..233

C. Une diversité des moyens de contrôle du commerce d'espèces sauvages...............................234

D. Une diversité des procédés de certifications commerciales des espèces sauvages........................236

Paragraphe 2 : Des sanctions commerciales arbitraires nuisibles à un cadre international applicable au trafic illégal de biodiversité sauvage harmonieux 238

TITRE II : DES LIMITES NORMATIVES LIÉES À DES OBSTACLES OPÉRATIONNELS 243

CHAPITRE I : UNE LIBÉRALISATION NORMATIVE DU COMMERCE D'ESPÈCES MENACÉES INADAPTÉE AUX ENJEUX OPÉRATIONNELS..245

SECTION 1 : UNE LIBÉRALISATION NON PERTINENTE AU REGARD DE FACTEURS OPÉRATIONNELS..247

Paragraphe 1 : Un trafic illégal d'espèces sauvages menacées inhibé par une offre légale concurrentielle ...248

A. Des exemples réussis d'exploitations commerciales d'espèces sauvages menacées............248

1. Une gestion communautaire de la fibre de vigogne comme modèle de développement d'une offre légale concurrentielle 249

2. Une proposition d'application du modèle de la vigogne à la vente des cornes de rhinocéros........250

B. Un commerce légal et durable du crocodile du Nil réussi..253

Paragraphe 2 : Un commerce illégal d'espèces sauvages menacées alimenté par le commerce légal 255

A. Un échec du modèle de commerce légal et durable de tigres 256

1. Une difficile extension du modèle d'élevage du crocodile du Nil aux tigres.............................257

2. Une dissimulation des espèces sauvages issues de sources illégales via l'existence d'une offre légale parallèle...258

B. Un échec du modèle de commerce légal et durable des défenses d'éléphant..............................260

1. Des « *one-off sales* » comme erreurs tactiques de la CITES 261

2. Une demande croissante contre une offre biologiquement limitée 264

SECTION 2 : UNE LIBÉRALISATION NON PERTINENTE AU REGARD DE FACTEURS JURIDIQUES 266

Paragraphe 1 : Une absence de réglementation des marchés domestiques par la CITES..............................267

Paragraphe 2 : La corruption, un facteur juridique nuisible à l'application des dispositions CITES..........................269

A. Une corruption rampante dans le trafic illégal d'espèces sauvages 270

B. Une appréhension modeste du phénomène de corruption par la CITES 273

CHAPITRE II : UNE APPRÉHENSION LIMITÉE DU RÔLE DES COMMUNAUTÉS LOCALES DANS LA LUTTE CONTRE LE TRAFIC ILLÉGAL D'ESPÈCES SAUVAGES 279

SECTION 1 : UNE RECONNAISSANCE TARDIVE DU RÔLE FONDAMENTAL DES COMMUNAUTÉS LOCALES 281

Paragraphe 1 : Une négligence initiale de la CITES dans l'appréhension de la participation des communautés locales...281

Paragraphe 2 : Une appréhension progressive de la participation des communautés locales par le DIE........283

A. Une reconnaissance par la CITES..................284

B. Une reconnaissance complémentaire par des textes multilatéraux 285

SECTION 2 : UNE PROMOTION INCOMPLÈTE DES MÉCANISMES PROPICES À LA PARTICIPATION DES COMMUNAUTÉS LOCALES 287

Paragraphe 1 : Une promotion incomplète des mécanismes socio-économiques....................................288

A. Le tourisme lié aux espèces sauvages, mécanisme déterminant dans la participation des communautés locales 289

1. Une reconnaissance de l'intérêt du tourisme par la CITES 290

2. Des intérêts financiers éloquents de l'observation touristique de la biodiversité sauvage africaine 291

3. La « chasse en boîte », une pratique touristique nuisible à la CITES 295

a. Une activité économique non profitable aux communautés locales 296

b. Une activité économique alimentant le trafic illégal d'espèces sauvages 297

B. Des services sociaux, mécanismes déterminants à la participation des communautés locales 298

1. Des services sanitaires et éducationnels déterminants pour un développement social des communautés locales 299

2. Des compensations financières déterminantes pour une coexistence pacifique 300

Paragraphe 2 : Une promotion inexistante d'attribution de droits aux communautés locales 303

A. Un nécessaire perfectionnement de l'attribution de droits de gestion 304

1. Une dévolution de pouvoir aux communautés locales tronquée 305

2. Un défaut de compétences des communautés locales 307

B. Un nécessaire développement de l'attribution de droits de propriété 309

CONCLUSION GÉNÉRALE 311

BIBLIOGRAPHIE INDICATIVE 313

TABLE DES MATIÈRES 337

Structures éditoriales du groupe L'Harmattan

L'Harmattan Italie
Via degli Artisti, 15
10124 Torino
harmattan.italia@gmail.com

L'Harmattan Hongrie
Kossuth l. u. 14-16.
1053 Budapest
harmattan@harmattan.hu

L'Harmattan Sénégal
10 VDN en face Mermoz
BP 45034 Dakar-Fann
senharmattan@gmail.com

L'Harmattan Cameroun
TSINGA/FECAFOOT
BP 11486 Yaoundé
inkoukam@gmail.com

L'Harmattan Burkina Faso
Achille Somé – tengnule@hotmail.fr

L'Harmattan Guinée
Almamya, rue KA 028 OKB Agency
BP 3470 Conakry
harmattanguinee@yahoo.fr

L'Harmattan RDC
185, avenue Nyangwe
Commune de Lingwala – Kinshasa
matangilamusadila@yahoo.fr

L'Harmattan Congo
219, avenue Nelson Mandela
BP 2874 Brazzaville
harmattan.congo@yahoo.fr

L'Harmattan Mali
ACI 2000 - Immeuble Mgr Jean Marie Cisse
Bureau 10
BP 145 Bamako-Mali
mali@harmattan.fr

L'Harmattan Togo
Djidjole – Lomé
Maison Amela
face EPP BATOME
ddamela@aol.com

L'Harmattan Côte d'Ivoire
Résidence Karl – Cité des Arts
Abidjan-Cocody
03 BP 1588 Abidjan
espace_harmattan.ci@hotmail.fr

Nos librairies en France

Librairie internationale
16, rue des Écoles
75005 Paris
librairie.internationale@harmattan.fr
01 40 46 79 11
www.librairieharmattan.com

Librairie des savoirs
21, rue des Écoles
75005 Paris
librairie.sh@harmattan.fr
01 46 34 13 71
www.librairieharmattansh.com

Librairie Le Lucernaire
53, rue Notre-Dame-des-Champs
75006 Paris
librairie@lucernaire.fr
01 42 22 67 13

www.ingramcontent.com/pod-product-compliance
Lightning Source LLC
LaVergne TN
LVHW011434061026
849535LV00004BA/810
* 9 7 8 2 1 4 0 3 3 5 8 9 1 *